A L'OMBRE

DU

VIEUX CASTEL

MÊME LIBRAIRIE.

Ouvrages récents de M. l'abbé Postel.

	fr.	c.
LE BON ANGE DE LA PREMIÈRE-COMMUNION; 2e édition. Volume de 800 p., in-12	4	50
LE BON ANGE DE LA CONFIRMATION, in-12	2	»
HISTOIRE DE L'ÉGLISE, *jusqu'à la 10e année du pontificat de S. S. Pie IX.* — 3e édition	3	»
RÉPERTOIRE HISTORIQUE DU CATÉCHISTE. — in-12	2	»
NOVUM J.-C. TESTAMENTUM, *cum notis, concordantiâ tabulisque geographicis.* (*Editio manualis*)	3	»
GUIDE ANGÉLIQUE DE LA PREMIÈRE-COMMUNION ET DE LA CONFIRMATION (*Manuel de pratiques et de prières,* suite du BON ANGE)	2	»
ROME DANS SA VIE INTELLECTUELLE, DANS SA VIE CHARITABLE, DANS SES INSTITUTIONS POPULAIRES : *Réponse aux appétits piémontais.* — 2e édition	1	50
LES APRÈS-MIDI DU BOIS-THIBAULT : *Excursions et Voyages*	2	»

Paris. — Impr. de E. DONNAUD, rue Cassette, 9.

A L'OMBRE

DU

VIEUX CASTEL

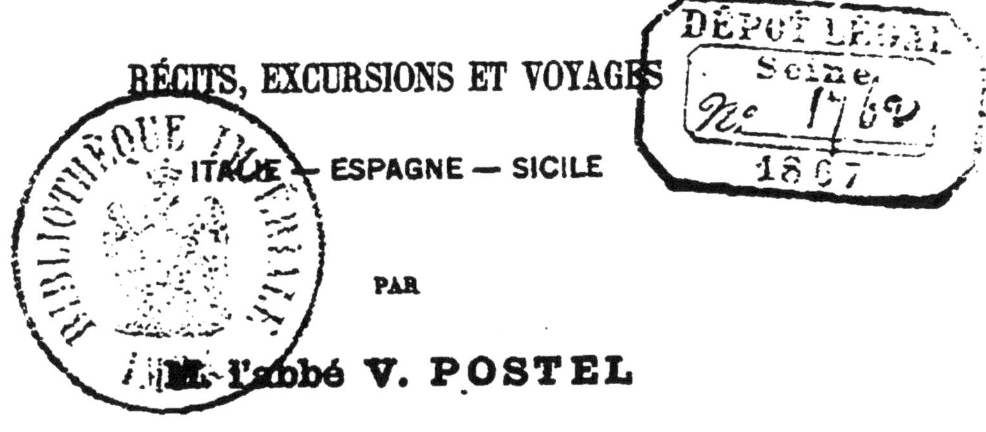

RÉCITS, EXCURSIONS ET VOYAGES

ITALIE — ESPAGNE — SICILE

PAR

M. l'abbé V. POSTEL

« Verum amare, non verba. »
S. Bonavent.

PARIS

F. BOUQUEREL, LIBRAIRE-ÉDITEUR

RUE CASSETTE, 34.

1867

INTRODUCTION.

Nous nous réunissions, trois amis et moi, en octobre 1866, auprès des ruines du Bois-Froult, vieux château féodal voisin de la petite ville de Lassay, dans le Maine. Là, chaque soir, MM. François, Eugène, Alfred et Adrien, gens de noble intelligence (qu'on m'en croie sur parole), et non moins instruits, rappelaient leurs souvenirs, leurs études, leurs voyages, et m'invitaient à partager l'aimable festin de leurs conversations littéraires, scientifiques et historiques. Une première semaine nous avait conduits tour-à-tour en Belgique, en Grèce, en Australie, en Sicile, en Italie. Comme à toutes les bonnes choses, nous prenions goût à celle-ci; et, dès que nous nous retrouvâmes sur le même gazon, au pieds des vieux murs croulants et à deux pas d'un petit ruisseau que nous étions tentés d'appeler le Pactole à cause de l'or qu'il nous semblait y recueillir, nous résolûmes de continuer ces bonnes réunions, ces intéressantes causeries Je fus investi du titre de secrétaire-rédacteur. Je m'en suis tiré de mon mieux.

Nous ne cherchions point, on le comprend, les hautes disertations, les questions ardues, les mystères du savoir transcendant, pas plus que nous ne nous serions astreints à un ordre méthodique et rigoureux. Le charme de la conversation est précisément son imprévu ; les matières arrivent d'elles-mêmes, sous l'inspiration du moment, et on les traite avec un abandon qui n'exclut pas l'exactitude, encore moins la franche gaîté.

A L'OMBRE

DU VIEUX CASTEL

PREMIÈRE SOIRÉE.

Séville et ses fêtes religieuses. — Les combats de taureaux en Espagne.

— Il y a, dit notre ami **François**, un curieux pays que j'aimerais à visiter : c'est l'Espagne. Voici plusieurs années que je me propose d'entreprendre ce voyage, sans avoir pu le réaliser encore. On en dit des choses si surprenantes, son histoire est si pleine d'intérêt, ses monuments si célèbres, qu'en vérité je ne serai pas content que je ne m'y lance l'été prochain.

— Eh bien, répondis-je, puisque vous aimez ce pays, je puis vous en dire quelque chose : car je l'ai habité deux ans.

La proposition fut accueillie avec joie ; on resserra le cercle, et je commençai mon récit :

— De toutes les contrées qui avoisinent la France, de toutes les contrées même de l'Europe, sans en excepter la Russie, l'Espagne est peut-être la moins connue. Relégnée à l'extrémité de notre continent, peu soucieuse de se produire au-dehors, elle ne se mêla que fort tard à l'action générale de l'Europe, et fut longtemps comme un livre fermé aux regards des nations. On savait seulement, dit un spirituel écrivain, que de l'autre côté des Pyrénées s'agitaient dix peuples rivaux, acteurs sans cesse renaissants d'un drame héréditaire; mais nul ne s'occupait de lever le rideau. Quelques aventuriers, immiscés par hasard ou par ambition dans ces querelles intestines, rapportaient de leurs expéditions mille récits fabuleux, qui faisaient naître à la fois la curiosité et la terreur. Ils traçaient de ces peuples les portraits les plus extravagants, et jetaient la base de cette réputation mélodramatique dont les habitants de la Péninsule ne sont pas encore délivrés. De Grenade et des Andalousies, vallées habitées par les Maures, les peintures étaient plus riantes. Tandis que l'Arragon, la Castille et la Catalogne n'entendaient que des cris de guerre et de vengeance, on déployait à plaisir sur l'autre versant de la Sierra-Moréna toutes les richesses de la paix, toutes les merveilles de la terre, toutes les séductions de la poésie. Exaltés par la splendeur des khalifes, les troubadours bâtissaient, sur les bords du Xénil et du Guadalquivir, des palais de cristal et des temples de fleurs. On jetait par caprice les maux prétendus ou réels de l'Occident à côté des joies de l'Orient, le ciel à côté de l'enfer. Voilà pour le moyen-âge.

Les choses doivent être mieux appréciées. L'histoire est venue nous montrer, dans ces brillantes populations mauresques, les intraitables ennemis du nom chrétien, ardents à renverser la croix de JÉSUS-CHRIST, polis et savants il est vrai, mais infidèles et corrompus ; et, à côté d'eux, dans ces enfants de la Castille, des Asturies et de Léon, les défenseurs héroïques de la foi, pour qui le combat était l'aliment quotidien, la victoire un besoin, la défaite un martyre. Guerriers sans littérature peut-être, sans mathématiques, sans accadémies bien illustres, mais forts et glorieux de leur mission, dignes d'elle, et, elle accomplie, dignes de l'admiration des âges futurs. L'antagonisme séculaire du christianisme et du mahométisme en Espagne est la clef des annales de ce beau pays. Nulle histoire n'offre à l'étude de plus terribles drames, de plus merveilleuses batailles, de plus décisives questions balancées dans une lutte qui a duré sept cents ans. On a su tout cela, et pourtant on n'a pas encore visité l'Espagne ; on la comprend davantage, on ne la sait guère mieux. Comme autrefois, elle reste pour le plus grand nombre la contrée mystérieuse, difficile, inhospitalière, inabordable même. Ses gloires plus récentes, la place qu'elle a conquise dans les lettres et sur les rivages du Nouveau-Monde, n'ont point effacé l'impression ancienne : on la craint, on s'éloigne d'elle.

Et cependant elle est bien belle, cette noble Espagne, soit qu'on attache ses regards sur le ciel bleu qui lui sert de tente, soit qu'on interroge son magnifique passé, soit qu'on explore ses splendides, ses incomparables monuments. Nulle part le génie chrétien, avivé par la lutte, n'a laissé de traces plus profondes et plus grandes de ses inspirations. Nul pays au monde, et j'en excepte à peine l'Italie, ne présente autant de ces édifices imposants et majestueux où nos pères écrivaient en indestructibles symboles l'étendue, la profondeur et l'élévation de leur foi. On dirait que le catholicisme lui-même, incarné sous la forme d'un architecte, a passé par-là comme une apparition vivante, marquant chacune de ses haltes d'une pensée surhumaine que la pierre et le marbre ont immortalisée. Tolède et Grenade, Burgos et Séville, Léon et Ségovie, Saint-Jacques, Sarragosse, Barcelone et Valence, sont incontestablement, comme cathédrales, ce que l'imagination peut concevoir de plus splendide, ce que le ciseau chrétien pouvait produire de plus parfait et de plus radieux. Je ne parle pas de Cordoue, dont la cathédrale, unique en son genre, ne rentre qu'indirectement dans les gloires chrétiennes de l'Espagne, puisqu'elle a été, dans sa presque totalité et à titre de mosquée, construite par les Arabes. — Ce sont là, pour le répéter, de puissants attraits à la curiosité du voyageur et à l'ardeur du touriste doué de sentiment, conduit par l'amour des arts, autant que par celui de la nature, loin des frontières de sa patrie.

Nous ferons donc aujourd'hui, mes amis, une excursion de ce genre. Traversant rapidement, sur la route royale des Castilles, Burgos, Madrid et Tolède, nous descendrons des hautes, des formidables montagnes de la Sierra-Moréna dans les fertiles campagnes de l'Andalousie. Deux choses, dans cette marche forcée, frapperont nos yeux et s'adresseront, pour les interroger, à notre intelligence et à nos souvenirs : la dépopulation d'abord, et puis la pauvreté actuelle de l'Espagne. Bénie de DIEU par le plus heureux climat et par une fertilité sans exemple, si ce n'est celle de la Sicile peut-être, la vieille Ibérie n'était pas faite pour rester un désert. Aussi la trouvons-nous, sous les Romains, riche de près de quarante millions d'âmes ; sous les Arabes, elle prospère et grandit encore ; les villages, les villes, les hameaux, se multiplient après la conquête de S. Ferdinand, au treizième siècle. Depuis, sous l'influence sans doute du régime introduit par la maison d'Autriche, ces villages s'espacent davantage, ces villes décroissent à vue d'œil, les bâtiments tombent en ruines, et maintenant on rencontre à chaque relais ce désolant aspect. Ségovie, qui, en 1525, contenait 25.000 habitants, n'en a plus que 10.000 ; Tolède, au lieu de 200.000, n'en compte que 25.000 ; Séville, de 400.000, est tombée à 90.000 ; Cordoue, sur ses 300.000, en a conservé 40.000 seulement ; ainsi de Grenade, ainsi de provinces entières. Aujourd'hui l'Espagne ne nourrit que 14 millions d'habitants, et 30 millions s'y peuvent mouvoir à l'aise. — Quant à la pauvreté du peuple, elle contraste péniblement, il faut le dire, avec la richesse surprenante du sol et avec la splendeur des édifices publics, des églises en particulier. A quoi tient-elle ? A bien des causes que ce n'est pas ici le lieu de rechercher ; l'Amérique découverte y a contribué pour beaucoup. En jetant l'or à pleins vaisseaux sur les rivages espagnols, elle a arraché des bras de ses vainqueurs la charrue et l'instrument du travail : terribles représailles, où il est permis de voir le doigt du Seigneur, irrité des atrocités commises alors dans le Nouveau-Monde. En présence des vases d'or et d'argent, des statues, des pierres précieuses du sanctuaire, n'allons pas d'ailleurs, esprits injustes et chagrins, nous scandaliser et dire comme Judas : « On aurait pu vendre toutes ces choses et en donner le prix aux pauvres. » — « Les Espagnols, » vous répondra Châteaubriand, mettent toute leur » gloire à se dépouiller de leurs richesses pour en orner » les objets de leur culte, et l'image du DIEU vivant, » placée au milieu des voiles de dentelles, des couron- » nes de perles et des gerbes de rubis, est adorée par un » peuple à demi-nu [1]. » Qui se sentira le courage d'apporter, en face de ce sublime dépouillement, une parole de blâme ou un insolent conseil?

Mais nous sommes en Andalousie! « Deux rivières, le Xénil et le Douro, dont l'une roule des paillettes d'or, et l'autre des sables d'argent, lavent le pied des collines, se réunissent et serpentent ensuite au milieu d'une plaine charmante. » Plus près, c'est le fameux Guadalquivir, que chantent encore sous la tente du Sahara les Maures, consumés du regret de l'avoir perdu. Les champs sont couverts de vignes, de grenadiers, de figuiers, de mûriers, d'orangers; on les aperçoit, à l'horizon, entourés par des montagnes d'une forme et d'une couleur admirables. Un ciel enchanté, un air pur et délicieux, portent dans l'âme je ne sais quel bonheur secret, dont le voyageur même qui ne fait que passer a de la peine à se défendre. Séville est là, au milieu de la plaine, avec le clocher rouge de sa Giralda, ses maisons blanches, les beaux arbres de ses promenades, son ciel de feu et sa puissante végétation. C'est

---

1 *Le dernier des Abencérages.*

elle que nous avons à visiter. Nous y fixerons pour un moment nos pensées.

Le proverbe espagnol est aussi célèbre que prétentieux : *Qui n'a point vu Séville n'a point vu de merveille.* Il faut, en général, accepter les proverbes de ce genre sous bénéfice d'inventaire. Celui-ci a du vrai et du faux : quelques-uns le trouvent faux de tout point ; je les crois trop sévères. Comme cité, Séville est plus que médiocre, si j'en distrais les monuments qui la décorent; mais comme climat, mais comme site, mais comme richesse de territoire, elle a peu de rivales au monde, et dans ce sens il est vrai de le dire avec le fier Andalou : *Qui n'a point vu Séville n'a point vu de merveille.*

Je n'ai pas à parler de son histoire. On sait que, fondée par Hercule (du moins elle le prétend), elle appartint successivement aux Carthaginois, aux Romains, aux Wisigoths, puis aux Arabes, qui ajoutèrent à sa grandeur, et lui donnèrent même l'importance que depuis elle a toujours conservée. En 1236, elle s'érigea en république indépendante ; douze ans après, le saint roi Ferdinand en chassait les Maures et en faisait sa capitale (1248), où vinrent habiter presque tous les rois d'Espagne jusqu'à Philippe II. Elle fut longtemps un centre de lumières : les sciences, les lettres, les arts, l'industrie, y jetaient le plus vif éclat. Longtemps aussi elle eut le monopole du commerce avec les nouvelles colonies d'Amérique ; et, quoique bien déchue, elle occupe encore le second rang politique parmi les villes de la Péninsule, et le premier incontestablement s'il s'agit d'intérêt archéologique, religieux et artistique.

Ses monuments profanes ne m'arrêteront pas : je

décris Séville et ses fêtes religieuses : c'est mon présent dessein. Je ne dirai donc rien de ses vieux remparts flanqués de tours carrées qui semblent évoquées, par un rêve, des époques chevaleresques de la conquête musulmane ; ni de cet Alcazar, ou palais des rois arabes, dont l'étendue est celle d'une ville, et les jardins, les cours, les portiques, embaumés de tout ce que l'Orient a inventé de plus gracieux, de plus léger, de plus féerique ; ni de ce Musée, ancien couvent des Dominicains, où sont exposés les chefs-d'œuvre de Murillo, l'enfant de Séville ; ni de la Bourse, ni de la plus belle fabrique de tabacs de l'Europe, monument qui n'a pas au monde son pareil. Je ne parlerai même pas de cet immense hôpital du Sang-Divin dont je ne saurais essayer une description abrégée sans me laisser entraîner au-delà des bornes nécessaires. Encore, parmi les édifices religieux, devrai-je omettre ceux qui ne sont là que secondaires, et qui partout ailleurs illustreraient une cité : la chapelle de Saint-Louis, où vécurent pendant plus de deux cents ans les Pères jésuites, apôtres héroïques de la vérité, et où vivent maintenant les sœurs de Saint Vincent de Paul, infatigables apôtres de la charité, qui est la fille aînée de la vérité ; — la curieuse église de Sainte-Catherine, ancienne mosquée dont le sanctuaire a été consacré à la Sainte Vierge ; — celle de Saint-Isidore, celle de Saint-Paul ; — la chapelle de l'hôpital des vieillards, dont les tableaux sont d'un prix inestimable ; — la chapelle de Saint-Philippe-Néri ; — le portail de l'église de Saint-Marc, etc. Il faudrait une journée, et je n'ai que quelques instants. La cathédrale appelle avant tout notre étude, le reste s'efface à côté d'elle.

Je l'ai dit, la première impression du voyageur à Séville est une déception. « On s'attendait à tant » de magnificence, dit M. de Custine, on vient cher- » cher tant de prodiges d'art, tant de chefs-d'œuvre, » qu'on se croit d'abord déçu dans son espoir. On se » dépite contre l'exagération des autres voyageurs ; on » se reproche une invincible curiosité, on maudit la » crédulité dont, malgré des leçons reitérées, on n'a » pas encore pu se corriger, et l'on se promet de profiter » au moins de cette dernière expérience... On ne se » repent pas précisément d'être venu si loin, mais on » rougit d'avoir apporté jusque-là tant d'illusions en- » fantines. Néanmoins, après ce premier mouvement » de dépit, on se croit obligé, ne fût-ce que par acquit » de conscience, de se faire conduire à la cathédrale. » Or, c'est là que le mécompte finit et que la surprise » commence. On est devant une des merveilles de la » terre ; un monde se découvre à vous : il faut l'étudier, » comme il faut étudier tout Séville. »

Ce fut à la fin du quinzième siècle que l'illustre corps des chanoines décréta l'érection d'un temple nouveau qui servît de métropole à la capitale de l'Andalousie. Rien de plus patriotique et de plus grand que la délibération prise à ce sujet. En voici les termes, transcrits textuellement du registre que l'on voit aux archives de la bibliothèque Colombine, près de la Giralda : « Etant » présents le doyen, les chanoines, les dignitaires, pré- » bendiers et autres du Chapitre, il a été décidé que l'on » bâtira une nouvelle église, telle et si parfaite qu'elle » n'ait point de rivale. Que l'on fasse attention à la gran- » deur et à la majesté de Séville et de sa métropole,

» comme il est juste. Et si, pour cette œuvre, les fonds » ne suffisent pas, tous ont été d'avis que l'on prenne » sur leurs revenus ce qui est nécessaire, dont ils feront » volontiers le sacrifice pour le service de DIEU... » Le dessein fut admirablement exécuté : la basilique n'a point, en effet, de rivale dans la Pénisule, si riche pourtant en monuments gothiques. Là tout est grand, noble, somptueux ; là véritablement Séville est une merveille, alors surtout que s'y déploient ces magnifiques cérémonies, ces chants, ces processions, qui attirent chaque année quarante mille étrangers. Je ne sais si Rome a rien de plus beau ; à elle seule il serait permis de se produire pour la comparaison.

Qu'on se représente donc une sorte de montagne creuse, une vallée renversée ! Notre-Dame de Paris se promènerait la tête haute dans la nef du milieu, qui est d'une élévation épouvantable. Des piliers gros comme des tours, et qui paraissent frêles à faire frémir, s'élancent du sol et retombent des voûtes comme les stalactites d'une grotte de géants. Les quatre nefs latérales, quoique moins hautes, pourraient abriter des églises avec leur clocher. L'édifice a 420 pieds de longueur, 263 de large ; on y compte 80 fenêtres d'une prodigieuse élévation, en vitraux coloriés d'après les cartons de Michel-Ange et de Raphaël ; 82 autels où se disaient, avant la dernière révolution de 1834, cinq cents messes par jour... Les orgues ont des tuyaux comme des canons de siége ; le chœur est un immense et minutieux travail qui confond l'imagination et ne peut se comprendre de nos jours. Le cierge pascal pesait alors *deux mille cinq cents livres* ; il était si élevé, que, pour l'allumer, un enfant de chœur y grimpait comme un mousse au mât de son vaisseau ; le chandelier de bronze qui le supportait a été copié sur le chandelier du temple de Jérusalem, tel qu'il se voit sur les bas-reliefs de l'arc de Titus à Rome. Il se brûlait par an, avant ces derniers troubles, 20.000 livres de cire et 20.000 livres d'huile ! Et quant au personnel, les chiffres nous surprendront autant, nous dont les églises sont vouées à tant d'indigence et de misère : il y avait onze dignitaires portant la mître comme des évêques, quarante chanoines supérieurs, vingt d'un rang inférieur, en tout soixante chanoines ; vingt chantres, trente-six enfants de chœur. — J'aurais pu citer, en outre, les statues de saints en argent massif, un soleil de *quinze pieds de diamètre* pour les expositions du Saint-Sacrement, un tabernacle d'argent de douze à quinze pieds de haut, des livres de chant uniques au monde par leur antiquité et leurs miniatures. On demeure écrasé sous tant de grandeur et d'opulence ; et toutefois l'âme se dilate à la vue des belles choses que l'homme a su faire pour son Dieu ; on se sent heureux d'être chrétien. C'est ici la maison paternelle, spacieuse, large, ouverte à tous les enfants ; c'est ici que la créature s'est élevée jusqu'à imiter les plus superbes œuvres du Créateur souverain. Religion sainte, je te salue, toi qui d'abord as coulé sans nom du creux du rocher de Nazareth ! « Source obscure, goutte d'eau » inaperçue où deux passereaux auraient pu s'abreuver, » qu'un rayon de soleil aurait pu tarir, et qui aujour- » d'hui, comme le grand océan des esprits, a comblé » tous les abîmes de la sagesse humaine et baigné de

» ses eaux intarissables le passé, le présent et l'a-
» venir ! »[1]

« Ce n'est que là, ajoute l'auteur déjà cité[2], que » j'ai compris toute l'étendue de la puissance catholi- » que. Ce monument et le troisième livre de l'*Imitation de Jésus-Christ* embrassent à eux seuls toutes » les destinées du genre humain : le livre indique la » voie aux âmes privilégiées, le temple ouvre passage » à la foule. »

On n'y entre jamais sans une émotion nouvelle ; et, pour l'avoir vue chaque jour pendant plusieurs mois, l'étranger ne sent diminuer en rien son enthousiasme. Il aime ce livre incomparable, à mesure qu'il en lit mieux les feuillets de pierre et de marbre ; toujours il y répand son âme en prières avec un plus vif besoin d'anéantissement. Que sera-ce donc quand il assistera, sous ces voûtes, aux splendides cérémonies dont je vais parler? Napoléon disait de la cathédrale de Chartres : « Qu'un athée doit se trouver mal à l'aise ici ! » Qu'aurait-il dit en voyant celle de Séville? Les temps ne sont plus, grâces à DIEU, où un S. Jérôme écrira à l'évêque de Toulouse, S. Exupère, pour le féliciter de s'être réduit volontairement, par ses aumônes, à porter le corps du Seigneur dans un panier d'osier, et son sang dans un vase de verre : riche de son inépuisable esprit chrétien, l'Andalousie catholique a su à la fois doter royalement des églises et abriter ses pauvres dans des palais.

---

1 Lamartine, *Voyage en Orient.*

2 M. de Custine, lettre 23ᵉ.

« De notre temps, écrit M. Théophile Gautier, de notre temps où tout est sacrifié à je ne sais quel bien-être grossier et stupide, l'on ne comprend plus ces sublimes élancements de l'âme vers l'infini, traduits en aiguilles, en flèches, en clochetons, en ogives, tendant au ciel leurs bras de pierre et se joignant, par-dessus la tête du peuple prosterné, comme de gigantesques mains qui supplient. » On comprend bien tout cela, puisqu'on admire ainsi ; mais il est juste de le dire, la foi qui crée de pareilles choses nous manque ; et nous demeurons stériles, sociétés et empires, là où quelques pauvres ouvriers, tout au plus quelque ville de province, élevaient d'immortels chefs-d'œuvre, aux âges flétris du nom de barbares.

Je n'ai rien dit encore des richesses renfermées dans le trésor de cette cathédrale, en ornements sacrés, en vases, en croix, en statues. Outre que la dernière révolution les a considérablement diminuées, ce serait un inventaire long, et peut-être ennuyeux. Qu'il soit dit, en général, que nous ne pouvons, sous ce rapport, comprendre l'Espagne par ce que nous voyons en France. Avons-nous eu jamais un tabernacle en argent massif, pesant 400 livres, comme à Cordoue? une statue de S. Laurent, de 600 livres d'argent, comme à l'Escurial? un ostensoir dont le soleil, en or pur, était aussi grand qu'une roue de carrosse, avec des rivières de diamants sur chaque rayon, ostensoir estimé la bagatelle de *cinquante millions*, comme à Sarragosse? enfin, une exposition en argent le plus pur, à colonnes ciselées, à trois étages, à statues d'or placées dans des niches d'argent, comme à Séville? Ne nous arrêtons donc point à ces détails, et bornons-nous, amis, à peindre les belles fêtes qui régulièrement, et depuis l'achèvement du monument auguste dû à la libéralité du chapitre, attirent chaque année à Séville tant d'étrangers.

Le 8 décembre, on solennise la Conception immaculée de Marie. Les ornements de la cathédrale sont, ce jour-là, par un privilége tout spécial des souverains-pontifes, de couleur d'azur. La pompe qui s'y déploie se raconte difficilement; et cependant il me faut mentionner le salut du soir, la cérémonie la plus imposante, la plus extraordinaire, la plus curieuse, si je puis employer pareil terme, à laquelle il m'ait été donné d'assister. Sur les vingt-cinq marches qui élèvent l'autel au-dessus du pavé du sanctuaire, parmi les flots de lumières et sous l'éclat des tissus d'argent et d'or qui la recouvrent comme des séraphins de la céleste cour, s'étend la double ligne du clergé capitulaire, dominée à une hauteur immense par le Saint-Sacrement et par une colossale statue de la Très-Sainte Vierge, revêtue, suivant l'usage espagnol, d'un grand manteau de brocart qui descend jusqu'à terre et s'agrafe sur la poitrine par douze aiguillettes de platine. L'orgue a tonné sous la voûte qui frémit, le peuple est prosterné dans l'adoration : au-dessous du clergé, dans le sanctuaire, l'œil distingue avec étonnement douze enfants choisis parmi les plus beaux, habillés comme les pages de Charles-Quint, blanc et rouge, souliers de soie blanche, fraise à la Henri IV, toque et plumet en tête : brillante députation de la jeunesse andalouse aux pieds du DIEU pour lequel ont combattu leurs pères. Les premiers motets sont chantés, l'oraison dite par le célébrant. Un grand silence se fait, prélude saisissant de ce qui va se passer.

Tout-à-coup une musique douce, harmonieuse, exécute une symphonie pleine de gravité, dont les sons entremêlés, lents et plaintifs d'abord, pressent peu à peu leur mesure, s'élèvent au ton de l'enthousiasme, redescendent pour s'élever encore, jusqu'à ce que tous les instruments à la fois, partant de concert, remplissent la nef de leurs brillants accords. A ce moment, les pages du Bon-Dieu s'ébranlent; leurs deux lignes se réunissent au milieu du sanctuaire, à pas mesurés et cadencés; de la main droite soulevant leurs toques dont le plumet blanc s'incline en présence du Monarque suprême, ils fléchissent le genou dans un ensemble parfait; puis, se saluant mutuellement avec cette grâce et ce bon goût qui complètent l'illusion et ressuscitent d'autres âges, — les âges chevaleresques de la Castille, — ils se retirent aux deux côtés, six à droite, six à gauche, tournés au chœur et couverts de nouveau de leurs toques, pour commencer une danse célèbre, qu'on pourrait plus exactement appeler une marche musicale et cadencée. Les instruments se sont graduellement apaisés et permettent à la voix d'un enfant de faire entendre jusqu'à l'extrémité de la nef le cantique traditionnel à la louange de Marie Immaculée, cantique lent et grave pendant quelques instants, mais qui bientôt s'enhardit, précipite ses notes et ses accents, jette au ciel, comme un élan d'amour, de ces cris sublimes qui vibrent au fond de l'âme; roule, comme un limpide ruisseau, de plus timides paroles, et se termine par un refrain que répètent en parties, de leurs voix argentines, les pages prosternés de nouveau pour l'adoration à la dernière marche de l'autel.

Pendant le cantique et tout en l'accompagnant, ces enfants exécutent les figures simples et posées de leur danse : ils se croisent, se groupent, avancent, se saluent, regagnent leurs places, en changent, ralentissent le pas ou le pressent suivant l'impulsion du chant, jusqu'à ce que, le dernier refrain fini, les instruments se taisant par une mesure subitement coupée, ils agitent leurs castagnettes d'argent, gracieux écho répétant avec une surprenante fidélité le rhythme qui résonne encore à l'oreille de tous. L'émotion est répandue dans la foule ; il serait impossible de lutter contre elle ; il y faut céder. Et ne rougissez point, étranger, si quelques douces larmes voilent enfin vos regards charmés et attendris. C'est le sentiment religieux qui se poétise en vous, à cette révélation inattendue des scènes de la Jérusalem éternelle, lorsque les chérubins se prosternent devant le Créateur des mondes ou s'empressent à chanter ses grandeurs. Ce sera bien autre chose encore lorsque, du haut de ce tabernacle étincelant de lumière et d'or, le cardinal-archevêque imposera la bénédiction du Saint-Sacrement, au bruit des vingt-cinq cloches de la Giralda, qui ébranlent les colonnes de la basilique et remplissent de leurs sons majestueux la ville tout entière, frémissante et attentive. Ces choses se voient, ces choses se sentent, on les évoque par le souvenir, mais elles ne s'écrivent pas : impuisssante et vaincue, la plume se brise pour ne les point affaiblir.

Et il s'est trouvé pourtant des pharisiens pour crier au scandale ! Peu soucieux de rendre au Seigneur le plus important et le premier des devoirs, celui de la fidélité à ses préceptes, des hommes sans religion ont fait semblant de croire qu'il y avait là de l'irrévérence, une image trop peu dissimulée des fêtes mondaines et théâtrales. Prévenu par ces clameurs, le Souverain-Pontife, il y a cent ans et plus, écrivit au chapitre de Séville pour demander des explications. On les lui envoya, et ce furent les douze enfants eux-mêmes qui portèrent à Rome leurs élégants costumes, leurs chants, leurs castagnettes et leur danse. Les murs de la chapelle Sixtine furent trop étroits pour contenir la foule des prélats avides de connaître une si étrange cérémonie. Mais il n'y eut qu'un sentiment pour en louer la décence, la religion et la poésie; et le pape autorisa solennellement Séville à conserver cette pratique annuelle qui lui est chère, et qui se renouvelle aussi, avec quelques modifications, pendant l'Octave de la Fête-Dieu. Ainsi, dit l'Écriture, Marie, sœur d'Aaron, prit-elle un tambour, et, suivie par toutes les femmes hébreuses, répéta le refrain du cantique de délivrance composé par Moïse; ainsi David sautait-il de toutes ses forces devant l'arche, lorsqu'on la retira de la maison d'Obédédom. Et pourquoi, en présence du Seigneur, ne bondirait pas d'une sainte joie la jeunesse à qui l'Église apporte la bonne nouvelle de l'immaculée conception de sa Mère! *Exultavit spiritus meus in Deo salutari meo.*

D'autres solennités, non moins dignes de nous occuper quand il s'agit des fêtes religieuses de Séville, sont celles de la Semaine-Sainte. Tous vous avez entendu parler des processions magnifiques de S. Janvier à Naples, de Ste Rosalie à Palerme, de S. Vincent Ferrier à Valence, du Saint-Sacrement à Rome, de l'Assomption à Messine; Liége, Trèves, Turin, Cambrai, Anvers, Bruxelles, Lille, ont leur réputation faite en ce genre. Séville est moins connue pour sa Semaine-Sainte : et pourtant j'ose dire qu'elle marche l'égale de ces cités illustres, et que Rome ni la Sicile ne lui disputeraient la palme avec avantage. On en jugera par quelques détails incomplets que me va fournir une assez ingrate mémoire.

Il existe à Séville, de temps immémorial, et principalement depuis les quinzième et seizième siècles, des confréries nombreuses, instituées spécialement pour la pompe de la grande Semaine. Le nom de l'un des mystères de la Passion est invoqué par chacune d'elles : il y a la confrérie du *Silence devant Hérode*, celle du *Coup de lance*, de la *Descente de croix*, de *Sainte-Croix-de-Jérusalem*, du *Saint-Sépulcre*, de l'*Humilité et de la Patience de notre Père* Jésus, celle de la *Vierge des douleurs*, etc. Elles ont un costume uniforme, sauf la couleur, qui varie du blanc au noir : ainsi, la confrérie du *Silence devant Hérode* est vêtue de blanc, à cause de la robe blanche dont ce roi fit couvrir Jésus-Christ. On n'y admet que des hommes ou des jeunes gens. Représentez-vous donc, pour avoir une idée de ce vêtement, une longue soutane de serge dont la queue se relève sur le bras gauche, une ceinture en paille de jonc qui monte de la taille aux épaules, et par-dessus tout cela un chapeau pointu qui n'a guère moins d'un bon mètre ou 4 pieds de haut, et d'où descend un large masque d'étoffe, ne laissant pour les yeux que deux ouvertures très-étroites, garnies de dentelles. Rien assurément de plus extraordinaire, j'ajouterai rien de plus effrayant la première fois : on croirait assister à l'évocation d'hommes d'un autre âge, revenus sur la terre pour y prêcher la pénitence et la tristesse. Les confrères, de quelque catégorie qu'ils relèvent, portent généralement le nom de *Nazaréens* ; on ne les désigne pas autrement, quels qu'ils soient.

Or, selon l'ancien usage, chaque association est en possession de l'un des jours de la Semaine-Sainte pour se rendre solennellement à la cathédrale, bannières déployées et en portant ses insignes, c'est-à-dire son ou ses *pasos*. C'est ici que le plus incroyable luxe, consacré au triomphe du DIEU mort pour les hommes, va racheter la pauvreté des vêtements de ses adorateurs. Le *paso* est un brancard, ou théâtre ambulant, qui a jusqu'à 25 pieds de long, sur 10 ou 12 de large. Le mystère de la confrérie s'y trouve représenté en statues de grandeur plus que naturelle, qui sont pour la plupart d'admirables travaux d'art. C'est, suivant le sujet, un autel chargé de lumières, un jardin planté d'arbres et de fleurs, un tribunal, un prétoire, la montagne du Calvaire. Seize hommes, cachés par des draperies qui descendent jusqu'à terre, font l'office de porteurs invisibles. Le *paso* s'avance comme suspendu aux nuages qui glissent sur la ville, au milieu d'une innombrable foule et au son d'une musique grave, empreinte de la tristesse qui convient à de tels jours. Inutile de faire observer que la troupe est sous les armes, que les tambours battent aux champs, que l'autorité civile se joint partout à l'autorité religieuse. Aucun crieur public, aucune voiture ne sont admis dans les rues ; tous les cabarets et cafés sont fermés, sans exception. Les soldats sont en grand deuil, crosse en l'air, crêpe noir, même dans les marches et en montant la garde ; leur shako, en présence du Saint-Sacrement et aux processions, s'attache derrière le dos et les laisse tête nue. On aime à retrouver encore, dans un coin de cette Europe bouleversée par l'impiété, un peuple qui ne croit pas pouvoir vivre de sa vie de nation sans autel et sans DIEU, sans une religion d'État, professée publiquement et honorée de tous.

Le dimanche des Rameaux, à quatre heures du soir, la confrérie de l'*Entrée à Jérusalem* part de l'église de Saint-Michel pour venir à la métropole, en parcourant la ville. Cinq dragons à cheval, suivis de massiers en surplis qui entourent l'étendard, ouvrent la marche. A leur suite vient une longue troupe d'enfants de huit à douze ans, sur deux rangs, tenant à la main des cierges, allumés seulement à la cathédrale, comme si l'on venait chercher dans le sein de DIEU les véritables lumières qui dissipent les ténèbres ; puis *vingt-quatre* prêtres en surplis et en étole : ce sont les curés des vingt-quatre paroisses ; douze portent des cierges, et les douze autres de grandes palmes d'Afrique, qui se balancent légèrement au-dessus de leurs têtes. Alors paraît le *paso*, monument arraché de ses fondations : il offre, avec un palmier naturel et un arc-de-triomphe superbement décoré, JÉSUS-CHRIST monté sur une ânesse qu'accompagne son ânon : rien de touchant et de doux comme le visage du divin Sauveur. Sur le devant, plusieurs Juifs prosternés, en robes blanches, étendent leurs vêtements sous les pas de Celui qui vient au nom du Seigneur ; et derrière ce sont, avec de longues toges noires, relevées par des franges de couleur, les apôtres S. Pierre, S. Jacques et S. Jean. Je le répète, chaque statue est haute de 6 à 7 pieds, parfaitement travaillée ; le groupe se dessine parmi les ornementations les plus splendides. — Près de cent Nazaréens, sur deux lignes et tenant de la main droite d'énormes cierges blancs et rouges qui ne pèsent pas moins de 10 à 12 livres, séparent ce premier tableau d'un second, appartenant à la même confrérie : c'est un Christ en bois, plus grand que nature, environné de flambeaux, et, au pied de la croix, un pélican se déchirant le sein pour abreuver sa famille : emblème si parfait, si éloquent pour les yeux du peuple ! Enfin, s'avance, précédé d'autres confrères, un autel immense chargé de flambeaux d'argent et de vases de fleurs : c'est la *Vierge de la Joie*, agenouillée dans la contemplation du triomphe de son Fils, sous un dais de brocart, revêtue d'un manteau de velours bleu, parsemé d'étoiles d'or et relevé aussi par douze grandes aiguillettes de platine : ce manteau traîne après elle et descend jusqu'au pavé de la rue, sur une longueur de 15 pieds, et dans toute la largeur du *paso*. La couronne et l'ornement de la poitrine contiennent seuls, sans le manteau et si nous voulons parler vrai, pour 200.000 francs de diamants ! — Quelle fut donc la piété du peuple qui dota si généreusement les images de sa patronne ! et que devez-vous penser quand, à côté de vous, les vieillards se lamentent et disent : « Oh ! que sont devenus nos anciens trésors ! Pourquoi la révolution nous a-t-elle tout pris » ? — La marche se ferme par un détachement d'infanterie en grande tenue ; musique et tambours alternent sur le parcours du cortége. On vient à la cathédrale, à Notre-Dame de Séville, comme au but du pèlerinage, et de là, dans une autre direction, la procession retourne à Saint-Michel, après avoir duré environ quatre heures.

Le soir du Lundi, c'est le tour de la confrérie du *Silence devant Hérode*. Je ne redis pas tout ce qui regarde l'ordre précédent du cortége : troupe à cheval, enfants de chœur, bannières, prêtres, musique; seulement, les Nazaréens sont en blanc, comme leur divin Maître. On aperçoit, au *paso*, le tyran Hérode sur un trône, d'où il fait revêtir Jésus-Christ de la robe du mépris ; quatre soldats cuirassés le tiennent par des cordes dorées. C'est le plus grand sujet qui soit exposé dans ces fêtes. Mais la statue de Marie, qui suit, n'est plus la Vierge de l'allégresse, c'est celle de l'amertume, accompagnée de S. Jean, en manteau de velours noir, chef-d'œuvre de sentiment et d'expression, le plus beau travail du sculpteur Benito Ita del Castillo (1760). Ces deux premières confréries ont été établies à la fin du seizième siècle.

O Espagne! heureuse Espagne! ne laisse jamais tomber de ton front le diadème qu'y plaça le catholicisme, et qui peut seul te préserver, dans ces jours d'aheurtements et de chutes, des meurtrissures qui tuent un peuple et qui ne se guérissent pas !

— Cela est bien dit ! interrompit **Eugène**. Quel malheur si jamais l'esprit mercantile et rétréci de notre temps détruisait de si belles, de si poétiques, de si nobles choses ! Mais le peuple, pendant ces cérémonies, vous ne nous en dites rien. se tient-il respectueusement? la foule est-elle convenable et recueillie?

— Comment en serait-il autrement? dit **Adrien**. De pareils spectacles sont faits pour émouvoir l'âme et la tenir dans une sainte contemplation.

— Je suis désolé, répondis-je, d'avouer qu'on observe, depuis une trentaine d'années, un notable affaiblissement de ce côté. On a tant tourmenté ce pauvre peuple, à l'époque de l'usurpation d'Isabelle, en 1834 et depuis, on s'est tant appliqué à le pervertir afin de lui faire aimer la Révolution, dont il avait une instinctive et chrétienne horreur, que sa foi n'est plus aussi touchante, et qu'il ferait rougir ses ancêtres s'ils sortaient de leur tombeau. L'esprit révolutionnaire, c'est la mort de tout ce qu'il y a de grand dans l'homme, et l'exaltation de tout ce qu'il y a de secondaire et de petit. La révolution exalte la matière, elle ne va pas au-delà; c'est le retour au paganisme.

Mais continuons, s'il vous plaît.

— La journée du Mardi-Saint se passe sans procession; on chante simplement l'office canonial, et tout se prépare pour les derniers jours de la grande Semaine. Le Mercredi matin, quand on entre à la cathédrale, on la trouve en deuil: ceux des ornements si riches que le carême avait jusqu'ici laissés dans le sanctuaire ont disparu sous un immense voile, qui, descendant du plus haut point de la voûte, s'étend jusqu'au sol et cache entièrement l'autel. Bientôt le diacre monte au jubé, en dehors du voile et de manière à être vu et entendu du peuple; il commence le chant solennel de la Passion, sur un mode lugubre et plaintif qui succède, comme la mort après la vie, à toutes ces merveilles de la musique qui, en tout autre temps de l'année, remplissent le temple sacré de leur harmonie joyeuse et bruyante. Il est facile de voir, à la tenue des fidèles, que quelque chose d'extraordinaire va avoir lieu. En effet, au moment où le diacre prononce ces mots du récit évangélique, *Et velum templi scissum est in duas partes*, le voile que nous venons de dire se déchire violemment dans toute sa longueur et tombe, pendant que le tonnerre, avec des éclats répétés, remplit la nef de son retentissement. Il semble, sous cette puissante commotion qui court d'une extrémité à l'autre de la basilique, que l'heure du jugement a sonné, et que Dieu va paraître dans les nuages de sa puissance pour demander compte aux hommes du sang de son Fils. Cet effet d'artifice est surprenant : nulle part ailleurs, je crois, on ne l'imite, et il ajoute aux émotions si vives que font naître les cérémonies de la Semaine-Sainte à Séville.

Le soir du même jour, il ne sort qu'une seule confrérie, celle du *Coup-de-lance*. Elle a deux *pasos*, celui du coup de lance, sur un brancard doré et sculpté, et celui de la Vierge de la Bonne-Fin. Cette confrérie date de 1612.

Le Jeudi-Saint, a lieu le lavement des pieds par le cardinal-archevêque : pratique admirable de l'humilité chrétienne, qui se voit encore partout où s'est conservée la foi. Il n'y a pas beaucoup d'années, on voyait à pareil jour, dans la grande galerie du Louvre, un monarque auguste, ceint de la plus belle couronne qui soit au monde, accomplir envers douze de ses plus pauvres sujets ce devoir touchant. Il le faisait avec joie, parce que ses sujets étaient ses enfants; avec simplicité, parce que, fils de S. Louis, il continuait la tradition séculaire de la monarchie; avec religion, parce que son premier titre était celui du Roi Très-Chrétien. Souhaitons à l'Espagne, catholique encore et fidèle, de ne renoncer jamais à ses belles fêtes religieuses, à ses antiques usages, à sa foi inébranlable et sincère! Là fut pour elle autrefois le secret de sa grandeur; là seulement elle retrouvera la prospérité que le souffle des révolutions a tarie un moment pour elle.

Le soir du même jour, la procession rappelle celle du dimanche des Rameaux par son éclat et son étendue. Plusieurs confréries y prennent part. La première, fondée en 1540, dans le couvent de Notre-Dame-du-Carmel; a pour *paso* la *Descente de la Croix*, sujet grand et remarquable, tout en bois de cèdre, avec les personnages ordinaires, la Sainte Vierge, Marie-Madeleine, Marie mère de Jacques, Salomé et S. Jean. La cire dont elle se sert, aussi bien que toutes ses bannières, sont de couleur bleue. — La seconde, qui date de 1560, est celle de la *Sainte Oraison au Jardin*. Le *paso* ou théâtre, sculpté, jaspé et à filets d'or, représente Notre-Seigneur agenouillé, abattu sous le poids des souffrances; sur le devant est un arbre de grandeur ordinaire, sur lequel paraît un ange gracieux, avec le calice; derrière, une porte qui rappelle celle de Gethsémani; sur les côtés, les apôtres S. Pierre, S. Jean et S. Jacques, endormis, puis la Sainte Vierge en manteau de velours brodé d'or. — La troisième confrérie remonte à l'année 1500; elle porte le nom de *Notre Père* JÉSUS *de la*

Passion. Dans le principe, elle sortait le matin, les confrères étaient vêtus de tuniques blanches. Aucune ne l'a jamais égalée, dit-on. L'image qu'elle porte, admirable ouvrage de sculpture représentant le Sauveur dans les angoisses de sa passion, est entourée d'une grande dévotion à Séville ; en différentes occasions, pendant les épidémies, les sécheresses, elle a été exposée. La confrérie a commencé à décroître à la suite de l'épidémie de 1800, pendant laquelle moururent en grand nombre des plus zélés confrères ; et pendant l'invasion de Napoléon elle souffrit des pertes considérables, ayant vu disparaître tous ses bijoux, comme aussi la statue de Notre-Seigneur, en écaille de tortue et en argent, et celle de la Sainte Vierge, en argent et en nacre. En 1833, la piété des fidèles vint à son secours ; elle fut rétablie, et depuis 1844 elle a adopté la tunique noire.

Il me faut décrire maintenant, aussi bien que je le pourrai, le fameux monument, ou *Tombeau*, dont les récits et les gravures sont répandus en tous lieux. C'est le Jeudi-Saint, après l'office du matin et quand le Saint-Sacrement y a été porté, que la foule y peut arriver. Ce tombeau se place au milieu de la grande nef, au-dessus des cénotaphes de Christophe Colomb et de son fils Diégo, qui disent eux-mêmes tant et de si grandes choses. On fut neuf années entières à en préparer les matériaux, de 1545 à 1554, et on fit venir, pour y travailler, les plus habiles artistes du temps. Aussi a-t-on produit un édifice véritable, un modèle d'architecture, une sorte de cathédrale mobile, dont l'ensemble n'est pas moins étonnant que les détails.

Il se compose de quatre corps ou étages superposés. Son plan est une croix grecque, et présente quatre façades absolument égales. Le premier étage, d'ordre dorique, est soutenu par seize énormes colonnes, contenant chacune un escalier à l'intérieur, et hautes de 22 pieds. Au centre, sur un soubassement d'argent de 4 pieds de haut, étincelle comme un astre la plus belle custode, en argent massif, décorée de statues et d'ornements d'une remarquable perfection, et s'élevant à une hauteur de 5 ou 6 pieds. Quatre autres colonnes, un peu moindres, supportent, au-dessus du Saint des Saints, un pavillon éclatant de dorures : chapiteaux, bases, frises et architraves, tout est doré. — Le second corps, rentrant sur le premier, est d'ordre ionique. Il comporte à son tour huit colonnes, hautes de 5 mètres, reposant sur autant de plinthes ou socles, et soutenant l'architrave et l'entablement. Au milieu, est un petit corps à part, du même ordre, avec un égal nombre de colonnes un peu moins hautes, servant de support à la coupole qui le termine, et au-dessous de laquelle se place une grande statue de Notre-Seigneur. La partie extérieure offre en outre, tout autour, huit statues colossales, qui représentent Abraham, Melchisédech, Moïse, Aaron, la Vie éternelle, la Nature humaine, la Loi antique et la Loi de grâce. La statue d'Abraham produit un grand effet, à l'endroit où on l'a mise. La figure de Melchisédech a pour type un vieillard à la longue barbe et au plus vénérable aspect ; sa main droite porte trois pains avec des fleurs d'or, et la gauche une aiguière contenant le vin du sacrifice. Des textes de la sainte Écriture sont gravés au pied de chaque statue, et révèlent la pensée qu'elle représente. Celle de Moïse tient le bras droit légèrement élevé : la main droite porte le bâton autour duquel glisse le serpent ; dans la gauche, les tables de la loi en caractères hébraïques. Aaron balance de sa main droite un encensoir, et de la gauche un rameau d'or. La Vie éternelle, belle matrone somptueusement ornée, résume ses attributs dans une coupe d'or et un rameau d'argent auquel sont attachées trois couronnes, celles du martyre, de la virginité, de la persévérance chrétienne. La Nature humaine est, au contraire, une femme vieille, caduque et mal vêtue, s'appuyant sur un bâton : image frappante de nos misères ! Une jeune fille pleine de grâce symbolise la Loi ancienne ; sa tête est couverte d'une mantille fixée sur l'épaule droite, à la manière espagnole ; dans sa main droite resplendit une épée de feu, la gauche est armée d'un frein et de quelques menottes. Vêtue de blanc, le bras droit levé au ciel, se présente plus riante et plus aimable la Loi de grâce, sous laquelle nous avons l'inappréciable bonheur de vivre ; le joug qu'elle tient de la main gauche n'est que la moitié d'un joug, et encore est-il doré ; les liens qui s'y rattachent, et qui descendent à terre, sont dorés aussi. — Chacune de ces statues peut avoir 13 ou 14 pieds, proportion qui les fait ressortir d'une manière saisissante au milieu de l'édifice.

Le troisième étage, d'ordre corinthien, se compose de huit colonnes dans les mêmes conditions que les précédentes. Elles renferment, dans le centre architectural qu'elles entourent, une statue de Notre-Seigneur attaché à la colonne, plus grande que nature, et autour d'elle huit autres, correspondantes à celle du second corps que je viens d'expliquer. Elles représentent Salomon, la reine de Saba, Abraham, Isaac, S. Pierre, Caïphe, le valet qui souffleta JÉSUS-CHRIST et le soldat qui jeta au sort sa tunique sans couture. — Le quatrième se réduit à une coupole avec lanterne octogone, d'ordre composite. On y voit un calvaire : le Sauveur est crucifié entre les deux larrons. C'est le moment où l'un de ces malheureux reçoit l'assurance de son salut éternel ; JÉSUS est tourné vers lui et semble lui adresser encore cette consolante réponse : « Aujourd'hui même, vous serez avec moi dans le paradis. » Il y a là encore la Sainte Vierge et S. Jean l'Évangéliste, qu'on ne sépare jamais en Espagne. Ces statues ont chacune 8 pieds de hauteur.

Le monument entier mesure 120 pieds de haut, la moitié des tours de Notre-Dame de Paris, et son diamètre est de 80 pieds, la longueur d'une église ordinaire ! Partout éclate la blancheur de l'albâtre ; l'or et les broderies étincellent de toutes parts aux innombrables lumières. Quant au luminaire, il tient du prodige : outre 110 cierges d'une demi-livre chacun, il y en a 144 de 2 livres, 40 de 6 livres, 34 de 8 livres, 144 de 15 livres, En tout, au tombeau seul, tant que le Saint-Sacrement y réside, 722 lumières ; car il faut ajouter à ce que je viens de noter 160 lampes en argent, constamment allumées. Total de la cire : 8,282 livres. — Voilà ce qu'à Séville on appelle le tombeau du Jeudi-Saint ! N'est-ce pas extraordinaire ? Ne serait-on pas tenté de traiter de fable mon récit, si chaque année les vingt ou trente mille étrangers qui vont admirer ces chefs-d'œuvre de richesse, de talent et de piété, n'étaient les témoins de ce que j'avance ? Il est curieux, après cela, sans doute, je le répète, d'entendre les habitants se plaindre de la pauvreté des temps présents et en appeler aux semaines-saintes d'autrefois, avant les bouleversements politiques et avant l'invasion française. Que devait donc être l'Espagne dans la splendeur de son culte, puisque les simples restes en sont si magnifiques !

Pendant la nuit du Jeudi au Vendredi-Saint, les portes de la cathédrale restent ouvertes. On exécute un *Miserere* célèbre, qui rivalise, assure-t-on, avec celui de la chapelle Sixtine à Rome.— Dès quatre heures du matin, le Vendredi, a lieu une procession spéciale. Moins bruyante et aussi belle que les autres, elle est l'œuvre des jeunes gens, qui ont préféré le calme de la nuit pour satisfaire leur dévotion. Parmi les trois confréries qui y paraissent, la première, fondée en 1554, est aussi la première qui, à Séville et ailleurs, fit le vœu public et le serment de défendre le mystère de la Conception immaculée de Marie, serment qu'elle renouvelle chaque année le 3 mai, en le sanctifiant par une abondante aumône de pain distribuée aux malheureux.

Mais c'est pour le Vendredi soir que sont réservées les pompes les plus remarquables. A deux heures toute la ville est sur pied. Déjà, depuis deux jours, aucun crieur public, aucune voiture, aucun marchand, n'est admis dans les rues, je l'ai dit ; tous les cabarets et cafés sont fermés, sans exception. Un deuil général plane sur la capitale andalouse. On procède au *Santo Entierro* ou saint Enterrement : c'est la plus belle, la plus longue, la plus splendide des processions de la semaine ; elle dure cinq heures au moins, et voici quelques détails, très-incomplets, sur sa marche.

Elle est ouverte par un corps de garde civile d'infanterie, tambours en grand deuil, battant des marches funèbres. A la suite, un détachement de soldats romains à cheval, commandés par un centurion, tous armés de la cuirasse et du casque avec la visière, costume d'une beauté et d'une richesse étonnantes. Les autorités poli-ques précèdent ensuite seize Nazaréens choisis parmi les plus grands, véritables géants, dont les cierges rouges ne pèsent pas moins de 15 livres; ils entourent la croix comme sa garde d'honneur. Onze *pasos*, quelquefois quinze, suivant les années, paraissent successivement, avec les confréries auxquelles ils appartiennent. Le premier, figurant sur un large théâtre le Calvaire avec le Sauveur expirant, forme une scène si douloureuse, grâce au génie du sculpteur et à la circonstance du jour, qu'on sent sourdre les larmes sous ses paupières avant qu'on ait le temps de raisonner ce sentiment. La Mort, squelette horrible armé de la faulx du temps, demeure frappée sur un globe terrestre ; de sa main gauche à l'arbre du salut court une banderole noire sur laquelle on lit ces mots en lettres d'argent : *La mort a été vaincue par la mort.* Le serpent est là aussi, hideux et terrassé. — Les autres *pasos*, Prise de Notre-Seigneur au jardin, le Mépris d'Hérode, Jésus humble et patient, ne sont pas moins remarquables. — Celui du Dernier Soupir mérite quelques détails. Les muscles horriblement contractés, la pâleur de Jésus-Christ, l'expression des yeux, et les lèvres entr'ouvertes par où semble s'exhaler le dernier souffle de la vie, annoncent éloquemment aux flots du peuple, par le langage de la vue, ce qu'a coûté notre salut au divin Rédempteur. A ses pieds est la Vierge très-sainte, dans une attitude de douleur ineffable, et aux quatre côtés les évangélistes prêts à raconter ce drame de justice et de miséricorde éternelles. L'art n'a rien produit de plus beau, la piété n'a rien inspiré de plus tendre. — Je mentionnerai encore, avec le regret de passer beaucoup de choses, la Descente de croix : Joseph et Nicodème, montés aux extrémités de la croix et appuyés sur elle, tiennent suspendu le corps de Jésus ; la Sainte Vierge, S. Jean l'Évangéliste, Madeleine et les saintes femmes, se tiennent en bas pour recevoir le précieux et adorable fardeau. Le mouvement des porteurs, en balançant toute cette scène, lui donne un air de vérité qui produit une singulière illusion ; on se croirait au Golgotha. Les sculptures, les colonnes, les écussons, les habits des personnages, demanderaient à être étudiés : le temps et la mémoire me font à la fois défaut, car il faut enfin mettre un terme à ce long récit. Il me suffira de vous dire, en général, que plusieurs des croix sont en écaille de tortue et en argent, et que ce qui sort, dans cette procession seule, d'argent, d'or et de pierreries, en dehors de l'estimation du travail, monte peut-être à 7 ou 8 millions. Et certes tout ne paraît pas dans cette circonstance.

Entre chaque *paso*, outre l'accompagnement des Nazaréens en costume, il y a des bannières en soie, aux armes des confréries. — Enfin paraît l'urne ou tombeau de Notre-Seigneur. Rien ne l'égale. Enseveli dans une châsse inappréciable, Jésus repose au milieu des étoffes les plus riches et des fleurs les plus rares. On aperçoit à travers les glaces le corps adorable, couché dans son linceul ; un rayon divin semble l'environner, en même temps que sa mort sanglante a laissé sur le cadavre des traces douloureuses à voir.

Les représentations finies, c'est le tour du clergé des paroisses, avec les croix de toutes les églises. Ici le spectacle change. Contenus entre deux rangs de soldats qui les protégent contre la foule, de gracieux enfants forment les chœurs des anges. La magnificence de leurs vêtements, leur tenue, leur jeunesse, leur innocence, tout charme dans cette troupe angélique. Les premiers portent chacun un attribut de la Passion. Il y a des archanges : S. Michel tenant l'épée sur laquelle étincellent ces mots : *Qui est semblable à Dieu ?* S. Gabriel, le lys en main ; S. Raphaël avec le poisson, sur lequel on lit : *Voici le remède du Seigneur.* Puis l'Ange gardien, tel que nous le retrouvons dans tous les tableaux, conduisant par la main un petit enfant et lui montrant le ciel, dans une pose ravissante. Je renonce à peindre leurs ornements riches et de bon goût, leurs couronnes d'argent, leur longue et noire chevelure tombant en boucles sur leurs épaules découvertes. L'un de ces petits prédestinés, fatigué déjà de la marche et sans doute aussi des joies du ciel, me parut, la première fois que j'assistai à cette cérémonie, regretter les oignons d'Egypte ; il se lamentait, criait, tournait vers les assistants ses grands yeux baignés de larmes ; il pouvait avoir quatre ans ! On ne tarda pas à le consoler par quelques réminiscences de ce monde, qui lui furent administrées sous forme de bonbons, et il continua plus résigné. — A ces chœurs d'anges, poétiques, attendrisants, succèdent les Sibylles, qui, suivant l'opinion commune, furent au nombre de douze, représentées par autant de petites filles vêtues à l'orientale, avec des attributs spéciaux. Sur chaque attribut est un quatrain rappelant les prédictions particulières de chacune d'elles; celle d'Erythrée, par exemple : *Ce même Roi du ciel reparaîtra en souverain au jugement universel.* Elle porte la trompette du jugement dernier. Ainsi des autres.

Les quatre docteurs principaux de l'Eglise, S. Augustin en ornements pontificaux, S. Jérôme en solitaire, S. Ambroise en évêque, S. Grégoire-le-Grand en pape, sont ensuite représentés dans le cortége par quatre enfants. Une jeune fille termine la série, portant le voile sur lequel JÉSUS imprima sa face baignée de sang et de sueur : c'est Ste Véronique. On lit sur le voile : *Il était le plus beau des enfants des hommes.*

Enfin, de nouveaux escadrons de soldats romains forment escorte aux autorités militaires : c'est le capitaine-général, suivi de tous les officiers de terre et de mer, dans le grand uniforme de cour. L'alcade, ou maire de Séville, paraît ensuite, au nom du souverain qui règne à Madrid et qui est le premier confrère de cette procession. La troupe de ligne ferme la marche, son chœur de musique exécutant le psaume *In exitu Israel de Ægypto.*

Le Samedi-Saint, au moment du *Gloria in excelsis,* le tonnerre éclate de nouveau à la cathédrale ; on lui répond du dehors par l'explosion d'armes à feu ; toutes les cloches de la ville, mises en mouvement au signal parti de la Giralda, annoncent bruyamment la grande nouvelle de la Résurrection, tandis que les enfants et le petit peuple, ivres de joie et comme respirant la vengeance, se livrent à l'exécution des Judas. Les Judas sont des mannequins suspendus à de hautes potences ; on leur fait un procès dérisoire, après quoi ils tombent sous les coups des assaillants.—Terminons par une idée plus riante et toute caractéristique de la grande solennité de Pâques sur la douce terre d'Andalousie. Un marché se tient pour les petits agneaux : on y voit accourir les enfants de la ville, qui emmènent ensuite leurs innocents captifs attachés à des rubans de toute couleur. Tout est symbole, tout ramène aux pensées du saint temps. — Il y a aussi une grande foire, établie, depuis vingt ans, qui tend à devenir la première de l'Europe. En 1850, il a été délivré à Séville 52.000 passeports à l'occasion de cette foire seulement.

Pourquoi faut-il, maintenant, qu'à côté de ces splendeurs religieuses l'Espagne donne au monde le barbare spectacle de ses combats de taureaux ? Chancre hideux qui dévore le noble pays de la chevalerie, cet usage disparaîtra sous la malédiction dont on commence à l'accabler.

— Les combats de taureaux! dit ici **M. François**: j'en avais entendu parler comme d'un spectacle de toute beauté. Comment donc osez-vous les traiter ainsi ? Vous déraisonnez, j'en mangerais ma tête!

— Quant à cela, cher ami, si vous aviez quelque illusion à cet endroit, cessez de la nourrir, croyez-moi. La soirée est trop avancée pour que nous entamions cette matière; sans quoi...

— Avancée ! s'écria **Eugène**, renforcé de son voisin **Alfred**. Il nous reste plus d'une heure avant le coucher du soleil, et nous aimerions à vous entendre là-dessus. Voyons, exécutez-vous.

— Je le veux bien, mes amis. Vous me faites parler aujourd'hui ; mais je vous avertis que demain la parole vous restera. A chacun son tour, nous en étions convenus. Je commence donc.

On voyage beaucoup maintenant : c'est un progrès. Non que je prétende approuver la fureur de locomotion qui possède les divers degrés de l'échelle sociale, et qui semble destinée à bouleverser toutes les conditions, à jeter partout le malaise, l'incertitude, la souffrance morale, et à détruire l'amour de cette chose sacrée qu'on appelle la famille, le foyer domestique. Un tel symptôme, avec les alarmes qu'il fait naître, ne résulte point absolument de la plus grande facilité de voyager. Les chemins de fer, les bateaux à vapeur, ces mille inventions qui chaque jour détruisent la distance, ne seraient point la cause du mal, ils en sont l'indice et l'effet : on s'ingénie à multiplier les facilités de communication, précisément parce qu'on éprouve le besoin de s'agiter et de chercher des sphères nouvelles. Le cœur, moins pénétré de nos jours des saintes, des inépuisables consolations de la foi, s'abandonne plus volontiers aux jouissances matérielles, et les poursuit infatigablement là où il a cru les apercevoir, c'est-à-dire loin, bien loin : car, sur cette terre, le bonheur ne nous paraît jamais près de nous ; il est par-delà les horizons; et voilà pourquoi chacun veut courir après lui. Là est l'abus, là est la plaie.

Les voyages, par eux-mêmes, qui en doute ? sont bons et profitables. En apprenant à connaître ses semblables, à estimer les divers génies qui, sous chaque latitude, ont laissé des monuments de leur passage; en voyant se dérouler les splendides variétés de la création, non-seulement de pèlerin se sent meilleur et plus près de Dieu, mais il sent grandir en lui l'estime de son pays et les liens qui l'y attachent, comme l'a si bien dit le poëte que nous citions il y a quelques jours :

Plus je vis d'étrangers, plus j'aimai ma patrie.

Je pourrais attacher à cette pensée de longs développements, de nombreux exemples et l'appui d'autorités célèbres : je me borne à répéter, après les hommes les plus graves, que les voyages faits avec intelligence, attention, étude, sont le couronnement à peu près indispensable d'une éducation sérieuse, solide et bien conduite.

L'Italie, la Sicile, la Grèce, l'Egypte, la Terre-Sainte, une partie de la pittoresque Allemagne, et de la Suisse plus pittoresque encore, attirent davantage la multitude des touristes. On songe moins à l'Espagne.

L'Espagne a échappé jusqu'ici à ce déplorable nivellement qui fait des capitales de l'Europe des faubourgs de Paris. Le hideux industrialisme n'a point encore profané de sa main cupide et de ses instincts abrutissants cette terre classique de la poésie, de l'héroïsme chevaleresque et de l'indomptable nationalité. Abritée par ses hautes Pyrénées contre tout ce qui vient du Nord, elle n'a point, jusqu'ici, laissé pénétrer chez elle l'invasion du dix-neuvième siècle, aussi barbare quelquefois que celle du cinquième. L'esprit et les progrès nouveaux commencent à peine à s'y infiltrer. Les distances, les couleurs locales, la variété des costumes, les mœurs primitives et un peu sauvages, existent encore dans ce coin du monde, où ne manquent pas d'ailleurs, nous venons de le voir, les monuments les plus curieux ni les souvenirs historiques. Là se portera donc désormais quiconque se sent avide d'échapper à l'éblouissement du gaz, à l'étourdissante vapeur et aux tyraniques assujettissements du confortable. Ce n'est pas, il est vrai, une douce région, parée, comme on se le figure, de tous les charmes de la voluptueuse Italie : c'est, au contraire, à l'exception de quelques provinces maritimes, Valence, Alméria, Barcelone, l'Andalousie, une contrée agreste, austère et triste, avec des montagnes nues, escarpées, noirâtres et poudreuses, des plaines immenses, dépourvues d'arbres et de verdure, silencieuses et solitaires à un degré indicible, et participant beaucoup du caractère de l'Afrique : ce qui commence à expliquer, pour le dire ici, et les succès des Maures en Espagne pendant plusieurs siècles, et la similitude frappante de caractère et d'instincts entre ces deux races, irréconciliables ennemies de politique et de religion, mais unies, sans le savoir, par les inspirations d'une commune et même nature, que rien ne pourra modifier peut-être. En retour, la terre d'Espagne offre une nation pleine encore de vigueur et de jeunesse, un peuple qui est lui-même, et non point l'imparfaite et maladroite copie de ce qui ne le vaut pas ; elle offre surtout, avec la pureté de son ciel éternellement azuré, d'admirables cités dont les noms ont couru les deux hémisphères, et qui, subsistant encore, plus indestructibles que Carthage, Cumes et Baïa, n'ont plus à craindre de voir convertir en monceaux de ruines leurs basiliques et leurs palais.

Ces campagnes désolées, cette atmosphère de feu, ces horribles montagnes aux chaînes interminables et à l'aspect sévère, entretiennent dans le sang espagnol je ne sais quelle férocité native que le christianisme adoucit à grand'peine. A ces hommes il faut des scènes de carnage; on s'empresse de les leur procurer.

On a dit qu'un monarque anglais devrait recevoir l'ambassadeur d'un puissance à bord d'un vaisseau de ligne: pour connaître et juger le peuple des Castilles, il faut le voir dans ses bien-aimés *combats de taureaux*. Les journaux de Madrid apportent, de fois à autres, des annonces qui le peignent en trois lignes: — « ..... Magnifique tauromachie, à laquelle assistera le prince **** pour la première fois. La fine fleur des *matadores* doit figurer dans cette course. La grande question du jour est le moyen d'obtenir des billets. On porte à 20.000 le nombre des personnes qui en cherchaient hier: c'est deux fois plus que la place n'en peut contenir. Plusieurs personnes de Séville et d'autres points de l'Andalousie sont venues exprès à la capitale. »

Vingt mille demandes d'entrée pour un seul spectacle: cela paraîtrait fabuleux, si l'on ne se rappelait, en dehors des amphithéâtres anciens contenant soixante et cent mille spectateurs, qu'il s'agit ici d'une fête essentiellement nationale, territoriale si je puis parler ainsi, d'une fête qui se reproduit à peu près tous les dimanches d'été et dont on ne se fatigue jamais, d'une fête enfin où toutes les passions volcaniques du Midi sont excitées, mises en jeu et presque satisfaites. Le combat de taureaux, *la corrida de toros*, c'est l'Espagne, comme le trois-ponts c'est l'Angleterre, comme le Champ-de-Mars c'est la France.

Jamais scène de meurtre et de boucherie ne fut cependant plus repoussante et plus hideuse. La courte description que j'en vais donner ne répondra pas à toute l'horreur que m'inspire ce jeu sanglant, qu'il vous inspirera sans doute. DIEU me garde de médire du peuple espagnol ! il y a beaucoup à estimer en lui, parce que j'y vois, pour faire une grande et forte nation, plus d'étoffe que dans la réunion de plusieurs autres peuples bruyants et adorateurs d'eux-mêmes, qui le méprisent parce qu'ils l'ignorent ou qu'ils se sentent dégénérés à côté de lui. L'histoire, je le répète, voilà le plus beau et le plus incontestable titre de noblesse de l'Espagne, et celui-là est large et opulent : — ses combats de taureaux, c'est le permanent et triste revers de la médaille. Et, si je leur donne cette importance dans mes appréciations, qu'on ne m'accuse pas d'exagérer un système personnel. Le combat de taureaux n'est pas un simple délassement (on ne se délasse pas avec du sang) : c'est l'expression réelle, positive, des besoins et des goûts de ces hommes dont les ancêtres ont été des héros. Aussi avons-nous vu, à une époque qui n'est pas bien éloignée de nous (1824), l'un des ministres de Ferdinand VII, Colomardé, favori tout-puissant, fermer les universités et instituer en revanche une école publique de tauromachie...

L'amphithéâtre de Séville, le plus grand d'Espagne, pourra bientôt contenir vingt mille spectateurs sur ses gradins de pierre. Il rappelle, pour la disposition, ceux de Pompéi, de Pouzzoles et de Nîmes; mais il est de forme entièrement circulaire. C'est là que je me rendis, pour la première fois, le dimanche 21 avril 1850. La foule s'y portait avec fureur: on se pressait, on s'étouffait pour trouver place. Une fois les degrés garnis, le peuple devient souverain et s'y fait obéir en maître; l'autorité elle-même étudie ses plus bizarres caprices pour les satisfaire. Malheur à l'étranger dont le langage, le vêtement, la tenue, frappent un de ces oisifs qui courent partout après le bruit! En un clin d'œil le mot d'ordre est donné: une immense clameur s'élève, régulière dans sa spontanéité, effrayante dans son énergie, menaçante et absolue dans ses injonctions: il faut que ces gants disparaissent, que cette cravate soit changée, que ces lunettes rentrent dans leur étui. La victime voudrait en vain résister, montrer de la dignité, s'enfermer dans l'impassibilité d'un courage intempestif: si elle ne se conforme aux injonctions des tyrans de la rue, la gendarmerie viendra la prier de s'éloigner, parce qu'on ne répond pas des désordres auxquels se porterait une aveugle colère. Moyennant cette satisfaction, l'orage s'apaise, l'ordre se rétablit: le jeu va commencer.

MM. le duc de Montpensier et le prince de Joinville arrivèrent à trois heures et demie, et prirent place au son d'une marche militaire. L'aspect de l'arène, à ce moment, était magnifique au-delà de tout ce que je puis dire; la grandeur s'y confondait avec la grâce, et l'œil se reposait avec plaisir sur le plus séduisant et le plus bizarre tableau. Mais voici que la musique a cessé. Une porte à larges battants s'est ouverte : un alguazil à cheval, enveloppé dans un ample manteau de cérémonie et la tête couverte d'un toque légère, s'avance au milieu du cirque, ayant à ses côtés quatre pages à pied dont les vêtements resplendissent d'or et d'argent sous les flots de lumière de ce ciel si pur ; il s'approche à pas comptés de la tribune royale : là, il salue profondément l'infante de Montpensier, ses pages mettent genou en terre : il demandait l'autorisation de procéder à la lutte. En signe de consentement, la princesse balança une lourde clef qui vint tomber devant l'alguazil. Après un nouveau salut, le cortége se retira. Ce moment est d'une réelle solennité, c'est par excellence le beau moment : ce respect pour l'autorité publique, ce concours innombrable, ces milliers de visages tournés vers le même centre dans une attente silencieuse ; l'impression secrète du sang qui va couler, impression qui se lit sur tous les fronts, ne manque jamais de frapper l'étranger. Rome n'avait rien de plus saisissant, je me l'imagine, aux jours de sa grandeur païenne et sous les arcades de son Colysée !

Mais d'autres personnages ont surgi au bruit des fanfares : ce sont les *picadors* montés à cheval, les *toréadors* à pied, d'un costume couvert de broderies, très-léger, parfaitement élégant et gracieux, chacun dans sa couleur préférée, or, bleu, vert, écarlate, blanc. Les premiers sont armés d'une lance, les autres d'un simple manteau rouge qu'ils tiennent de la main gauche. Tous en ordre suivent la même route que les précédents, d'abord à la loge des princes, dont ils implorent la faveur genou en terre et chapeau bas. Après l'avoir obtenue, ils rendent les mêmes devoirs à la députation provinciale, en traversant aussi l'arène. Ensuite, chacun se met en place, c'est-à-dire que tous ces hommes s'échelonnent le long des barrières, de la même manière que cela se pratique au cirque de Franconi à Paris. L'aspect général, il est vrai, est ici autrement solennel et grandiose. La trompette donne un dernier signal.

Le roi de la fête, le taureau, chassé de la prison où il était retenu, s'élance impétueux et terrible : il est reçu par les acclamations de le foule. D'un long regard il interroge cette assistance, qu'il méprise sans la comprendre ; son second mouvement est de courir tête baissée sur le premier ennemi qu'il avise. La lutte est engagée. Les *toréadors* à pied voltigent autour du fougueux animal, qui porte sur le dos, enfoncé dans sa chair, un ruban noué en rosette, parure sans doute bien nécessaire pour son cruel supplice ! Les *toréadors* l'excitent, le harcèlent de toutes parts. Il a beau poursuivre le plus hardi de ses adversaires, un manteau rouge déroulé à temps devant ses yeux le distrait et le déroute ; il se jette sur le cavalier voisin, un *picador* immobile : un coup de lance le repousse. Alors c'est de la rage : il bondit comme un chevreuil, court comme un insensé, ou bien, s'arrêtant, il fait voler la poussière au-dessus de sa tête et se bat les flancs avec fureur.

Ici le combat d'agilité cesse pour faire place à une savante boucherie. L'homme, aidé de la raison, qui lui donne un avantage inappréciable sur le taureau, va déployer toutes ses ressources pour abuser de la colère de l'irascible animal : s'il est poursuivi, il s'élancera comme un oiseau derrière une infranchissable barrière, tandis que le taureau n'a aucune retraite ; on se mettra huit, dix, douze, contre lui seul. Où est la générosité, le péril, la noblesse d'une telle attaque ? — Ceci n'est qu'une sorte de prélude. Un coup de trompette se fait entendre : les *banderillos* paraissent, portant à la main de petites flèches garnies de drapeaux aux mille couleurs. Après avoir étourdi le taureau par quelques manœuvres habiles, ils saisissent adroitement le moment pour le percer, entre les cornes, de leurs dards acérés, qui s'enfoncent en frémissant dans sa chair. En un instant il est couvert de sang. Les acclamations tiennent alors de la frénésie. Si, après cela, l'animal n'a pas atteint le paroxysme de la rage, d'autres dards remplis de poudre lui sont lancés, éclatent dans ses plaies béantes, le labourent dans tous les sens. Je tremblais d'indignation : les Andalous n'ont pas de plus douce volupté. Ils exprimaient à cette vue une joie aussi bruyante que barbare, et les voix les moins emportées n'étaient pas, je l'affirme, celles des délicates demoiselles qu'un parfum trop condensé fait tomber en pamoison : tant l'habitude peut aisément tuer les plus doux instincts, la plus naturelle sensibilité de l'âme ! Ce n'est pas tout : une meute de chiens est tenue en réserve, et, sur la demande du peuple, on la lancera contre la pauvre bête, déjà déchirée et comme en lambeaux.

Mais le taureau ne se possède plus : il mugit, bondit, gratte la terre. Ses cornes aiguisées demandent une victime et la vengeance. Il avise le cheval d'un *picador* qui se tient là les yeux bandés, frémissant et craintif, malheureux être sans défense que le brutal cavalier exposera à tous les coups, dont le moindre est mortel.

Le fer de la lance qui le perce n'arrête plus le taureau ; il saisit le cheval en flanc, lui déchire le ventre avec ses cornes, l'enlève de terre et le précipite baigné de sang sur le sable. Il n'importe ! le picador se relève, remonte sur son coursier déchiré, dont les entrailles palpitantes balaient après lui l'arène. Au besoin, on coupera ces entrailles, et la cavité qu'elles remplissaient sera bourrée d'étoupes, jusqu'à ce que le pauvre serviteur, dont les longs services sont ainsi récompensés, tombe épuisé, les chairs pantelantes, et expire dans d'atroces douleurs. — On immole ainsi vingt, trente chevaux par course, c'est-à-dire par *fête*... Nos idées françaises sont trop généreuses pour accepter de tels délassements ; notre indignation éclaterait à ce spectacle. Ici il faut la retenir avec soin.

Je me rappelle un de ces malheureux chevaux dont l'agonie me fait trembler encore. Percé de trois ou quatre horribles coups, par où sortait le sang comme une pluie fumante, il se relève, traverse l'arène en trébuchant à chaque pas comme un fantôme, vient en gémissant vers la barrière comme s'il cherchait un refuge auprès de l'homme qu'il a servi depuis sa naissance... On lui répond par une moquerie générale, et il tombe ! Le taureau revient à lui, le soulève encore, le déchire, le brise, le met en pièces... Mes voisins riaient et se montraient la victime en plaisantant : c'était, disaient-ils, un cheval *bien mené !* Un *toréador* vient à son tour, s'approche du cheval qui respirait encore, et joue, de sa baguette, avec les entrailles répandues.... En vérité, c'était trop fort. Un brave militaire français, habitué au maniement des armes et aux scènes de la guerre, se trouvait auprès de moi : un instant il fut près de perdre connaissance ; sa pâleur était effrayante. Le vrai courage ne comprend pas la barbarie...

Mais j'entends de nouveau la trompette : elle interrompt les prouesses des *toréadors* et leurs évolutions pleines de légèreté, lorsqu'ils s'évanouissent comme des ombres devant la corne qui les effleure, lorsqu'ils suspendent leur manteau rouge comme une muraille mobile où s'épuise en vain la colère du taureau. Les battements de mains ont été unanimes, immenses, semblables à la tempête : ceux-là, je les comprends. Il arrive à quelques-uns de payer de la mort cette audacieuse agilité : alors on applaudit le taureau : « Bravo al toro ! bravo ! bravo ! » La vie d'un homme est peu de chose ; l'essentiel, c'est que ce peuple s'amuse... La trompette donc a sonné : que va-t-il arriver ?

Un homme est à genoux devant la princesse, une épée à la main, un manteau près de lui : « — Madame, dit-il à l'infante en fléchissant le genou, permettez que j'aille donner la mort au monstre. Si je succombe, je me réjouis de mourir sous les yeux de Votre Altesse Royale, pour servir à ses plaisirs.... » N'entendez-vous pas le cri du Colysée : *Cæsar, morituri te salutant*... ? Cet homme, c'est le *matador*, le principal personnage de la scène. Son nom veut dire *tueur*, il va le justifier... Le voici qui s'approche d'un ennemi à qui il ne reste plus que peu de forces. Trois fois il doit se jouer de ses fureurs avant de l'immoler : il s'acquitte d'abord de cette mission, puis il est libre de choisir son heure.

la main gauche couverte d'une étoffe rouge, il attire

l'attention de l'animal, et de la droite, quand il se baisse, il lui enfonce l'épée dans la moelle épinière : le taureau chancelle, se défend quelques secondes, tombe lourdement, étend sa large tête sur le sable et meurt... Le matador a laissé son épée en fuyant... Les bourreaux entourent le cadavre, le percent de coups de poignards partout où ils le peuvent atteindre. Je vis un de ces braves de l'amphithéâtre insulter au taureau le plus courageux, en le frappant du pied à la tête lorsqu'il expirait. Le triomphe est complet ! On enlève chevaux et taureau morts, au bruit de la musique militaire, et huit fois de suite les mêmes scènes se renouvellent, durant chacune une demi-heure à peu près.

Voilà ce qu'en Espagne on appelle une course de taureaux.

Les Romains de la décadence demandaient à grands cris : « *Panem et circenses*, du pain et les jeux du cirque. » En Espagne, on demande aujourd'hui le cirque avant même le pain. On se prive de nourriture, on engage jusqu'à son lit au Mont-de-Piété pour aller aux Taureaux. Après cela, il ne faut plus s'étonner de la sauvage brutalité du bas peuple : doux et serviable par nature, il puise au cirque, les yeux et la main dans le sang, les instincts de la cruauté et le mépris de la vie de ses semblables : la vie d'un être créé, c'est-à-dire la plus belle œuvre qu'ait pu produire le Créateur lui-même et qui est comme un reflet de son éternelle nature ! Ces combats sont, on peut le dire, une immoralité, sous quelque point de vue qu'on les envisage ; et cependant, le gouvernement qui tenterait de les détruire brusquement signerait son abdication. On en fait, au contraire, un moyen d'action sur les masses. Telle est la décadence des nobles combats de la chevalerie ; tel est aussi le seul souvenir actuellement vivant des arènes où nos pères, les premiers chrétiens, ont répandu leur sang pour nous faire participants de leur croyance et de la divine doctrine ! La raison, autant que la foi et le cœur, condamnent ces jeux détestables.

Ce ne sont point encore, hélas ! les appréciations de tous les hommes sérieux de la Péninsule, bien que plusieurs commencent à les partager et même à les exprimer. Les combats de taureaux inspirent chaque dimanche quelques poëtes castillans, dont les élucubrations, écrites avec du sang, ornent le feuilleton du lundi dans un grand nombre de journaux. J'en ai vu, et cent et cent fois, de tristes échantillons. Le lendemain même du jour où j'avais assisté au carnage, les bras me tombèrent en lisant dans le *Diario de Sevilla* la brillante tirade qui suit : — « Ces fêtes, qui caractérisent la » nation espagnole et qui la distinguent entre toutes » les nations du monde, renferment autant d'*agrément* » que d'INSTRUCTION : elles modèrent notre nature » fougueuse (!!!) ; elles rendent plus doux encore notre » penchant à l'humanité (!!!) ; elles sont un divertissement à nos travaux les plus fatigants ; elles » nous préparent aux actions magnifiques et généreuses... »

Vous croyez que l'homme qui a pu écrire de telles pensées est ou un fou ou une bête altérée de sang. Point : c'est sans doute un cœur tendre, une intelligence cultivée ; mais ce cœur est andalou, cette intelligence est espagnole ! A de tels cœurs il faut des émotions sans frein, à de telles intelligences un spectacle qui exalte, et des scènes où se joue la mort.

Que font-ils de ce texte de la sainte Ecriture, qui dit beaucoup en peu de mots : « Le juste connaît la vie des animaux ses serviteurs ; mais les entrailles des méchants sont cruelles? » (Prov. 22, 3.) — Et de celui-ci encore : « Avez-vous des animaux? ayez-en soin ; et, s'ils vous sont utiles, qu'ils demeurent toujours avec vous. » (Eccl., 7, 24).

— Mais c'est tout bonnement atroce! s'écrièrent en chœur mes trois amis. Comment se fait-il qu'on essaie maintenant de naturaliser ces horreurs en France? Car nous lisons fréquemment dans les feuilles publiques que telle de nos villes du Midi appelle des toréadors d'Espagne et met à l'épreuve leur détestable talent. Pense-t-on moraliser par-là nos populations ouvrières et agricoles?

— Le moyen ne vaut rien, répondis-je. Comme vous, j'ai lu ces annonces, et chaque fois elles m'ont indigné. Soyez tranquilles cependant : jamais nos Français ne supporteront une institution aussi barbare. Ils y vont une première fois, par curiosité ; ils n'y retourneront pas une seconde. Au reste, l'homme est ainsi fait, que ses actions révèlent les dispositions intérieures de son âme, en même temps que ces dispositions elles-mêmes révèlent les actions auxquelles il pourra se livrer tôt ou tard sous leur influence. La cruauté déborde dans ces courses de taureaux qui, chaque dimanche d'été, sont donnés en spectacle à une avide population : aussi lisez l'histoire d'Espagne, dans ces derniers siècles surtout, où l'abominable passe-temps a été plus universel et plus suivi : vous y retrouverez des excès de barbarie qui font frémir et qui ne se rencontrent guère ailleurs. La conquête de l'Amérique, par exemple, a-t-elle été autre chose qu'un long et effronté brigandage? Que de meurtres! que d'outrages à la nature et à DIEU! Là où les aventuriers qui se disent chrétiens ont trouvé un million d'habitants heureux et inoffensifs, on compte, quelques années après, trente mille esclaves dégradés, poursuivis comme des bêtes fauves, derniers restes des populations décimées. Aujourd'hui encore, l'Espagnol ne reculera pas devant du sang à répandre ; aisément il devient féroce. Et cela se comprend : quelque noble que soit sorti des mains de DIEU son caractère privé, quelque généreux que soient ses instincts nationaux, à quelque élévation religieuse que le porte sa foi traditionnelle et ardente, il recueille malgré lui, dans les jeux du cirque, les seules pensées qu'on puisse moissonner à pareille fête, l'amour du sang et le mépris de la vie des autres. Les combats de taureaux, s'ils étaient l'expression des besoins de ce peuple, devraient nous le faire détester ; il est plus juste de croire, avec ceux qui ont si bien raison de le défendre, que ce n'est là qu'un abus à extirper, une immoralité à faire cesser, un usage malheureux à anéantir, une tache que l'Espagne effacera, pour nous apparaître aussi chevaleresque et aussi pure qu'aux anciens jours de sa gloire.

J'avais été conduit à l'amphithéâtre de Séville par un jeune homme du plus grand mérite, ancien officier dans les armées du roi Charles V (don Carlos), au moment où ce noble prince cherchait à reconquérir sa couronne, tombée sous les embûches d'une femme et sous les coups de la félonie. Ce jeune homme était doué de rares qualités, d'une grande douceur de caractère, d'un jugement sûr, bienveillant pour tout le monde, d'une religion qui ne s'était jamais démentie. Il convenait avec moi que ces jeux sont abominables, qu'il ne les pouvait voir sans horreur, et que la nation espagnole se déshonorait par eux en face des étrangers. Et cependant, après les premiers coups, lorsque le sang du premier taureau s'échappa de cent blessures, que quatre ou cinq chevaux mis en pièces eurent rempli l'arène de leur agonie douloureuse et des lambeaux de leur chair, je vis cette figure aimable et distinguée s'animer d'une couleur pourprée, ces yeux briller d'un éclat inaccoutumé qui faisait peur, ces bras s'agiter, cette bouche lancer les acclamations, les excitations, les encouragements aux *picadors* et à toute la valetaille de la tauromachie. Je restais épouvanté d'un changement si subit. Voilà l'effet du spectacle : le sang avait monté à cette tête andalouse et la faisait bouillonner d'une effervescence sauvage. Qu'on se figure maintenant l'action qu'il exerce sur un peuple grossier, avec un ciel de feu sur la tête, une atmosphère brûlante autour de soi, et tout le prestige de la décoration du cirque ! Aussi, pendant la représentation, qui dure trois ou quatre heures ordinairement, l'humanité semble avoir perdu ses droits : un homme tué dans la lutte n'arrête pas le combat ; on emporte la victime, et l'on continue, après avoir applaudi le taureau de son courage et du bon coup qu'il a su porter. — Soit maladresse naturelle, soit manque d'attention dans un moment de danger, un *toréador* avait frappé, devant nous, dans un endroit où il n'est permis de le faire. La foule s'en aperçoit au sang noir qui coule de la blessure : en un clin d'œil elle bondit, se répand en clameurs, éclate en menaces : « A la prison le lâche ! au cachot le *toréador* ! à la prison ! au cachot ! » C'était un orage affreux. Le malheureux veut réparer sa faute, et pour cela s'expose vingt fois à la mort en donnant les preuves du plus hardi sang-froid ! N'importe, on ne lui pardonne pas ; jusqu'au dernier moment il est chargé d'outrages. On l'aurait mis en pièces, peut-être, si la barrière de l'amphithéâtre ne l'eût séparé des spectateurs.

La Rome antique aussi avait ses combats du cirque. Les hommes combattaient là contre les hommes, pour les plaisirs du peuple.... Nos pères dans la foi, nos admirables martyrs, furent traînés sur cet autel glorieux de leur sacrifice, pendant trois cents ans ; et quand la croix eut été attachée au diadème des Césars, les institutions les plus hideuses du paganisme avaient tellement pénétré le monde ancien, qu'elles le dominaient encore, converti qu'il était. Celle-ci avait traversé les règnes de Constantin, de Jovien, de Théodose même. Un jour, pendant les fêtes qui se donnaient à Rome sous Honorius, en l'honneur du douteux triomphe de Stilicon sur Alaric en Grèce, l'an 398 de J.-C., on vit se précipiter dans le Colysée un pauvre moine armé de la croix ; il se jette tout haletant au milieu des gladiateurs, leur criant de ne plus tirer l'épée et de respecter la vie qu'ils tiennent de Dieu. Le vieillard est massacré par ordre de la foule, et son sang rafraîchit sur le sable de Rome la trace à peine effacée de celui des premiers martyrs. Télémaque était le nom de ce héros ; il accourait du fond de l'Asie, mû sans doute par une inspiration céleste. Télémaque est honoré comme un saint par l'Église catholique, et de ce moment ont disparu les combats de gladiateurs. Dix ans après, Théodose II, successeur et fils d'Arcadius, le pieux élève de sa sœur Pulchérie, refusait, plus scrupuleux et plus chrétien que les Espagnols modernes, de donner un seul athlète contre les bêtes féroces de l'amphithéâtre. L'empereur Anastase convertit cette disposition en loi de l'État, au sixième siècle. Ainsi le christianisme, après avoir sauvé le monde, le civilisait !

Il a tenté la même réforme en Espagne. Le pape S. Pie V, frappé des considérations que je viens à peine d'effleurer, défendit, sous peine d'excommunication, d'assister à *las corridas de toros* (XVIe siècle). Grégoire XIII, il est vrai, leva la sentence, sur les représentations de la cour, que l'Espagne était ingouvernable sans ses boucheries bien-aimées. Malgré cela, il s'est toujours trouvé des évêques pour protester au nom de la religion contre ce sanglant passe-temps. Je citerai parmi eux, comme le plus remarquable, le cardinal de Cienfuégos, archevêque de Séville il y a une trentaine d'années. Longtemps avant lui, Athénagore avait dit à l'empereur Marc-Aurèle et à son fils Commode : « Nous avons renoncé à vos spectacles ensanglantés, » croyant qu'il n'y a guère de différence entre regarder » le meurtre et le commettre. » L'illustre archevêque s'adresse à son tour à la reine d'Espagne : — « C'est,

» lui dit-il, à la suite des invasions des barbares du » Nord et des Maures d'Afrique qu'on a substitué » parmi nous, à d'innocentes récréations, d'atroces et » cruelles fêtes, dignes de la férocité des conquérants, » et qui se concilient mal avec les principes catho» liques. Après les combats contre les bêtes proscrits » par l'Église, on vit s'établir les courses de taureaux, » contre lesquels le pape S. Pie V prononça l'excom» munication le 1er novembre 1567, dans une lettre » adressée à tous les princes chrétiens.... Les souve» rains catholiques ont mis le plus grand zèle et » employé les plus grands efforts à en finir avec des » réjouissances qui font si peu d'honneur à l'éduca» tion de ceux qui y prennent goût. Le roi Charles III, » guidé par les principes qui avaient inspiré les sou» verains-pontifes, défendit de mettre à mort un seul » taureau dans toute l'étendue de son royaume (9 no» vembre 1785) ; et Charles IV ne voulut excepter de » cette règle ni bourg ni village, non pas même la » capitale, interdisant même toute réclamation ulté» rieure à ce sujet.... Depuis, on est revenu à l'usage » ancien.... Que V. M. me permette de lui exprimer » ma surprise de ce que, pour donner au peuple un » spectacle dans lequel des hommes exposent leur vie, » où sont détruits des animaux utiles, où les cœurs » s'endurcissent, spectacle incompatible avec les pro» grès de la raison, le gouvernement n'ait pas trouvé » un jour plus convenable que le dimanche, jour que » DIEU même s'est réservé, et que l'Église a consacré » à la mémoire de la résurrection du Sauveur, prin» cipal fondement de notre foi. » — Cette lettre, rendue publique en 1834, n'obtint point le succès qu'on en pouvait attendre. Mais le moment semble arrivé où la réforme désirée s'opèrera.

J'en remarque de notables symptômes dans la presse espagnole. Là, à côté des chants détestables de quelques mauvais poëtes, paraissent de temps en temps de nobles réclamations. On ne peut rien ajouter au tableau tracé par l'excellent journal monarchique-légitimiste de Séville, *la Paz*, sous la date du 2 octobre 1852 : — « Ces fêtes sont d'ordinaire la cause de regrettables » malheurs.... C'est le ver rongeur de notre société. » Dans ces odieux spectacles, pas de plaisanterie qui » ne soit une insulte ou une atteinte à la pudeur ; on » y dispose et on y habitue l'esprit à la dureté et à la » férocité, et les péripéties de l'action, le sang et la » tuerie, produisent la plus horrible confusion, des » *vivat* furibonds et un enthousiasme général ; et le » vertige arrive à ce point, qu'on voit se distinguer » par leurs applaudissements de timides jeunes filles » qui ailleurs ne pourraient voir une araignée sans se » trouver mal. Ces *délicieuses fêtes*, aussi bien que la » lecture des mauvais romans, contribuent singulièrement à bouleverser les idées, à pervertir les mœurs, » à jeter dans l'homicide une foule de misérables, qui » trouvent plus tard, comme récompense de leurs » exploits, les fers et la potence, à la place d'une » bonne réputation, des richesses et du bonheur. » Et allant plus loin encore, le *Heraldo* de Madrid (24 juillet 1852) s'exprime ainsi : « Le toréador Ximénès, » connu sous le nom de Cana, est mort des suites de » la blessure qu'il a reçue dans la dernière course

» de taureaux. C'est la troisième victime humaine qui,
» dans l'espace de trois mois, a été sacrifiée dans les
» arènes du spectacle le plus populaire de l'Espagne,
» spectacle où tous les rôles sont également dangereux,
» puisque, sur les trois malheureux qui ont succombé,
» l'un était *banderillero* (combattant à pied avec une
» cape rouge), l'autre *picador* (à cheval, avec une
» lance), et le troisième *espada* (tueur du taureau). Si
» l'on considère que ces malheurs sont tombés sur une
» classe ne se composant guère que d'une cinquan-
» taine d'individus pour toute l'Espagne, on trouve
» que, dans cette classe, la proportion des accidents
» est peut-être supérieure à celle que supporte une
» armée en campagne. — En vue de ces faits déplo-
» rables, nous demânderons aux hommes de bonne foi
» si un tel spectacle *est compatible avec le christia-
» nisme*; si, quand nous tolérons de semblables choses,
» nous pouvons proclamer sans rougir nos droits à être
» considérés comme une nation éminemment reli-
» gieuse; si enfin, au lieu d'être un peuple chrétien
» et civilisé, nous n'appartenons pas à ces temps
» de la décadence de l'Empire Romain, alors que le
» plus grand plaisir du peuple consistait à voir les
» hommes mis en pièces par les bêtes féroces, les gla-
» diateurs combattant avec adresse et mourant avec
» grâce, en face d'une population idolâtre et adonnée
» aux plaisirs sensuels. »

Ce n'est donc pas moi seul qui ai maudit ces fêtes, et mes appréciations sont partagées, justifiées, élargies, par ce qu'il y a de plus compétent ou de plus élevé dans la société et dans la religion. Puissent-elles pénétrer bientôt jusqu'aux dernières couches de la nation espagnole ! La passion pour le cirque est portée chez elle au paroxysme. J'ai dit qu'on y voit des malheureux vendre jusqu'à leur matelas pour aller aux taureaux ; je me souviens qu'allant moi-même de Sarragosse à Pampelune, en juillet 1851, les dépêches furent retardées de trois heures par notre conducteur, qui s'était, contre tous les règlements, arrêté à Pampelune où se donnait une *corrida de toros*. J'omets même une considération de grande valeur, celle de l'intérêt matériel de l'Espagne : elle perd ainsi chaque année plus de 2.000 taureaux nécessaires à son agriculture, sans compter 5.000 chevaux au moins qui périssent dans ces solennelles boucheries. Est-ce donc pour assouvir une coupable férocité que Dieu a donné à l'homme ces patients et dévoués serviteurs? L'âme n'est-elle pas souillée, abaissée à ses propres yeux, par de semblables agonies? et la conscience permet-elle de torturer à plaisir d'innocentes bêtes pour faire applaudir par la foule enivrée une vaine et homicide adresse? — « Ah ! s'écrie le » vieux Phinéas au chapitre XVIIe du livre de » Mme Stowe, oui, tuer un homme ou même une bête, » c'est toujours une vilaine opération. J'ai été grand » chasseur dans le temps, et je te dirai que j'ai vu des » daims blessés et mourants me regarder avec des yeux » qui me faisaient repentir de les avoir tués. » Ce sentiment est naturel, juste et honnête.

La douceur envers les animaux est dans l'ordre ; s'en écarter, c'est manquer à un devoir de la nature et à la volonté du Dieu qui nous a établis maîtres et non tyrans, seigneurs et non bourreaux. L'Écriture-Sainte ne recommande-t-elle pas aux soins du laboureur le bœuf qui l'aide dans son travail ? En Perse, à Ispahan, Chardin vit aussi des combats de taureaux, où ces malheureux animaux étaient dévorés par des bêtes féroces : cela est bien digne d'un peuple qui, pour punir un assassin, en plein dix-neuvième siècle, extermine toute une classe d'hommes. Dans son intéressant voyage en Tartarie et au Thibet, M. l'abbé Huc nous parle bien autrement du respect des lamas bouddhistes pour tous les être vivants : « En route, dit-il, ils sont toujours » de la plus grande sollicitude ; s'ils viennent à apercevoir quelque petit insecte, ils arrêtent brusquement » leur cheval et lui font prendre une autre direction. » Ils avouent pourtant que, par inadvertance, l'homme » le plus saint occasionne tous les jours la mort d'un » grand nombre d'êtres vivants. C'est pour expier » ces meurtres involontaires qu'ils s'imposent des » jeûnes et des pénitences, qu'ils récitent certaines formules de prières et font un grand nombre de prostrations » (Tome Ier, p. 237). Ils ne souffrent pas qu'on vide un poisson qui vit encore, ils appellent cela le péché ; s'agit-il de tuer un pauvre agneau, un mouton, une chèvre ? ils font venir un homme spécial, un noir, qui le frappe tout de suite au cœur, afin qu'il ne souffre pas. Ces païens sont une leçon pour bien des chrétiens. Tout le monde connaît l'affection miraculeuse de S. François d'Assise pour la nature, et en particulier pour les animaux, qu'il appelait ses frères de création.

Bossuet a dit quelque part : « L'homme a presque » changé la face du monde : il a su dompter par l'esprit

» les animaux qui le surmontaient par la force ; il a » su discipliner leur humeur brutale et contraindre » leur liberté indocile » (T. XII, p. 691). Nulle part il ne lui fait gloire de les égorger savamment et avec grâce ! La thèse est réservée à quelque docteur espagnol.

Je n'en finirais pas si je voulais épuiser cette matière, montrer par exemple ce que le cheval est pour nous et ce qu'il y a d'inique à l'offrir en pâture, dans ces abominables courses, à la fureur exaltée du taureau. Reconnaissants des services qu'ils recevaient de ce dernier, les anciens peuples rendaient au bœuf toutes sortes de soins et d'honneurs. Le taureau a été mis au nombre des signes du zodiaque ; dans la mythologie, il personnifiait avec Mars la force dans la guerre, et le commerce avec Mercure. Pausanias, auteur d'une description de la Grèce en dix livres, dit qu'à Athènes, après le sacrifice d'un bœuf fait à Jupiter, le sacrificateur prenait la fuite, et les assistants assignaient la hache en jugement. Pline raconte que, dans les premiers temps de Rome, un citoyen fut accusé devant le peuple et banni pour avoir tué un bœuf afin de se nourrir de sa chair. — Mais dans aucun pays du monde le bœuf ne fut plus vénéré qu'en Egypte. On n'en tuait que pour les sacrifices, et il était défendu de mettre à mort ceux qui avaient travaillé. Selon Hérodote, lorsqu'on les enterrait on laissait sortir hors de terre une corne, et quelquefois toutes les deux, pour prévenir les passants qu'un bœuf reposait là et que ce lieu était sacré. Aujourd'hui encore, à Naples et en Sicile, ainsi que j'ai pu cent fois m'en convaincre de mes propres yeux, la corne du bœuf est considérée comme un préservatif de la *gettatura* et un signe de bonheur. On connaît l'histoire du bœuf Apis, que Germanicus lui-même alla consulter, l'année où il mourut empoisonné. A la mort de ce dieu, toute l'Égypte prenait le deuil, comme si sa prospérité venait de s'évanouir. On lui faisait de royales obsèques ; Plutarque dit qu'un Ptolémée dépensa 50 talents de 80 francs dans une semblable occasion, et que d'autres rois, ses successeurs, ont porté cette dépense funèbre jusqu'à cent talents. Et quelles sont les ignobles obsèques faites par les Espagnols aux plus braves taureaux qu'ils ont fait combattre ?

De l'Égypte, la superstition d'adorer le bœuf est passée dans l'Inde, où elle vit encore, vers Salem et Séringapatam. Chez les Hottentots, le bœuf est de la famille, comme le cheval chez l'Arabe ; il est soigné, caressé ; on s'intéresse à lui, et lui s'intéresse à son maître ; il se montre si doux à conduire, qu'on le préfère au cheval. Dans le Poitou, lorsqu'il est employé à l'agriculture, le bœuf en labourant écoute les chansons de son conducteur, et son plus ou moins d'activité tient beaucoup à la nature des sons qu'on lui fait entendre. Nous lui rendons quelque honneur aussi au jour du Mardi-Gras....

« C'est le sentiment de l'innocence, dit Bernardin de Saint-Pierre, qui est le premier mobile de la pitié : voilà pourquoi nous sommes plus touchés des malheurs d'un enfant que de ceux d'un vieillard. Ce n'est pas parce que l'enfant a moins de ressources et d'espérances, car il en a plus que le vieillard, qui est souvent infirme et qui s'avance vers la mort, tandis que l'enfant entre dans la vie ; mais l'enfant n'a jamais offensé, il est innocent. Ce sentiment s'étend aux animaux même, qui nous touchent souvent plus de pitié que les hommes, par cela seul qu'ils ne sont pas coupables. C'est ce qui a fait dire au bon La Fontaine, en parlant du déluge, dans la fable de Philémon et Baucis :

Tout disparut sur l'heure.
Les vieillards déploraient ces sévères destins.
Les animaux périr ! Car encor les humains,
Tous avaient dû tomber sous les célestes armes.
Baucis en répandit en secret quelques larmes...

Un grand peintre, Hogart, a consacré son génie et son pinceau à peindre les tortures que l'homme fait souffrir aux animaux domestiques. Rien de plus touchant que ces tableaux ; en les voyant on se rappelle involontairement les beaux vers de Delille, au poëme de la Pitié :

Dès longtemps l'habitude a vaincu la nature,
Mais elle n'en a pas étouffé le murmure.
Soyez donc leur tombeau, vivez de leur trépas ;
Mais d'un tourment sans fin ne les accablez pas.
L'Eternel le défend ; la pitié protectrice
Permet leur esclavage, et non pas leur supplice.
. . . .
Des vains jeux de l'orgueil épouvantable scène !
Et pourquoi ? pour qu'un fat, s'appropriant leur gloire,
Sur leurs corps palpitants crie : A moi la victoire !
Ou que d'un vil pari le calcul inhumain
De cet infâme honneur tire un infâme gain....

Plus que jamais ces idées sont aujourd'hui en honneur. Les tribunaux sont chargés parmi nous, maintenant, de protéger les animaux ; on a vu dernièrement les préfets de la Loire-Inférieure, de la Loire, des Côtes-du-Nord, et d'autres après eux, prendre à ce sujet de sévères arrêtés. Applaudissons à de telles mesures, et gardons-nous bien de nous moquer, comme font quelques niais, quand nous voyons les jurys d'Angleterre intenter un procès à une célèbre aéronaute, Mme Poitevin, pour avoir fait souffrir dans son ascension deux poneys. Une société protectrice des animaux s'est aussi établie à Paris, et les journaux, dernièrement, nous apprenaient qu'elle s'est transportée à Poissy, recueillant, pour les récompenser, les traits de bonté et de douceur envers les bêtes domestiques.

Déjà en 1785, le marquis de Langle écrivait (T. Ier de son *Voyage en Espagne*) : — « Je vivrais mille ans, j'y penserais tous les jours, et jamais je ne pourrais concevoir ce qu'on trouve d'attachant et de superbe dans ces affreux combats. Tout y révolte : les tauroyeurs font horreur, et les taureaux font pitié. Un homme est de pierre si ses yeux ne se remplissent pas d'eau en regardant douze ou quinze assassins tuer, de sang-froid, une malheureuse bête à qui un bâillon passé dans la gueule, une muselière attachée aux naseaux, ôtent les moyens de se défendre et de voir celui qui la tue. Ce qui complète l'atrocité de cette lutte inégale, ce sont les transports, les acclamations d'un peuple immense ; ce sont les battements de 20.000 mains, les trépignements de 20.000 pieds, dans l'instant où le taureau, blessé à mort, suffoque de rage, chancelle, tombe, mugit les derniers soupirs, s'étend, se débat, se soulève, se roidit, écume, perd son sang sur la poussière, où des enfants, apprentis tauroyeurs, se disputent entre eux la gloire de l'achever. — Et des femmes qui tremblent à la chute d'une feuille, des femmes qui s'évanouissent à l'odeur d'un bouquet, qui jettent des cris à la vue d'un éclair, assistent à ces combats, fixent les yeux sur une bête qui souffre, qui saigne, palpite, expire à leurs pieds ; paraissent compter ses plaies, ses cris, ses gouttes de sang, et regretter, quand elle meurt, qu'elle ne se débatte et qu'elle ne souffre plus !... — Voilà ces combats dont on parle tant, voilà ces combats que plusieurs papes, que plusieurs rois ont voulu abolir cent fois, mais toujours inutilement. Toujours le peuple s'est attroupé, a menacé ; et souvent, pour l'apaiser, il a fallu mettre à mort cinquante à soixante taureaux..... »

Et, dans ces lignes indignées, l'écrivain ne parle même pas de cette quantité de chevaux offerts à la fureur du taureau et percés par lui.

Le jour où j'assistai à cette *fête,* la seule fois de ma vie je vous le jure, le prince de Joinville, qui pourtant a vu de près la fumée des batailles et les champs de carnage, n'en put supporter l'horreur ; au troisième massacre, il se retirait pâle et bouleversé.

Et quant à l'introduction de ces saturnales de barbaries parmi nous, espérons qu'elle avortera, et redisons avec une excellente feuille, *la Semaine religieuse* de Nancy (20 août 1865) : « Quoi ! ne saurait-on assem-
» bler le peuple, un jour de réjouissance, sans lui don-
» ner à contempler des chairs palpitantes, des agonies
» sans nombre, des chevaux éventrés, de nobles ani-

» maux percés d'une épée par un spadassin qui peut
» lui-même tomber sous un coup qu'il n'a pas prévu ou
» qu'il n'a pu éviter? Qu'est-ce que l'âme trouvera
» d'élevé, de digne d'elle, dans cette arène nauséa-
» bonde et sanglante, qui rappelle trop bien les passe-
» temps exécrables de la plèbe romaine en décadence?
» Joûtes horribles où il faut qu'un prêtre en surplis et
» en étole se tienne prêt, dans une salle voisine, avec
» les saintes huiles !.. »

DEUXIÈME SOIRÉE

Une semaine à Rome.

C'était le tour de notre ami **Adrien**, expert en toute littérature et en toutes connaissances. Il nous proposa de nous faire faire le voyage de Rome en huit jours, et, après un préambule de savant, le voilà en route :

— L'ami de S. François de Sales, dit-il, messire Jean-Pierre Camus, évêque de Belley, publia en 1619 un livre qu'il intitula « *Premières Homélies festives* ». Voici comment il y interpelle son lecteur :

« Ce que je te demande seulement, mon très-cher
» lecteur, c'est la continuation de ces yeux de colombe
» lavés dans le lait de douceur, pour parcourir les ruis-
» selets de ces abrégés, afin de me donner courage de
» te promener sur les pleins courants de ces secondes
» et plus amples homélies que je projette ; et cette tienne
» charité, patiente, bénigne, qui souffre tout, qui cou-
» vre la multitude des défauts, qui congratule aux la-
» beurs d'autrui, qui n'est point jalouse ni rioteuse,
» qui ne syndique malignement, qui ne reprend mal à
» propos, m'a déjà paru en tant d'instances, que j'ai
» toute occasion d'espérer en ta faveur. Supplie Notre-
» Seigneur qu'il bénisse mes études de quelque progrès
» qui soit pour mon salut, pour ton service, mon lec-
» teur, mon ami, et pour sa gloire. Adieu ! »

4.

Vous me pardonnerez de m'appliquer ce langage, au commencement de mon récit, et de tenir un semblable discours aux bienveillants amis qui m'excitent à fournir ma carrière. J'y entre en comptant sur vos sentiments plus que sur mes forces : soyez-moi indulgents ! Nous ferons ensemble quelques chasses sur les terres placées aux antipodes du pays de la Mélancolie, sans négliger les choses sérieuses, suivant l'avis du vieux Honoré Bonet, écrivain de l'an 1398. « Tout ainsi, dit-» il, que les grands seigneurs s'ébattent du plus gai gi-» bier de l'année, aussi les clercs (les gens instruits), » pour fouir paresse, négligence et oiseuse vie, se doi-» vent pareflorcier de vivre avec le gibier de leurs li-» vres. Car, combien que leur étude soit de grand la-» bour, aussi est-il plein de délit et de joie espirituelle » et de fruit gracieux. » Voilà de sages principes : ils seront les nôtres.

Nous passerons ensemble, si vous le voulez bien, une semaine en Italie, à Rome, dans ces lieux, comme dit Lacordaire, « qui sont pour nous des ancêtres, et qui, » malgré les ruines du passé et celles de l'avenir, seront » l'éternel pèlerinage des esprits cultivés... — Ceux qui » viennent à Rome une première fois, écrit-il ailleurs, » en y apportant l'onction du christianisme et la grâce » de la jeunesse, savent l'émotion qu'elle produit ; les » autres la comprendraient difficilement... » Et pourtant j'essaierai de la leur faire ressentir.

« Qui donc n'est pas un pèlerin de Rome ? Pèlerins de la foi, pèlerins de la science, pèlerins de l'art et de la poésie, vous y accourez tous avec un pieux enthousiasme, et ceux qui ne peuvent vous y suivre aiment à y faire au moins un pèlerinage par la pensée[1]. » Or, nous n'avons que la pensée, aujourd'hui, mes amis.

Nous avons donc huit jours à consacrer au nôtre; mais ces huit jours nous donneront au moins une idée de tout ce que la piété rencontre de consolations sur cette terre inondée du sang des martyrs. Je dis *la piété*, car c'est elle surtout qui doit mener à Rome. La science, les monuments païens, n'y occupent qu'une place inférieure. Avec ceux-ci on admirera Rome, on ne la comprendra pas. Je lisais, il y a quelques jours, à Rome même, les regrets touchants d'un saint religieux, le P. Schouvaloff, dans cet admirable écrit de *sa Conversion et de sa Vocation* qu'il a laissé pour testament à toutes les âmes égarées, et qui devrait être le manuel de quiconque gémit sous le refroidissement de sa ferveur première. — « Je me demande, dit-il, comment il se fait que jamais ni mon cœur ni mon esprit n'aient été touchés lorsque, pendant mon séjour en Italie et particulièrement à Rome, il m'arrivait d'assister à des cérémonies religieuses. Je ne puis comprendre mon indifférence à cet égard, et comment jamais il ne m'est venu, *à moi qui croyais être penseur*, une idée sérieuse à la vue de choses vénérées depuis tant de siècles, et par des hommes appartenant à toutes les classes de la société, à tous les degrés de l'intelligence. Il est vrai que je n'entrais jamais dans une église que par curiosité, ou par quelque autre motif frivole. Mais enfin j'y allais; j'y voyais de belles et pompeuses cérémonies; mes yeux s'arrêtaient parfois sur d'anciennes sculptures ou de

[1] Edm. Lafond, *Rome*, t. Ier, p. II.

magnifiques tableaux dont les figures semblaient s'animer à travers les fumées de l'encens ; partout était l'image de votre sainte Mère, entourée d'innombrables *ex-voto*, témoignages d'espoir, de douleur, de reconnaissance et d'amour ; les sentiments les plus profonds du cœur avaient laissé sur ses autels les traces de leur passage. Et puis, j'entendais de part et d'autre des paroles sublimes de simplicité, qui se mêlaient à une musique d'anges ; l'air de vos basiliques me semblait imprégné d'un sentiment de foi. Ici, tout un peuple écoutait, immobile, la voix d'un prédicateur ; là, des fidèles confessaient leurs péchés ; d'autres, recueillis, silencieux, recevaient votre divin corps ; des prêtres prosternés adoraient la sainte Hostie ; enfin, un vieillard, le père des chrétiens, lavait les pieds de quelques pauvres, ou donnait la bénédiction à la ville et au monde. — Et, devant ces grands spectacles, pas une pensée, pas une question ! je regardais avec l'indifférence de l'idiotisme !... Ah ! c'est qu'alors il me manquait *un sens*, le sens spirituel, le sens divin... Mon corps était présent, mais mon âme était ailleurs ; elle dormait... Ah ! Seigneur, j'étais de ceux qui se tiennent dehors, de sorte que, *considérant de leurs yeux, ils ne voient point, et qu'écoutant de leurs oreilles ils n'entendent point, de peur qu'ils ne viennent à se convertir et que leurs péchés ne leur soient pardonnés*. Je ne comprenais pas les divins symboles qui étaient sous mes yeux, et mon âme n'avait pas la foi pour vous croire présent dans l'hostie... Je voyais les objets, mais je n'en comprenais pas la signification. C'était comme un assemblage de lettres jetées au hasard... »

Ce sens chrétien, ce sens spirituel, est absolument indispensable à Rome, pour voir et pour saisir ; Rome échappe à qui ne la voit que des yeux, à qui n'a pas au fond de son cœur une oreille pour écouter l'harmonie divine de son langage.

Or, je le répète, quand on arrive à Rome en chrétien, ce n'est ni au Capitole, ni au Palatin, ni au Forum, ni même à Saint-Pierre ou à Saint-Jean-de-Latran, qu'on doit aller d'abord : c'est aux Catacombes ! Il faut baiser tout de suite cette poussière humide encore des larmes et du sang de ceux qui nous ont engendrés à la foi, coller ses lèvres aux marbres de leur sépulcre, son front aux parois de ces asiles de la sainteté héroïque. Ah ! que les souvenirs de la Rome païenne sont petits et vulgaires, quand ils arrivent à l'âme à travers la couche épaisse de cette pouzzolane sacrée ! — « C'est là, s'écrie Lacordaire, c'est là, quand mon espérance chancelle, que je retrouve l'énergie de mon âme et ce qu'il faut d'empire pour porter le fardeau de l'inconnu. Je me représente ces pauvres, ces ouvriers, ces esclaves, tout ce peuple obscur caché sous la Rome triomphale d'Auguste et de Trajan. L'univers pesait sur leur conscience du poids de quarante siècles, et Rome ajoutait à cette pression des âges le plomb sanglant de sa terrible domination. Il n'y avait rien de fait, qu'un homme mort en Judée sur une croix. C'était là, avec leur propre sang, le seul contre-poids qu'ils pussent opposer à la machine de ce monde telle qu'elle était et qu'elle avait toujours été. Après de longs jours, courbés sous le jeûne et le silence, on leur apportait le soir, entre l'ombre de la nuit et la clarté des flambeaux, les corps suppliciés de quelques-uns d'entre eux. Ils comptaient les blessures ; ils voyaient de leurs yeux et touchaient de leurs mains les sillons que la torture avait creusés dans ces faibles membres que rien n'avait protégés contre la puissance de l'Empire, et ceux qui les avaient recueillis par pitié redisaient à voix basse les cris de la multitude contre les martyrs, et la patience inébranlable de ceux-ci. Aucune larme ne tombait sur ces tristes restes : l'Église primitive ne pleurait pas, elle espérait. Chaque corps placé sous la tuile sépulcrale était une assise de la cité de DIEU, le fondement de la victoire future, un appel à la justice qui ne se voit pas, en attendant celle qui se voit. C'est ainsi que se passèrent trois siècles, les plus beaux siècles du monde, parce qu'ils furent ceux d'une espérance que rien ne justifiait, si ce n'est une invincible foi dans la mort de l'homme, précédée de la mort de DIEU. »

Descendons dans ces « vastes reliquaires, » comme les appelle Mgr Gerbet, et demandons encore à un chaleureux écrivain de nous en découvrir les mystères et les leçons. — « Là se trouvaient des salles immenses et ténébreuses, des avenues interminables où l'obscurité était si profonde, dit S. Jérôme, qu'il semblait qu'on descendît vivant dans le sépulcre, et dont les murs étaient revêtus de corps inhumés. Ce labyrinthe de cercueils, aux issues introuvables, où s'enfoncer sans guide c'était périr ; ces voûtes vertigineuses sous lesquelles régnaient le silence, la peur et la mort, n'effrayèrent pas les premiers fidèles de Rome. Le dimanche, on se réunissait dans cette effrayante église métropolitaine pour lire les écrits des Apôtres ou des Prophètes ; puis on offrait, sur un autel de pierre informe, le sacrifice du pain et du vin, qui était précédé d'un sermon et suivi d'une quête pour les pauvres. Quelques fresques grossières, représentant le Sauveur ou Marie, qu'on peut voir encore à demi effacées dans les catacombes de Naples et de Rome, étaient la seule décoration de ce lieu de prière, dont l'assistance se composait de dix générations décédées et d'une génération vivante. Quel temple ! Au lieu de vases d'or incrustés de pierres précieuses, des calices de bois ! au lieu de lampes romaines d'argent massif, des torches lugubres ! au lieu de dépouilles opimes, les terribles trophées de l'ange de la mort ! A côté, en face, en avant, en arrière du lieu où se pressait l'assemblée des fidèles, de longues avenues souterraines où brillaient, de fois à autre, des flambeaux lointains et où se mouvaient des figures voilées qui ressemblaient à des spectres [1]. Sous les pieds, la poussière d'une république qui avait emporté ses vertus dans les plis de son grand linceul. La terreur au-dedans, et au-dehors, en cas de découverte, l'amphithéâtre, dont l'aire était rouge comme une plaie, tant le sang chrétien y coulait à flots ! — Quand on réfléchit à ces choses, on se demande avec stupeur quels héros intrépides venaient braver ces épouvantements... Ces héros, qui affrontaient la peur et la mort, c'étaient d'ignorants prolétaires grandis au milieu

---

[1] Le 22 novembre 1859, les catacombes de Saint-Calixte, où fu ensevelie Ste Cécile, ont été illuminées comme au temps des persécutions. On ne se fait point une idée de la magie religieuse de ce spectacle.

des augures, des présages et des milliers de craintes superstitieuses du paganisme ; c'étaient des vierges timides, accoutumées à fleurir loin du monde comme des roses solitaires ; d'opulentes et belles patriciennes, servies par des légions d'esclaves, qui dormaient sur des lits d'or massif, mangeaient sur des tables de citronnier, habitaient des appartements lambrissés d'ivoire, et ne marchaient que sur des dalles de marbre semées de poudre d'argent ou d'or ; des jeunes gens enveloppés dans de riches manteaux d'écarlate, qui s'appelaient *Anicius*, *Olibrius*, *Probus*, *Gracchus*, la fleur du patriciat enfin ; des chevaliers reconnaissables à leur anneau équestre ; des grands-officiers du palais ; des tribuns du peuple ; des favoris, des parents de César, dont les fils étaient désignés pour lui succéder à l'empire... Quoi encore ? des princesses impériales, qui traversaient de nuit, escortées de quelques esclaves fidèles, l'atrium de leur palais d'or du mont Palatin, et se glissaient comme des lémures hors de la ville de Romulus, pour aller adorer au fond des Catacombes *le Galiléen*, comme disait avec un mépris dédaigneux la haute aristocratie idolâtre, et invoquer cette douce Vierge Marie pour qui les nobles descendantes des Gracques et des Scipions abandonnaient leur temple favori de Junon Lucine. — Si le Tibre avait débordé, ou que la pluie manquât, ou qu'il fût arrivé un tremblement de terre, et que le peuple romain, pour conjurer ces désastres, eût crié, selon sa coutume, Les chrétiens aux lions ! on apportait devant l'autel des cercueils remplis d'ossements recueillis dans l'amphithéâtre. Alors, un chant de triomphe, doucement psalmodié, s'élevant du sein de la terre, allait se confondre avec le bruit continu des fleuves que les aqueducs portaient par-dessus les murailles de Rome, et le murmure doux et léger des grands peupliers d'Italie, qui imite le bouillonnement des ruisseaux. Souvent l'évêque, un saint vieillard, appuyé sur une pauvre houlette de vrai pasteur, reprenait les déserteurs du camp des richesses, qui venaient adorer le Roi pauvre, d'un reste d'attachement au luxe romain. Il disait aux grandes dames, qui l'écoutaient dans une attitude pensive, qu'il ne convenait pas à des femmes chrétiennes de porter en bagues et en bracelets la substance de mille pauvres. A quelques jours de là, on se demandait ce qu'une fille des Anicius avait fait de ses pierreries. Les pauvres, païens et chrétiens, de son voisinage auraient pu répondre en montrant du pain et de l'or! Ou bien il s'élevait contre la servitude ; et, le lendemain, on répétait partout avec une surprise profonde qu'un préfet du palais venait d'affranchir quinze cents esclaves. C'était là surtout que la charité était enseignée. Et quelle charité! *L'aumône est un mystère,* disait le prêtre de Jésus-Christ : *quand vous la faites, fermez les portes.* — Et, au sortir de ces assemblées où la foi se retrempait, de pauvres femmes du peuple allaient ramasser au bord du Tibre les enfants qu'y exposaient les grandes dames idolâtres, les patriciennes disposaient en hôpitaux une partie de leurs palais, et les jeunes seigneurs chrétiens entreprenaient des voyages éloignés pour secourir leurs frères d'Afrique ou d'Asie ... » [1]

---

1 M. l'abbé Orsini, *La Vierge*, t. II, ch. IIIe

Mais ce n'est pas tout, et nous n'avons là qu'une des faces de cette grande leçon, de ce merveilleux tableau. « Du fond de leurs catacombes, ajoute Mgr Gerbet, des chrétiens avaient entrepris contre Rome païenne un siége unique en son genre. Les Catacombes traçaient autour de la grande ville deux lignes qui allaient du Nord au Sud, l'une par l'Occident, l'autre par l'Orient... Les assiégés traçaient sur les murs de leurs casernes et sur leurs étendards les portraits de leurs généraux : les assiégeants dessinaient dans leurs galeries souterraines quelques placides figures de justes souffrants et de femmes en prières. D'un côté l'aigle des légions, de l'autre la colombe du Jourdain ; d'un côté la louve romaine, de l'autre l'agneau. Sur les monuments, sur les tombeaux païens, étaient placés des trophées, les images, les dépouilles des nations vaincues : les chrétiens renfermaient dans les tombeaux de leurs soldats des tenailles et des clous teints de leur sang, et quelquefois d'autres objets, humbles instruments de leur charité envers les pauvres. Dans leurs évolutions, les troupes païennes passaient sous des arcs-de-triomphe : la milice chrétienne entrait ou sortait par les trous des carrières. Quelquefois les païens faisaient irruption dans les retranchements des Catacombes, et ils ravageaient ; d'autres fois, les chrétiens s'avançaient, tête haute, sur les places publiques, et ils mouraient ; mais, plus ils avaient de morts, plus nombreuses étaient les recrues qui arrivaient pour miner la citadelle de l'idolâtrie ; leurs rangs étaient d'autant plus pressés que les cimetières s'élargissaient. — Les travaux de ce siége avaient duré trois siècles, et la sape avançait toujours. Sous Constantin, un grand ébranlement se fit entendre : une partie de la Rome païenne s'abattit, l'autre chancela... Il y eut encore, quelque temps après, une lutte, jusqu'à ce que le vieil autel de la Victoire eût été renversé pour toujours. Alors les restes de la Rome païenne tombèrent, et, lorsque la poussière de leur chute fut dissipée, voici ce qu'on vit : — La Rome souterraine était devenue la Rome publique, elle avait passé des Catacombes sur les Sept Collines. »[1]

Hier j'ai visité les saintes Catacombes
Des temps anciens;
J'ai touché de mon front les immortelles tombes
Des vieux chrétiens,
Et ni l'astre du jour ni les célestes sphères,
Lettres de feu,
Ne m'avaient mieux fait lire en profonds caractères
Le nom de Dieu.

Un ermite au froc noir, à la tête blanchie,
Marchait d'abord,
Vieil athlète du temps, vieux portier de la vie
Et de la mort:
Et nous l'interrogions sur les saintes reliques
Du grand combat,
Comme on aime écouter sur les exploits antiques
Un vieux soldat.

Un roc sert de portique à la funèbre voûte :
Sur ce fronton
Un artiste martyr, dont les anges sans doute
Savent le nom,

---

1 *Esquisse de Rome chrétienne*, ch. IIIe.

Peignit les traits du Christ, et du Sauveur du monde
Les divins yeux,
D'où s'échappe un regard d'une douceur profonde
Comme les cieux.

. . . .

Lieux sacrés, où l'amour pour les seuls biens de l'âme
Sut tant souffrir,
En vous interrogeant j'ai senti que sa flamme
Ne peut périr,
Qu'à chaque être d'un jour qui mourut pour défendre
La vérité
L'Etre éternel et vrai, pour prix du temps, doit rendre
L'éternité.

J'ai sondé du regard leur poussière bénie,
Et j'ai compris
Que leur âme a laissé comme un souffle de vie
Dans ces débris ;
Que dans ce sable humain, qui dans nos mains mortelles
Pèse si peu,
Germent pour le grand jour les beautés éternelles
Des fils de Dieu.

C'est là qu'à chaque pas on croit voir apparaître
Un trône d'or,
Et qu'en foulant du pied des tombeaux, je crus être
Sur le Thabor !
Descendez ; descendez au fond des Catacombes,
Aux plus bas lieux ;
Descendez ; le cœur monte, et du fond de ces tombes
On voit les cieux !

L'auteur de ces beaux vers, c'est encore Mgr Gerbet, depuis évêque de Perpignan. Ils furent lus, il y a quelques années, dans une réunion littéraire de la Propagande. Celui qui chantait si bien les humbles chrétiens des souterrains antiques voulut rester ignoré alors, comme ces pieux artistes qui gravaient la palme du martyre sur la pierre nouvellement scellée.

Retournons maintenant à la ville sainte : il y faut voir ce que sont devenus ces pontifes ensevelis alors au sein des Catacombes ; nous comprendrons mieux le miracle qui les a portés triomphants et couronnés dans les splendeurs du Vatican. Que me fait, à moi chrétien, ce tombeau des Scipions que je laisse à ma droite, cet arc triomphal de Drusus, cette voie Appienne chantée par Horace, foulée par Virgile, Cicéron, Tibulle, où l'on pourrait suivre encore les traces des chars impériaux ? Je verrai tout cela, mais après, après, bien longtemps après. Je cherche Dieu à Rome, et tout cela c'est la lourde humanité, avec son génie et sa puissance, mais avec ses vices.

Tandis que la Papauté... oh ! la Papauté ! comme le disait cette année même le P. Félix à Notre-Dame, « elle n'est pas seulement la clef de voûte du monde » social ; ce n'est pas seulement le plus fort boulevard » qui protége l'ordre contre l'anarchie, et la société » contre la Révolution... La Papauté, soutenue à tra- » vers les siècles par l'obéissance, le respect et l'a- » mour des peuples chrétiens, c'est plus qu'un rem- » part qui nous défend et plus qu'un bouclier qui nous » couvre : c'est comme un char qui nous porte ; c'est » le char triomphant qui porte, avec nous-mêmes, » depuis dix-neuf siècles, la civilisation et le progrès » du monde chrétien... »

Eh bien, la voici qui sort de son palais, précédée d'une brillante garde à cheval, suivie d'une cour nombreuse, au milieu des flots du peuple à genoux. Elle se rend à l'église du Jésus, pour y terminer l'année par un solennel *Te-Deum*. Entrons et voyons.

Le vieux Balzac, non pas le romancier contemporain s'il vous plaît, disait : « Si je rêve deux heures au » bord du Tibre, je suis aussi savant que si j'avais étudié » huit jours. » Et le célèbre Gœthe : « Rome est une » mer plus profonde à mesure qu'on s'y avance. » Un autre fils de la célébrité, Montaigne, écrit à son tour : » Je n'ai rien de si ennemi à ma santé que l'ennuy » et l'oisiveté : là j'avois toujours quelque occupation, » comme à visiter les antiquitez, les vignes qui sont des » lieux de plaisir, ou aller ouïr des sermons, de quoy il » y en a en tout temps, ou des disputes de théologie... » Tous ces amusements m'embesoignoient assez... C'est » ainsi une plaisante demeure. Et puis argumentez » par-là, si j'eusse gousté Rome plus privément, com- » bien elle m'eust agréé... Je disois des commoditez » de ceste ville que c'est la plus commune ville du » monde, et où l'estrangeté et différence de nation » se considère le moins : car, de sa nature, c'est une » ville toute *rapiécée* d'estrangiers ; chascun y est » comme chés soy. Son prince embrasse toute la » chrestienté de son authorité... Et puis ceste mesme » Rome mérite qu'on l'aime : seule ville commune et » universelle, la plus noble qui fut et qui sera oncques, » le magistrat souverain et qui y commande est reco- » gneu pareillement ailleurs : c'est la ville métropoli- » taine de toutes les nations chrestiennes ; l'Espagnol » et le François, chascun y est chez soy. Pour estre » des princes de cet Estat, il ne faut qu'estre de chres- » tienté, où qu'elle soit... »

Ce Roi-Pontife, dont l'empire spirituel s'étend aux extrémités du monde, le seul, selon la remarque de Châteaubriand, qui bénisse ses sujets, le voici entrant à l'église du *Gesù*, le 31 décembre au soir, dans toute la pompe de sa double dignité. Il s'avance au milieu du chœur, où son prie-Dieu l'attend; le brillant collége des cardinaux s'agenouille autour de lui; l'autel ruisselle de lumières; la nef ne peut contenir tous ceux qui s'y pressent. Bientôt le Saint-Sacrement est tiré du tabernacle et exposé; on entonne le *Te-Deum*, afin de bénir Dieu de ses bienfaits durant l'année écoulée. D'ailleurs, c'est le lendemain la fête du saint Nom de Jésus, et on ne pourrait choisir pour cette solennité d'action de grâces une église plus convenable. Sur toute la route suivie par le Pape, les rues ont été sablées; les abords de l'église sont, de plus, suivant l'usage romain, jonchés de feuilles, de fleurs et de branches de buis; je dis de fleurs, on n'en manque pas, malgré la saison; les plus beaux bouquets se vendent encore au coin des grandes voies. — Notre semaine de pèlerinage commence donc bien.

Celui qui voudrait avoir une idée topographique assez exacte de Rome doit se représenter cette ville, située sur la rive gauche du Tibre, partagée en deux parties à peu près égales par une rue magistrale appelée le *Corso*, et cela du Nord au Midi; en sorte que, si le Capitole ne brisait pas la ligne, on entrerait par la porte de Florence pour sortir, sans dévier, par celle de Naples. L'église du *Gesù* est située précisément à l'endroit où le *Corso* s'interrompt, non loin du Capitole, un peu à l'Ouest. C'est la résidence du général des Jésuites et comme le chef-lieu de l'ordre. S. Ignace y a passé les dernières années de sa vie ; on y voit sa chambre ; on y possède son corps, avec des reliques considérables du B. Alphonse Rodriguez, de S. François-Xavier, de S. Henri, des SS. Abondius et Abondantius ; on y visite aussi la chambre de S. François de Borgia.

Aucune ville n'égale Rome pour la richesse et le nombre des édifices sacrés. La Révolution nous a fait, en France, des temples dépouillés, indigents, où le nécessaire n'a pas toujours élu domicile ; les mêmes pierres qui portent jusqu'au ciel, dans des flèches hardies et sublimes, le témoignage de la piété antique, accusent tristement à l'intérieur les dévastations de la tempête sacrilége. Nos plus merveilleuses cathédrales gémissent, comme la cité de Jérémie aux temps douloureux de la domination Assyrienne. Rome, tant de fois saccagée, a réparé plus vite ses désastres ; l'opulence, un luxe digne d'elle et digne de la demeure du Dieu vivant, y règnent encore. Ses trois cent soixante-cinq églises doivent à cent cinquante mille habitants, chiffre moyen depuis cinq siècles, plus de richesses que n'en ont offert aux leurs des royaumes chrétiens de plusieurs millions d'âmes, dans l'espace de dix siècles. Il est vrai d'ailleurs d'ajouter que les pèlerins étrangers y ont concourru pour une notable part.

Ah ! aujourd'hui surtout, on entend répéter et commenter le mot pharisaïque de Judas : « *Ut quid perditio hæc?* Pourquoi perdez-vous tout cela ? » Comme si on perdait rien de ce qu'on donne à Dieu ! comme si cet or, ces peintures, ces marbres, ces bronzes, n'avaient pas apporté dix fois plus de consolation aux âmes pieuses qui les ont donnés, comme aux âmes bien inspirées qui les contemplent, comme aux arts qu'ils ont ennoblis, élevés, consacrés, qu'ils ne vaudraient dans les caisses des banquiers ou dans les compagnies d'exploitation! Un de ces voyageurs à l'affreux jargon utilitaire et municipal, un homme échappé de je ne sais quelle usine, n'avait pas un reste de sentiment pour admirer l'incomparable basilique de Saint-Paul-hors-des-murs, construite à l'endroit où le glorieux Apôtre fut d'abord enseveli; toutes les forces de son intelligence étaient dépensées à se demander comment on avait pu élever un si grand édifice dans un lieu où l'on ne compte pas plus de deux ou trois maisons. — « C'est vraiment, s'écriait-il, sans proportion *avec les besoins de la localité!* » De la localité! cette huître vient chercher à Rome une *localité!* O siècle des chemins de fer et des gardes nationales! ô temps de grandes découvertes et de petites idées! ô puissants économistes, aligneurs de chiffres, calculateurs d'actions, nous avez-vous amenés déjà à cet étonnant succès de vos efforts prédit par M. Veuillot dans son charmant ouvrage *Çà et là :* « Tu ne seras plus que la dent d'une machine et un chiffre sur le registre d'un chef de bureau » ! *Les besoins de la localité :* voyez-vous ces nouveaux barbares envahissant Rome, disséquant Rome, mesurant la poussière des martyrs et les tombeaux des Césars, sous prétexte que la *localité* l'exige! Et que feraient-ils de vos belles églises, ô mon Dieu? Laissez-nous mourir avant que le charbon de terre en ait fait d'immondes vestibules de l'enfer!

Les présents aux lieux saints se sont toujours produits selon la vivacité de la foi : chaque siècle a donné suivant qu'il a cru, et il y en a eu un, un seul, DIEU merci, qui n'a fait que reprendre. Le nôtre lui succède sans l'imiter; il ne l'expie pas avec assez de zèle. J'aime à citer néanmoins ce noble prince Torlonia qui offre à Notre-Dame de Boulogne un autel de 80.000 francs, qu'il a fait travailler sous ses yeux, au pied du Colysée; on n'y a point consulté les *besoins de la localité;* on n'a écouté qu'un grand cœur, et ce grand cœur a parlé assez haut pour trouver de grands artistes.

Dès le huitième siècle, saint Ina, roi des Saxons occidentaux, fit un présent royal au monastère de Gladston : on y voyait un calice et sa patène de *dix livres en or pur;* — un encensoir *d'or* de plus de huit livres; — des couvertures d'évangéliaires de plus de vingt livres *d'or;* — des vases pour l'eau et autres vases d'autel, de soixante-dix livres *d'or;* — un vase pour l'eau bénite, *en argent,* de vingt livres; — les images de N.-S., de la T.-S. Vierge, des douze Apôtres, du poids de cent soixante-quinze livres d'argent et de vingt-huit d'or. J'ai dit, ici même, ce que Victor III avait fait pour le Mont-Cassin. Brunehaut, que je ne puis me défendre de mettre au-dessus de Frédégonde, donna à l'église d'Auxerre un calice en onyx. On se rappelle toutes les richesses du trésor de Saint-Janvier de Naples, estimées 20 millions au moins. L'ostensoir de la cathédrale d'Eichtatt, en Bavière, pèse 20 livres d'argent; il est enrichi de 350 diamants, de 1.400 perles, de 250 rubis, sans compter d'autres pierres moins précieuses. Celui de la cathédrale de Paris, avant la Révolution, était en vermeil et pesait 150 livres. Sarragosse, on nous le disait hier, en avait un en *or pur,* qu'on ne pouvait remuer qu'au moyen d'une machine, dont le soleil était grand comme une roue de carrosse, avec des rivières de rubis sur les rayons, de telle sorte que le tout fut estimé valoir de *quarante à cinquante millions de francs*. Au moment de la guerre de 1808, un ou plusieurs des héros de l'époque, jugeant plus sainement des *besoins de la localité*, délivrèrent la ville de ce trésor *disproportionné*... Cordoue avait un tabernacle en argent pesant 400 livres, avec chandeliers en même métal hauts de cinquante pieds : les mêmes sectateurs de *l'utilitarisme*, ou leurs cousins très-germains, mirent la main dessus ; on n'a plus rien vu là où ils avaient appliqué leurs doigts et leurs doctrines. — Ces exemples nous aideront à comprendre ce qu'on a le bonheur de voir à Rome. Je tenais à déclarer d'abord combien je hais les pharisiens qui osent blâmer ce qu'on fait pour DIEU. Arrière ces gens-là, et examinons le *Gesù* !

C'est un édifice en briques recouvertes de stuc, comme presque toutes les églises de Rome, où la pierre manque. L'intérieur se compose d'une nef immense, terminée par une abside étincelante de dorures, de peintures et de marbres précieux ; il y a de nombreuses chapelles latérales, entre autres celle de S. Ignace à droite, dont l'autel est une des plus riches choses qui soient au monde. On y voit un globe tenu par le Père éternel, le plus gros morceau connu de lapis-lazzuli. La statue du saint, toute en argent, a près de trois mètres de hauteur. A côté, on trouve deux groupes en marbre : le Christianisme embrassant les peuples barbares, le Triomphe de l'Eglise sur l'hérésie. On ne compte point, dans la profusion des marbres, des agates, des cristaux de roche, des pierres précieuses, des bronzes dorés formant une armée d'anges qui portent à la main des torches allumées. Le maître-autel a quatre colonnes de jaune antique. Bellarmin est enterré tout auprès. La coupole et la tribune sont couvertes de belles fresques. Tous ces plans ont été donnés par un jésuite, le P. Pozzi. L'ensemble est d'un luxe est d'un bon goût qui éblouissent l'étranger. Il faut quelque temps de séjour à Rome pour s'habituer à cette sainte profusion, qu'on retrouve, à différents degrés, dans tous les lieux consacrés. Le Gesù possède, en outre, l'avantage d'être entretenu avec une propreté scrupuleuse. Avouons sans détour que cette vertu a peu d'autels dans les cœurs romains.

Mais notre seconde journée a commencé. Voici, pour continuer la supposition, le 1er janvier. Au point du jour, on a tiré le canon et arboré les bannières pontificales au château Saint-Ange. Nous avons beaucoup à faire si nous voulons épuiser tout ce que Rome nous offre à voir, pour cette seule solennité : car je prétends suivre avec vous, pendant ces huit jours, le simple *Diario*, ou journal de piété, qui se publie à l'usage des fidèles.

Il nous amène précisément à la basilique de *Saint-Pierre*, le miracle du génie humain et de la puissance mortelle. Qu'ai-je à en dire qui n'ait été cent mille fois écrit ? Qui ne sait son Saint-Pierre par cœur avant d'y avoir jamais pénétré ? Ce n'est pas seulement une église, c'est une ville, un royaume, un monde ; et, pour rafraîchir vos idées, souvenez-vous que cette église, avec le Vatican et ses jardins, occupe une surface égale à celle de la ville de Turin... Serait-ce pour cela que les Turinois sont si avides de s'en emparer ? Nous traversons donc le fleuve sur le pont Saint-Ange ; nous laissons à droite, au bord même de l'eau, cette forteresse antique qui fut le tombeau d'Adrien, le rempart de la ville au moyen-âge, la prison d'illustres personnages, parmi lesquels Ricci, général des jésuites sous Clément XIV et victime des calomnies philosophiques ; Cagliostro et le cardinal Maury. Les Français l'occupaient naguère au nom du Saint-Père. Un passage couvert communique avec le palais apostolique. C'est de là que Benvenuto Cellini, l'orfèvre florentin, tua le connétable de Bourbon d'un coup d'arquebusade, si l'on en croit ses *Mémoires* ; c'est là qu'il fut emprisonné lui-même, là d'où il opéra une fuite aussi surprenante qu'un miracle.

Une rue assez étroite, opulemment malpropre, nous mène à la place de Saint-Pierre. Chacun en a vu au moins le dessin. On connaît cette masse énorme du Vatican, qui renferme onze mille chambres, où loge toute la cour pontificale, où s'étendent d'incomparables musées ; il se dresse à droite de la basilique, dont il dérange d'ailleurs la symétrie, sans nuire au développement du plan. La grande place, de forme elliptique, est enveloppée sur les côtés par une colonnade colossale formée de quatre rangs de colonnes, au milieu desquelles circulent les voitures. Elles ont 61 pieds de hauteur et sont au nombre de 284, couronnées par une balustrade et par des statues énormes au nombre de 192. Au centre de la place, qui a 738 pieds de long, se dresse l'obélisque transporté à Rome par Caligula ; l'érection s'en fit sous

Sixte-Quint, en 1586. La Croix domine ce vieux témoin du paganisme égyptien et des folies monstrueuses des Nérons; on y a inscrit quelques-unes de ces belles pensées qui résument toute la Religion: *Le Christ triomphe, — Le Christ règne, — Le Christ commande : — Que le Christ protége son peuple.* Oui, comme le marque un écrivain ordinairement peu enthousiaste, c'est une des grandes émotions, un des grands souvenirs de la vie d'avoir vu cela. Ailleurs on trouve de grands et beaux monuments, mais ils ne parlent point comme ceux de Rome; ce sont aussi des chefs-d'œuvre, mais des chefs-d'œuvre souvent muets, sans langage solennel, sans souvenir; on les admire, on les loue, ils disent peu au cœur!

Montons les degrés qui conduisent au pied de la façade. Cette façade paraît étroite, basse, presque mesquine. Savez-vous qu'elle a 370 pieds en largeur et 149 en hauteur? Savez-vous que les huit colonnes corinthiennes qui, de l'obélisque, vous avaient semblé si petites ont 88 pieds d'élévation et 8 pieds 1/2 de diamètre? Treize statues colossales (17 pieds de haut) réprésentent Notre-Seigneur et les Apôtres. On entre par cinq portes dans un portique de 47 pieds de largeur sur 439 de longueur; il ne paraît là qu'un corridor! Nous soulevons l'énorme paillasson de l'entrée : jetons-nous à genoux. Le Pape officie au grand autel, pour cette fête de la Circoncision; l'orgue, qui n'est point admis à Saint-Pierre, est remplacé par des voix humaines. Est-ce ici le ciel? Sommes-nous encore sur la terre? Ce pavé de porphyre où nous nous prosternons, c'est celui même où s'agenouille Charlemagne; on l'a conservé. A droite, à gauche, devant vous, derrière vous, peintures, stucs, marbres, porphyres, mosaïques, statues, dorures, bronzes, et puis des effets de lumière, de cette belle lumière italienne, faisant étinceler l'inscription gigantesque de la coupole : « *Tu es Pierre, et sur cette pierre je bâtirai mon Église, et les puissances de l'Enfer ne prévaudront point contre elle.* » Je reconnais la cathédrale du monde ! « Là, dit Mme de Staël, protestante, là tout commande le » silence ; le moindre bruit retentit si loin, qu'aucune » parole ne semble digne d'être ainsi répétée dans une » demeure presque éternelle. La prière seule, l'accent » du malheur, de quelque faible voix qu'il parte, émeut » profondément dans ces vastes lieux. Et quand, sous » ces dômes immenses, on entend de loin venir un » vieillard, dont les pas tremblants se traînent sur ces » beaux marbres arrosés par tant de pleurs, l'on sent » que l'homme est imposant par cette infirmité même » de sa nature, qui soumet son âme à tant de souffrances, et que le culte de la douleur, le Christianisme, » contient le vrai secret du passage de l'homme sur la » terre... Qu'est-ce donc qu'un monument où les chefs-» d'œuvre de l'esprit humain eux-mêmes paraissent » des ornements superflus ? Ce temple est comme un » monde à part. On y trouve un asile contre le froid » et la chaleur ; il a ses saisons à lui, son printemps » perpétuel, que l'atmosphère du dehors n'altère jamais... » Le maître-autel, situé au-dessous de l'immense coupole, est isolé et placé au-dessus de la Confession, c'est-à-dire du tombeau où l'on conserve la moitié des corps de S. Pierre et de S. Paul, devant lequel brûlent perpétuellement 142 lampes : un double escalier de marbre y descend. Les quatre colonnes en bronze du baldaquin sont hautes comme la colonnade du Louvre à Paris, et elles occupent la place d'un meuble ordinaire dans un vaste appartement. On a gravé dans l'abside, sur des plaques de marbre, les noms de tous les évêques qui assistèrent à la promulgation du dogme de l'Immaculée-Conception, en 1854. Les tombeaux des Papes, presque tous monumentaux, sont un autre genre de décoration particulier à cette basilique, du moins dans ces proportions. Dans un coin, l'étranger visite avec un pieux respect celui du dernier des Stuarts, le cardinal d'Yorck, mort au commencement de notre siècle; on y a déposé les restes de son père et de son frère.

Quant aux reliques de Saint-Pierre, outre celles des deux grands Apôtres, on y possède les corps de S. Agathon, de trente saints papes des premiers siècles; de Ste Pétronille, des SS. Grégoire de Nazianze, Processe et Martinien, de S. Chrysostôme, des apôtres S. Jude et S. Simon; de plus, onze colonnes du temple de Jérusalem, une entre autres contre laquelle Notre-Seigneur s'appuya pour prier et enseigner.

Citons encore, parmi les tombeaux, celui de la grande Comtesse Mathilde, que le dernier travail de M. Amédée Renée a fait mieux connaître, c'est-à-dire estimer. Mathilde a eu de nos jours le singulier sort d'être l'objet des études simultanées de trois écrivains de mérite, l'un à Paris, l'autre à Rome, le troisième, le plus célèbre, au Mont-Cassin : c'est le P. Tosti.

Si nous voulions tout voir à Saint-Pierre, c'est un an qu'il y faudrait passer, et non pas deux heures. Bornons-nous à ce coup-d'œil, pour nous rendre à *Sainte-Marie-*

au-delà-du-Tibre, où il y a station, avec trente années d'indulgence. Nous apercevons, à droite, le couvent poétique de S.-Onuphre, où expira le Tasse, dont on visite la chambre, où se conservent son encrier, sa ceinture, etc. ; là est enterré aussi le cardinal Mezzofanti, ce prodige de science qui parlait de quarante à cinquante langues, et qui est mort de chagrin en 1848, quand il vit Pie IX exilé. Au-dessus, vous distinguez l'église et le couvent de S.-Pierre-in-Montorio, lieu où S. Pierre fut crucifié. Je ne relève que ce qu'il y a de plus marquant et de plus chrétien : car nous marchons sur un sol où chaque caillou a son histoire.

Sainte-Marie-du-Tibre est sur l'emplacement d'un oratoire érigé au plus fort des persécutions, en 224. Elle est d'une grandeur qui étonne. La mosaïque de la façade date de 539. L'intérieur se compose de trois nefs et de 21 colonnes de granit provenant d'un ancien temple païen. C'est la première église érigée à Rome en l'honneur de la T.-S. Vierge. Elle est célèbre dans les légendes pour le fait miraculeux de la fontaine d'huile. Le *Livre-d'Or*, ouvrage sibyllin, qui renfermait, croyait-on, les destinées futures de la Rome païenne, contenait cette prédiction : « Lorsque l'huile jaillira d'une fontaine, on verra paraître le Sauveur du monde. » Car les infidèles attendaient aussi un Messie, quoiqu'ils n'eussent à son sujet que des idées vagues et erronées. Or, le jour même où la divine Vierge déposait dans la crèche de Bethléem l'Enfant adorable, on vit ici l'une des fontaines qui arrosaient la ville porter au Tibre des flots d'une huile pure et limpide. Durant vingt-quatre heures, la source miraculeuse coula en abondance, et elle ne tarit qu'avec la fin de cette journée de bénédiction. Les chrétiens, dès qu'ils le purent, fondèrent là un de leurs lieux de réunion. Cette église renferme les corps de S. Jules, de S. Calépode, de S. Quirin, de S. Corneille, de S. Calixte, avec des gouttes du sang de Ste Dorothée.

De-là nous irons à *Saint-André-della-Vallé*, église des théatins, bâtie à l'endroit où fut assassiné César. On y prêche, le 1er janvier, un sermon d'action de grâces pour l'année écoulée. Nous y vénèrerons les chaînes de S. Sébastien, le généreux officier qui préféra sa foi à l'avancement et à la vie; son corps avait été jeté dans un égoût; il en fut retiré ici. La façade est une des plus belles de Rome, aussi bien que la haute coupole.

A 3 heures, voici, à un autre sanctuaire non moins aimé des fidèles et plus riche encore, *Sainte-Marie-in-Campitelli*, une assemblée nombreuse à laquelle nous nous unirons : on y fait un sermon sur les exemples des saints, puis on distribue à toute l'assistance des étrennes spirituelles : c'est un billet imprimé, contenant le nom d'un saint à invoquer spécialement dans l'année qui commence, avec une maxime à retenir et l'indication d'une vertu particulière à pratiquer. Que de soins l'Église prend des âmes! et comment se fait-il qu'il y en ait tant à se perdre?

Santa-Maria-in-Campitelli est très-riche en reliques. Lorsqu'on en fait l'ostension, le 15 août, on y remarque celles qui viennent de Ste Marguerite de Cortone, de Ste Brigitte, de Ste Hélène, de Ste Françoise Romaine, de Ste Victoire, des S^tes^ Lucille, Maxime, Euphémie, Thècle, Lucie, Agathe, Cécile, Barbe, Candide, Agnès, Émérentienne, Constance, Clémentine, Christine, Zitta, etc.; des SS. Antoine de Padoue, Camille de Lellis, Brunô, Dominique, Grégoire-le-Thaumaturge, Thomas de Cantorbéry, Eugène, Sébastien, Romain, Patrice, Octave, François d'Assise, Philippe Néri, Charles Borromée, Saturnin, Anastase, Zénon, Eustache, Anaclet, etc.; des Apôtres S. Jacques-le-Majeur, S. Barnabé, S. André, S. Thomas, S. Philippe, S. Matthieu, etc.; des vêtements de la Sainte Vierge; du berceau de Notre-Seigneur et de la table de la dernière Cène; de l'éponge de la Passion; un des clous du crucifiement, des langes de Notre-Seigneur, et d'autres encore.

Ce second jour nous a conduits à bien des trésors, dont je n'ai pu qu'indiquer très-imparfaitement quelques détails. Visitons aujourd'hui les grandes basiliques. Allons à *Saint-Jean-de-Latran*, la vraie cathédrale des Papes, « *la tête et la mère de toutes les églises,* » ainsi que le porte l'inscription majestueuse de la façade. De *Saint-André-della-Vallé*, où nous étions restés, quelle route nous avons devant nous! que de choses et que de souvenirs! Chaque pavé de la rue nous parle, chaque pan de muraille a son histoire connue de l'univers. Ici, là, se sont débattues les destinées de l'humanité; tout à côté, voici la chambre où a vécu tel saint illustre, les ustensiles dont il se servit, l'oratoire où il pria, l'église où repose son corps sans corruption. Un peu plus loin, tel monarque, tel ministre célèbre, tel immortel artiste, ont demandé à la Ville éternelle la paix de leurs vieux jours, souvent sous le froc monastique.

A l'église de *Saint-André*, que nous quittons, est attaché le couvent des religieux *théatins*, devenu de quelque célébrité, dans les récents événements de l'Italie, à cause du P. Ventura de Raulica. C'est là qu'on vit un jour, sous les cloîtres de cette vaste maison, « rouler l'un vers l'autre comme deux orages, » selon la pittoresque expression de M. Crétineau-Joly, Ventura et Lamennais. Les œuvres du P. Ventura, en y comprenant son dernier volume, montrent souvent un écrivain convaincu sans doute, mais inattentif, donnant aisément dans l'utopie, puéril quelquefois avec une science profonde, par conséquent peu sûr. Peut-être aussi, — je le dirai comme Français, — y aurait-il eu plus de bon goût de sa part à ne point rendre en duretés de paroles envers le clergé de France, envers son histoire, envers ses usages et son enseignement, l'accueil empressé que reçut de lui l'exilé de 1848. Du reste, le P. Ventura avait une grande piété, et il est mort en saint.

Nous voici de nouveau devant l'église du Jésus, par laquelle nous avons débuté. La laissant un peu à gauche, nous remontons la rue de l'*Ara-Cœli*, l'avenue du Capitole. Nous l'avons en face de nous, ce monument fameux de la gloire, de la tyrannie et de l'idolâtrie romaines. La Croix le domine aujourd'hui ; et c'est une chose merveilleuse que cette ressemblance d'origine entre le Capitole et le Calvaire, recevant l'un et l'autre leur nom d'une tête mystérieuse trouvée dans les entrailles du sol. Un vaste escalier invite à monter sur cette petite place, entourée maintenant de bâtiments à la moderne, et c'est d'ailleurs notre route. Deux de ces bâtiments, à droite et à gauche, renferment les plus intéressants musées d'antiquités romaines, statues, sculptures, armes, etc. Le bâtiment du milieu est consacré à la municipalité de la ville, présidée par le sénateur, et qui a maintenu sur son écusson les antiques initiales S. P. Q. R., *le Sénat et le Peuple Romain* : ce que nos malins soldats, en vrais Gaulois et pour se venger des oies qui procurèrent ici même la défaite de leurs ancêtres, traduisent par *Si Peu Que Rien!* La statue équestre de Marc-Aurèle, en bronze, occupe le milieu de la place, et plus loin, vers la rampe, sont les statues colossales de Castor et de Pollux, avec ce qu'on appelle, à tort ou à raison, les *trophées de Marius*; l'antique colonne milliaire de la voie Appienne; elle marquait le premier mille de cette belle route qui, traversant les Marais-Pontins, Capoue et Naples, s'étendait jusqu'à Brindes. Je ne suis point de ceux qui regardent le Capitole comme diminué ou abaissé depuis qu'il est chrétien et qu'il ne sert plus d'escabeau à ces oppresseurs de l'humanité qui s'appelèrent Claude, Néron, Caracalla, Commode, Trajan même, Adrien aussi, Vespasien aussi, Marc-Aurèle aussi. Il s'élevait alors sur les décombres et sur les larmes des nations, tandis que je le vois aujourd'hui moins orgueilleux, mais plus grand, parce qu'il proclame la paix entre le ciel et la terre, le règne de la justice parmi les peuples, l'espérance suprême de l'homme au-delà de cette vie. Rome chrétienne est autrement grande et célèbre, n'en déplaise aux libres-penseurs, qu'aux jours de sa brutale puissance, et je ne sache pas qu'un décret des Césars eût la millième partie de l'empire universel et inviolable exercé par un seul mot des successeurs du Pêcheur

Pierre de Galilée. Notre siècle en a su quelque chose. Toutefois, je m'indigne contre ce jargon, le même partout, qui défigure les plus nobles choses et flétrit les plus resplendissants souvenirs du passé. Le patois romain a fait de *Capitolio,* nom sublime, *Campidoglio* (champ d'huile) : dénomination triviale, que les édiles dégénérés du sénat n'ont pas eu honte d'adopter et de consacrer par leurs inscriptions ! C'est à n'en pas croire ses yeux. Il est vrai que, par compensation ou plutôt pour raison d'équilibre, *le Forum* est devenu le *Champ des vaches*, *Campo vaccino !* Est-ce une leçon nouvelle donnée par la Providence à l'orgueil humain ? Prenons-le comme cela.

Derrière les bâtiments, à droite, c'est la *Roche Tarpéienne,* où l'on cultive choux et artichauts entre de sales et obscures maisons. Le sol au-dessous ayant été exhaussé, comme dans tout le reste de la ville, d'environ quinze pieds, et le bras du Tibre qu'on y avait amené ayant cessé d'y couler, l'illustre roche qui vit tant de condamnés précipités, depuis Spurius Cassius Viscellinus, n'a plus rien d'effrayant. A gauche, se dresse, au haut d'un large escalier de cent vingt-quatre marches en marbre blanc, le couvent et l'église de l'*Ara-Cœli*, appartenant aux franciscains. Ils ont été construits sur l'emplacement du temple de Jupiter Capitolin et de la maison d'Auguste : car c'est dans ce lieu que, suivant la tradition, Auguste connut miraculeusement la naissance d'un Enfant divin qui devait être plus grand et plus puissant que lui. L'une des colonnes de l'église porte encore l'inscription constatant qu'elle était dans la chambre à coucher de cet empereur. C'est à l'Ara-Cœli que s'honore plus spécialement le mystère de la naissance et de l'enfance de Notre-Seigneur. On y conserve une petite statue miraculeuse, taillée d'un arbre du Jardin des Oliviers par un moine, et les enfants de la ville viennent débiter devant elle de petits sermons appris par cœur, durant toute l'octave de Noël : usage simple, pur et touchant, qui ne peut étonner que les pharisiens, et il s'en rencontre parmi les voyageurs. Beaucoup de gens qui ne donnent pas au Bon-Dieu une seule marque de respect, et qui vivent, sauf le péché en plus, comme de vrais animaux, estiment en plus d'une occasion qu'on ne ménage pas assez l'honneur de Dieu dans nos églises...

Mais admirez ce contraste ! de pauvres moines, revêtus de bure et chaussés de sandales, établis sur le sol du plus glorieux temple de l'empire romain ! Gibbon en était scandalisé. Le pauvre homme ! au lieu des consolations, des bénédictions, des aumônes, des exemples fortifiants qui descendent chaque jour de cette montagne sanctifiée, il lui faudrait encore les arrêts de proscription et d'immenses massacres, les décrets d'asservissement de l'Orient et de l'Occident, qui tombaient de là sur l'univers ! Et on appelle de tels écrivains des *historiens !* comme si le premier devoir de l'historien n'était pas d'avoir une âme !

Mais deux autres rampes, au midi du Capitole, nous porteront au *Forum*. Je renonce à décrire ; je marque à la hâte un petit nombre d'impressions parmi toutes celles qui assaillent le voyageur. Ici, c'est l'escalier triomphal, par où montaient les généraux vainqueurs ; parvenus à cet endroit, ils s'arrêtaient un moment pour regarder derrière eux et écouter : bientôt le cri *factum est* se faisait entendre ; il signifiait : « On vient d'égorger les chefs vaincus, et leurs cadavres sont traînés aux gémonies ; » et le triomphateur continuait sa marche en souriant à Jupiter ! Ce pavé que vous foulez, c'est celui de la *Voie Sacrée*, sur lequel s'est taut de fois promené Horace (*Ibam fortè viâ Sacrâ...*) Voici les temples à hautes colonnes qui la bordaient, les arcs-de-triomphe sous lesquels elle passait ; voici... mais mettons-nous à genoux... voici la *prison Mamertine*, la même que bâtit un jour Ancus-Martius avec d'énormes rochers. Ce n'est point le souvenir de Jugurtha ou des complices de Catilina que nous y vénèrerons, mais celui de Pierre et de Paul, tenus dans cet horrible cachot, où ils convertirent leurs gardes, avant d'être menés au supplice. Un soldat brutal donne à S. Pierre un soufflet, qui jette contre le mur cette tête vénérable ; voyez, elle est restée imprimée dans la pierre, et les pèlerins accourent coller leurs lèvres sur la sainte effigie. Ah ! la voix de Cicéron, tonnant de cette tribune dont j'aperçois l'emplacement et les pierres peut-être, qu'elle était faible auprès de la voix des Apôtres, qui s'est fait entendre à l'univers et aux siècles, et qui produit aujourd'hui dans les âmes la même conviction, la même ardeur qu'au premier jour ! — Avançons. Ici, sur le mont Palatin, était le palais des Césars, la *Maison dorée* de Néron. De là est parti l'édit du dénombrement de l'univers, qui fit venir à Bethléem Marie et Joseph. Je me suis demandé souvent pourquoi ce culte étrange de tous les esprits cultivés pour ce temps d'Auguste : car enfin il y a eu, dans l'histoire des hommes, d'autres époques tout aussi brillantes, et Rome seule en pourrait citer plusieurs. Je ne l'ai compris qu'au Palatin même, sur les ruines de ce gigantesque palais. Le règne d'Auguste est le point d'arrêt du monde ancien et le point de départ du monde nouveau; il a été, comme l'écrivait S. Paul aux Galates, « la plénitude des temps, *plenitudo temporum.* » — Cet arc-de-triomphe qui se dresse presque à la porte et où ne passent point les Juifs, c'est celui de Titus après le siége de Jérusalem ; le chandelier aux sept branches, la table des pains de proposition, les encensoirs, etc., sont sculptés sur les parois. Non loin, temples de Romulus et Rémus, d'Antonin et Faustine, de la Concorde, de Vénus,etc. Voici l'endroit précis où Simon-le-Magicien s'éleva dans l'air, en présence de Néron et du peuple romain, et fut précipité par une prière de S. Pierre.

Cette masse énorme, effrayante de hauteur et d'étendue, qui s'offre à nous un peu plus bas, c'est le Colysée! l'amphithéâtre où *cent mille* spectateurs applaudissaient au martyre de nos pères les premiers chrétiens, où S. Ignace d'Antioche fut broyé comme un froment agréable au Seigneur. Son corps repose à quelques pas de là, dans l'église de Saint-Clément. Chose incroyable! c'est un chrétien qui fut l'architecte de ce monument, et ce chrétien, S. Gaudentius, y fut un des premiers immolé. Chose non moins digne d'attention! ce sont les Juifs amenés de Jérusalem par Titus qui ont construit le Colysée, comme ils ont construit en Egypte les Pyramides! J'ajouterai que ce sont eux encore qui ont donné aux chrétiens le premier exemple des catacombes : car ils en avaient creusé une à leur usage avant que le christianisme fût prêché à Rome.

Nous arrivons enfin à *Saint-Jean-de-Latran*. Fidèle à mon plan, je ne décris guère, il y faudrait des volumes ; j'indique sommairement. Le grand autel possède les têtes de S. Pierre et de S. Paul ; à un autre endroit est la table sur laquelle Notre-Seigneur fit la dernière cène et l'institution de l'Eucharistie. Le maître-autel est composé de l'autel de bois sur lequel ont célébré les premiers papes ; au-dessous fut la prison de S. Jean. L'étendard de Sobieski orne le chœur. Les douze statues colossales des Apôtres, avec des médaillons offrant la série de toute l'histoire sainte et de l'Évangile, ornent la nef principale. D'élégantes et splendides chapelles décorent les bas-côtés, depuis le chœur jusqu'à la *porte sainte*, qui ne s'ouvre que pour le jubilé, et de la main du pape. Ce fut cette basilique surtout que Constantin se plut à enrichir après sa conversion, et il le fit avec une telle générosité qu'on l'appela la *Basilique d'or*. Parmi ces dons impériaux, dont il reste peu de chose après tant d'invasions, il faut rappeler une statue du Sauveur, haute de cinq pieds, en argent, pesant 120 livres ; les douze Apôtres, en argent, de grandeur naturelle ; — plus, quatre anges en argent ; — la corniche qui leur servait de piédestal, aussi en argent ; — une lampe d'or pur, du poidsde 25 livres ; sept autels d'argent, chacun du poids de 100 kilogrammes ; — quarante-deux calices en or ; — un chandelier en or de 30 livres ; — quarante chandeliers d'argent ; — deux cassolettes en or fin, pesant 30 livres ; — et enfin un don annuel de

150 livres des parfums les plus exquis pour brûler devant l'autel.

En sortant par la grande porte, qui ouvre sur la route de Naples, nous apercevons à gauche un petit édifice, distingué au midi par une superbe mosaïque en plein air, reste de l'antique palais des papes. Cet édifice renferme l'escalier vénérable du prétoire de Pilate à Jérusalem, qui fut monté par Notre-Seigneur au jour de sa Passion. Il se compose de vingt-huit degrés de marbre tyrien, recouverts aujourd'hui de planches, et que les fidèles montent à genoux. Quel bonheur pour eux de pleurer là les péchés de leur vie! La chapelle où il aboutit renferme les reliques d'une infinité de martyrs des premiers siècles.

Ne comptons plus les jours. Nous nous acheminons vers *Sainte-Marie-Majeure*, laissant à droite, adossés aux murailles de la ville, la vieille et pieuse église de *Sainte-Croix-en-Jérusalem*, bâtie par Ste Hélène pour y enfermer les instruments de la Passion. Le sol, à une certaine profondeur, fut revêtu d'une couche de terre apportée à grands frais de Jérusalem. — A gauche, près des Thermes de Titus, nous laissons aussi l'église et le couvent de *Saint-Pierre-aux-Liens*, où l'on garde les chaînes de S. Pierre. Ces voies désertes qui s'ouvrent à nous étaient peuplées autrefois par l'aristocratie de Rome; c'était le mont Esquilin, couronné aujourd'hui par la *Basilique Libérienne* ou de *Sainte-Marie-Majeure*, l'un des sanctuaires les plus célèbres du monde, fondée en 352 à la suite d'une révélation de la Sainte Vierge, qui elle-même en marqua le plan en couvrant de neige, en plein mois d'août, l'espace qu'elle devait occuper. L'intérieur est composé de trois nefs, divisées par trente-six colonnes ioniques en marbre blanc. Chacune des chapelles, la sacristie même, formeraient autant d'églises fort remarquables. Dans l'une, à droite de l'autel, Sixte-Quint a fait déposer ce qu'on possède de la crèche de Notre-Seigneur à Bethléem; l'autre, à gauche, qui appartient à la famille Borghèse, est sans contredit la plus riche, la plus ornée, la plus magnifique de Rome; on y expose une image de la Sainte Vierge attribuée à S. Luc, la plus ancienne que l'on connaisse. Elle est entourée de pierres précieuses et soutenue par quatre anges de bronze doré. L'autel au-dessus duquel elle est placée est soutenu par quatre colonnes de jaspe oriental, cannelées; bases et chapiteaux de bronze doré; la frise du fronton est d'agate, ainsi que les piédestaux des colonnes; morceaux énormes de lapis-lazzuli. Il serait long d'énumérer toutes les reliques.

A quelques pas, une autre église, *Sainte-Praxède,* vous offrira la colonne de la Flagellation..., la table de bois laquelle S. Charles Borromée donnait à manger aux pauvres, la pierre où dormait la fille convertie des vieux patriciens, Praxède, contemporaine et néophyte de S. Pierre; le puits où elle ensevelissait les martyrs, après avoir exprimé leur sang; une entrée des catacombes par où S. Pierre a peut-être passé lui-même. Encore quelques pas : au pied de la colline, c'est l'église de *Sainte-Pudentienne,* bâtie sur la maison du sénateur Pudens, qui accueillit le prince des Apôtres et se convertit le premier à sa voix. Là on disait la sainte Messe pour les premiers fidèles; là encore le puits où des centaines de martyrs furent ensevelis.

Quelle ville donc que Rome pour un chrétien! Mais cette simple course que nous venons de faire, nous en pouvons accomplir cent aussi touchantes, aussi précieuses à la piété. A peine si j'ai nommé dix ou douze églises, et il y en a trois cent soixante dans la ville seulement! Jugez donc! — Déjà de son temps Cicéron écrivait : « Cette ville nous instruit à chaque pas, et son éloquence » n'a point de fin : car, de quelque côté que nous allions, » nous mettons le pied sur un souvenir historique : » *Quàcunque enim ingredimur, in aliquam historiam* » *vestigium ponimus.* » Notre vieux Du Bellay a dit plus tard :

J'ai voulu mille fois de ce lieu m'étranger ;
Mais je sens mes cheveux en feuilles se changer,
Mes bras en longs rameaux et mes pieds en racines.

« Il faut, mande le président de Brosses, il faut que » vous sachiez que les gens ne sont jamais croyables » quand ils vous disent qu'ils vont partir de Rome. On y » est si bien, si doucement, il y a tant à voir et à revoir, » que ce n'est jamais fait. » De simples philosophes, qui n'ont pas ou qui n'ont plus le bonheur d'être chrétiens, sont vaincus eux-mêmes par ce puissant langage de la Ville éternelle et catholique. — « Pour moi, dit » M. Renan dans ses *Essais de morale et de critique*, je » ne puis envisager sans terreur le jour où la vie pénè» trerait ce sublime tas de décombres. Je ne puis conce» voir Rome que telle qu'elle est : musée de toutes les » grandeurs déchues, rendez-vous de tous les meurtris

» de ce monde, souverains détrônés, politiques déçus, » penseurs sceptiques, malades et dégoûtés de toute es» pèce. Et si jamais le fatal niveau de la banalité mo» derne menaçait de percer cette masse compacte de rui» nes sacrées, je voudrais que l'on payât des prêtres et » des moines pour la conserver, pour maintenir au-de» dans la tristesse et la misère, à l'entour la fièvre et le » désert... » Je me borne à observer, sur ce dernier souhait, que le prêtre et le moine guérissent et soulagent la misère, bien loin de l'entretenir, et que, pour Rome en particulier, cette ville n'existerait même plus de nom sans ses bienfaiteurs séculaires, qui s'appellent précisément *prêtres* et *moines*. Mais M. Renan devait, en bon philosophe, cette injure à la soutane, qui lui fera pardonner entre confrères la hardiesse du reste.

Le 6 janvier, fête de l'Epiphanie, dès l'aube matinale, on tire le canon du château Saint-Ange, et l'on arbore les bannières pontificales. Ce jour-là, deux églises nous attirent spécialement : *Saint-André-della-Vallé* et la *Propagande*. A Saint-André, grand'-Messes en rite latin et en rite oriental, pour montrer l'unité de foi des différents peuples appelés à l'Évangile : Messes basses en arménien, en ruthénien, en melchite, en chaldaïque, en syriaque, en grec, en maronite, etc. ; prédications successives en français, en anglais, en allemend, en espagnol. Au collége de la *Propagande*, dans la soirée *Académie polyglotte*, la plus étonnante, assurément, qui tienne ses séances sous le soleil. Dans la chapelle convertie en salon littéraire, en présence des cardinaux, des évêques, des étrangers de toutes les nations, les élèves de cette maison centrale des missions catholiques célèbrent la gloire de Bethléem et du divin Enfant dans chaque idiôme connu. L'année que j'y étais, on a parlé ainsi trente-neuf langues, depuis le sanscrit, l'hébreu, le cophte, le grec ancien, le latin, le celtique, langues mortes, jusqu'au chinois, à l'islandais, au russe, à l'océanien des différentes îles, au sauvage de l'Afrique centrale, à l'arabe, au persan, au thibétain, etc., etc. Le jeu des physionomies, l'accent plus ou moins guttural ou doux, les inflexions variées de la voix, suppléent, chez l'auditeur, à l'intelligence des mots pour suivre la pensée du jeune poëte, lequel termine ordinairement par un chant de son pays. Là se vérifie complétement la remarque de M. de Châteaubriand, que la note naturelle à l'homme est celle de la tristesse, et qu'il chante partout, avant les progrès de l'art, sur le ton de la plainte. Je dois dire qu'on fait à notre langue l'honneur de la placer immédiatement après les langues littéraires par excellence, le grec et le latin, avant même l'italien.

Voilà comment les jours sécoulent à Rome, comment l'âme s'y nourrit et comment y bat le cœur de la catholicité. Rome, c'est notre patrie religieuse, c'est le centre d'où part la lumière et où convergent tous les regards. Sois donc à jamais bénie, à jamais victorieuse, terre des martyrs et des saints!

Voulez-vous que je vous redise, sur le seuil de la Propagande, avant de nous séparer, une histoire qui s'est passée comme un avertissement aux impies? La Providence a frappé un de ces coups de maître où l'on reconnaît sa main, et Florence en fut émue.

Dans cette capitale livrée à la révolution, un déplorable vertige d'impiété s'est emparé de bon nombre d'âmes jusque-là flottantes. Il semble que DIEU ait battu son aire pour séparer le bon grain de la paille. Une de ces familles égarées donnait donc une soirée brillante, à laquelle étaient invités des amis du même bord, hélas ! en grand nombre. On s'y livre au plaisir, à la danse, au chant, à la danse encore, et enfin à la conversation. Elle fut ce qu'elle devait être sous ces influences délétères : irréligieuse et immorale ! — « Ah! s'écrie tout à coup un des invités, en désignant le buste en marbre d'un personnage politique que les derniers événements ont exilé, en voici un qui ne pense point comme nous : c'est un ami du Pape, un catholique, un dévot, que sais-je? Il faut lui faire fête ! » Et une danse cynique, accompagnée d'insultes brutales, commence autour de l'image . — « Mais, reprend un autre, il me semble qu'il est bien malade. notre cher G*** D*** : il faudrait le coucher ! » On enlève le buste, on le met au lit, et la danse reprend de plus belle. — « Si on l'administrait ! » — « Mais, sans doute ! répond l'assemblée en rugissant : il faut les sacrements ! Dépêchez-vous, il se meurt ! » Un domestique est expédié à la paroisse voisine, et le prêtre accourt. On lui fait place en se contenant : car, ô comble de sacrilége ! on avait prié le saint ministre d'apporter aussi l'adorable Eucharistie, et il l'avait entre ses mains... Il s'approche du lit, interroge le malade. Pas de réponse. Il s'approche davantage et découvre... la statue. Saisi d'indignation, il se tourne, tenant encore la divine Hostie, vers ces malheureux : — « Tremblez, misérables ! leur dit-il : on se joue pas de DIEU; je crains qu'il ne vous le fasse voir bientôt. Suppliez-le de vous ménager à la mort un moment pour être assistés de lui... » Et il se retire, récitant les psaumes de la pénitence.

Il était rentré à peine depuis deux heures, que le même domestique accourt, assurant qu'on le demandait dans la même maison, qu'il n'y avait pas de temps à perdre : les mêmes mots que la première fois. — « Deux sacriléges de suite! répond le prêtre : c'est trop fort! Allez dire à vos maîtres qu'on ne provoque pas ainsi, avec tant d'audace, le Ciel déjà irrité... »

C'était le maître de la maison qui venait de succomber à une attaque d'apoplexie foudroyante. Un messager plus pressant arriva trop tard : le coupable paraissait devant DIEU chargé de ses offenses, déshérité des sacrements qui les effacent, et laissant à ses complices la leçon de sa mort pour avertissement.

— On ne comprend guère, observa M. **Alfred**, cet instinct d'impiété qui s'empare de certains hommes au moment des commotions politiques. On dirait que, poussés par le démon, qui est le prince du désordre, ils voudraient anéantir DIEU, dont la justice les effraie. Ils montrent ainsi à quel esprit ils obéissent.

— Je pensais bien à autre chose! reprit l'excellent **François**, et à quelque chose de moins élevé que tout cela. Pendant que notre ami Adrien nous rappelait ses souvenirs de Rome, je ne pouvais me défendre de songer à certaines petits désagréments de mon premier voyage en Italie, même avant de sortir de France : et au premier chef je mets les exactions des hôteliers.

— En effet, c'est un peu descendre, dis-je à mon

tour. Cependant les petites choses ont leur valeur, et je suis ici de votre avis.

— Et vous en serez toujours, j'en mangerais ma tête ! Tenez, quand je parle de ces vols organisés sur les grand'routes sous prétexte d'héberger les passants, je perds un peu patience. Le temps approche, si l'on n'y met bon ordre, où l'on ne pourra s'aventurer à dix lieues de chez soi sans traîner à sa suite un mulet chargé d'écus, à l'instar de feu Philippe de Macédoine. Un hôtelier entend aujourd'hui se retirer avec 50.000 livres de rente au bout de huit à dix ans d'exercice... C'est au plus bas sa modeste ambition. Aussi, jugez comme il tient à ce que le gain qu'il rêve l'expose ou non aux flétrissantes réprobations de la conscience ! Il était entendu autrefois qu'en entrant dans une auberge quelqu'un était là pour vous servir, et que vous ne pénétriez pas précisément dans un caravansérail de Perse ou de Mongolie. Il allait de soi qu'en vous menant à votre lit on vous éclairait, à seule fin que vous ne vous rompissiez point les jambes ou le cou dans la traversée. Chacun comprenait qu'en payant un repas six fois ce qu'il vaut, vous acquériez le droit de l'humecter d'un *tantinet* de vin. Vieilles erreurs ! vieille prodigalité ! Vous commencerez aujourd'hui, bon voyageur, par payer un mauvais cabinet, loué par l'hôtelier à son propriétaire sur le pied de 20 francs par an, vous le paierez, dis-je, dans la modeste proportion de 600 ou 800 francs annuels, quelquefois de 2.000 francs et plus. « Oh ! oh ! » s'écrie le septième commandement, les cheveux hérissés, « c'est bien joli cela, mon compère : par la ventrebille ! *huit cents pour cent*, c'est un productif denier ! Mais vous n'emporterez pas cela en paradis, et je vous jure que Dieu enverra d'autres larrons, parmi vos domestiques, lesquels, vous voyant opérer, feront aussi des mains, et non pas l'addition, mais une soustraction chronique et continue, qui vous empêchera bien d'acheter avant huit cents ans le château voisin. » Et ainsi se fait. — Mais continuons, je vous prie. Ce bout de chandelle qui vous a permis de voir dans quel portefeuille vous alliez vous insérer pour dormir, il vaut, en faisant dignement les choses, 3 centimes : vous le paierez 75, et même 1 franc : un autre petit bénéfice de *trois cents pour cent*, au moins. — En vérité ! exclame derechef ledit commandement... » — « Taisez-vous, bavard ! » hurle l'hôtelier avec fureur : « vous n'êtes qu'un jésuite ! vous voulez que le pauvre monde meure de faim !.. » De faim n'est pas le mot, cher ami : je voudrais seulement ne pas vous voir mourir du bien d'autrui, en ce monde et en l'autre : prenez le vôtre, mais rien que le vôtre, et je vous ferai la révérence comme à un honnête homme, ce dont je suis obligé de me priver pour le quart-d'heure. — Ah bah ! et le vin ! autre escroquerie : vous avez payé le dîner, mais, s'il vous plaît, le dîner sec : la boisson s'acquitte à part : une bagatelle vraiment ! 2, 3, 5 et 6 francs. Total : dîner soldé, en moyenne, à *deux cents pour cent* des frais faits. J'ai ouï dire que quelques esprits d'un coup-d'œil conquérant, dans cette digne confrérie des hôteliers, songent déjà à faire payer le pain à part... Nous verrons cela, et je puis vous en parler, moi qui dans une gare ai dû donner *sept sous*, monnaie toute neuve, pour un *petit pain d'un sou*. Après le pain viendra la viande : car enfin, dira toujours mon hôtelier, on peut dîner sans viande... Puis le dessert : du luxe! on paie le luxe... Puis la chaise sur laquelle on s'asseoit : ne peut-on se contenter d'un banc? Et le banc lui-même : ne peut-on s'asseoir par terre? et la table ou vous êtes servi : l'a-t-on faite pour vous? et la vaiselle, est-ce qu'elle ne s'use pas? Payez-moi donc tout cela à part.

J'ai l'air paradoxal, n'est-ce pas ? Veuillez faire attention qu'il y a trente ans celui-là l'eût paru davantage encore qui eût prédit ce que nous voyons, la *bougie* et le *vin*, et surtout le *service*. Oui, à cette note triomphante on ajoutera *tant pour le service*, c'est-à-dire encore pour ce monsieur qui a gagné sur vous dix-neuf cents pour cent : car les serviteurs n'en toucheront pas un rougeliard ; et la preuve, c'est qu'ils viendront en cachette solliciter un pour-boire qui soit bien à eux. J'ai vu mieux, et je l'ai vu dans une ville qui se croit civilisée ; elle a nom Le Hâvre. J'ai vu, dis-je, cette objection respectueusement avancée par un voyageur : « C'est mon domestique qui m'a servi, et lui tout seul, madame. — Cela n'y fait rien, monsieur ; on paie le service, *fait ou non :* c'est la règle chez nous. Et même j'aurai l'honneur de vous demander *pour le service du domestique...* » Veuillez bien croire que je l'ai vu de mes yeux, entendu de mes oreilles. il n'y a pas trois ans. — Encore une fois, il faut que chacun vive, mais dans le mot *chacun* la grammaire n'englobe aucunement les seuls aubergistes ; moi voyageur, je soutiens que je rentre dans le *chacun* et que j'ai le droit de vivre. Il est à souhaiter vraiment qu'on se procure à manger autrement qu'en dévorant le prochain; c'est du moins mon avis.

— Et c'est le nôtre à tous ! s'écria la compagnie.

— Or, reprit M. François, puisque mes discours deviennent parmi vous populaires, je compte vous en faire un dernier qui ne sera pas piqué des vers : une page d'histoire, s'il vous plaît, et d'histoire qui vous ramènera à Rome ! J'emploierai la matinée à préparer mes matériaux.

TROISIÈME SOIRÉE.

Rienzi, tyran de Rome au XIVe siècle.

Notre ami **François** fut fidèle à sa parole. Il arriva muni de ses documents, et nous tint sous le charme pendant plus d'une heure.

— Nous ne changeons point de terrain, dit-il : c'est encore Rome, et c'est un épisode de son histoire depuis la royauté de ses Pontifes. Vous y verrez, mes amis, qu'il y a eu des Piémontais et des envahisseurs à différentes époques, et aussi comment la Providence vous balaie tout cela à son heure, quand même ils ont fait quelques bonnes choses. Celui dont j'ai à vous parler et peut-être le seul agitateur dont on puisse dire du bien. Je commence.

L'histoire des conjurations, des conspirations et des révolutions est partout la même. D'un côté, comme but le pouvoir et les richesses à saisir, quelquefois une idée, un rêve, une utopie à faire subir à la société ; de l'autre, comme moyen, l'hypocrisie, l'astuce, les conciliabules, les belles paroles : tout se réduit à peu près à ces termes. Changez les noms propres d'hommes et de pays, vous aurez dans ce court résumé le tableau véridique de ces catastrophes violentes que les annales des peuples enregistrent avec horreur sous le nom de conjurations.

Celle dont je vais parler n'a pas eu tous ces caractères : elle demande une étude à part. Le secret y eut peu de part, l'adresse y en eut encore moins ; l'effet en fut prompt et subit. Une chimère devint tout-à-coup une réalité. Le succès fut heureux pour le coupable, heureux même durant un temps pour le souverain ; et, ce qui est étonnant, unique, ce crime devint dans la suite, en quelque façon, nécessaire à ceux dont il attaquait l'autorité. De plus, si la hardiesse et l'ambition le firent entreprendre, il s'y mêla aussi une généreuse idée de patriotisme et de réforme ; l'égoïsme n'en fut ni le pivot ni le but.

Reportons-nous au milieu du quatorzième siècle. De grandes choses se passaient alors par le monde. En Écosse, deux héros immortels, Guillaume Wallace et Robert Bruce, secouaient le joug de l'Angleterre et délivraient leur patrie. La Suisse, vengée par Guillaume Tell, se détachait de l'empire d'Allemagne pour former la république que nous voyons aujourd'hui, non pas, il est vrai, souillée par les violence du radicalisme. Pays de liberté vraie, parce que cette liberté s'appuyait sur la religion et la morale, la Suisse était alors, ou devait bientôt devenir, le modèle de la civilisation véritable. La France avait commencé avec Philippe VI la branche des Valois; ce beau royaume, troublé déjà par les factions des Armagnacs et des Bourguignons, allait être désolé par les armes anglaises, jusqu'à la venue de la jeune inspirée de Domrémy. L'Angleterre elle-même se voyait déchirée par les maisons d'Yorck et de Lancastre, dont la querelle couvrit de sang ses villes et ses campagnes durant de longues années. La célèbre reine de Danemark, la Sémiramis du Nord, Marguerite, réunissait à ses États la Suède et la Norwége; pendant qu'au fond de l'Asie le terrible Tamerlan, issu de Gengis-Khan et poursuivant ses conquêtes, fondait à Samarkand un nouvel empire Mongol. Les Turcs, de l'autre côté du Bosphore, attendaient, le cimeterre au flanc, que Constantinople cédât enfin à leurs escadrons, qui depuis longtemps la pressaient. Encore quelques années, et, avant la fin de ce siècle mémorable, le grand schisme d'Occident viendra bouleverser à son tour l'Église.

Mais nous en sommes pas encore là. La page d'histoire que je vais détacher doit se placer sous la rubrique de 1347, au moins dans son action principale. Elle n'a pas, il faut le dire, la moins intéressante du siècle. — A cette époque, les papes n'habitaient plus Rome. Chassés de leur capitale par les agitations, les factions et les querelles d'un peuple ingouvernable, ils avaient choisi la terre de France pour y fixer le siége momentané du Souverain-Pontificat. La Papauté résidait à Avignon, et Rome dépérissait : juste punition de sa turbulence et de ses excès ! Plusieurs fois elle avait sollicité, repentante, le retour du vicaire de Jésus-Christ ; elle ne l'avait point obtenu encore.

Dans un de ses plus pauvres quartiers cependant, parmi des meuniers et des gens de la lie du peuple, était un homme extraordinaire. Fils d'un cabaretier et d'une lavandière, *Nicolas Rienzi* avait senti, dès sa jeunesse, que, pour s'élever au-dessus de l'humble condition qui lui était faite par la Providence, il lui faillait une volonté de fer, un travail de tous les instants, un travail comme le veut Virgile, *labor improbus*; un travail qui abat tous les obstacles et qui abaisse les barrières. Il se mit opiniâtrément à l'étude, à celle de l'éloquence surtout, pour laquelle Dieu lui avait départi un talent naturel. Au lieu qu'à cet âge on ne lit guère que pour lire et pour s'amuser, dit son historien français, le P. Du Cerceau, il lisait pour s'instruire et pour comparer ses lectures avec ce qui se passait sous ses yeux. Sa mémoire vive et facile lui rendait tellement présent tout ce qu'il avait lu, qu'il possédait parfaitement Cicéron, Valère-Maxime, Tite-Live, les deux Sénèques, et surtout les Commentaires de César qu'il ne cessait de relire et de faire entrer dans ses conversations. Cet homme, qui s'était fait en quelque sorte tout seul, prétendait bien arriver à peser dans la balance de son temps : il y réussit.

Les guerres continuelles de cette triste époque absorbaient à peu près seules toutes les intelligences. Le Dante, Pétrarque, Boccace, le jurisconsulte Barthole, étaient de glorieuses exceptions pour l'ignorance presque universelle. L'antiquité surtout était négligée; on ne comprenait plus son langage, on se souciait peu de ses souvenirs, et ceux-là même qui se piquaient de quelque science ne tournaient point de ce côté leur attention. *Rienzi*, dont l'esprit était réellement supérieur, sentit qu'il y avait là, sur les ruines de l'ancienne Rome, une voie nouvelle à frayer, et il y entra sans hésiter. Il passait les jours entiers à déchiffrer les bas-reliefs et les inscriptions qui se trouvaient de toutes parts sur les monuments, et il en acquit une si parfaite connaissance, qu'on l'appelait l'Antiquaire par excellence. Rien n'était plus précieux pour lui que cette réputation. Nous l'avons dit, *Rienzi* aspirait à se faire une place grande et élevée au milieu de la confusion qui régnait dans la ville éternelle; sa volonté, une fois rivée à ce dessein, ne devait plus fléchir; il marcha toujours en avant. Mais, pour être juste envers lui, hâtons-nous de dire aussi que l'ambitieux Romain aimait sa patrie, qu'il gémissait de ses malheurs, et qu'au désir de monter au premier rang se joignait en lui, vivace et réel, celui de reconstituer l'Italie et de lui rendre la puissance dont elle avait été dans l'univers le centre et la dépositaire. Il rêvait une république nouvelle, héritière et rivale de la république des Cincinnatus et des Scipions : rêve creux et imbécile, car une nation ne trouve jamais deux fois la gloire sur le même chemin; mais enfin rêve qui ne manquait pas de grandeur, et qui devait naturellement frapper un peuple tombé au dernier degré de l'annihilation.

Il fallait amener peu-à-peu les esprits à cette pensée. Considéré déjà par le peuple comme un savant, honoré de l'amitié de Pétrarque, *Rienzi* crut qu'il était temps d'agir. Tout jeune encore, il avait pris un air de gravité qui lui conciliait une sorte de vénération et qui donnait du poids à ses moindres paroles. Il se plaisait, avons-nous dit, à se promener souvent parmi les débris de l'ancienne Rome, affectant de s'extasier sur quelque buste ou reste de statue; et, feignant de ne pas apercevoir la foule qui l'environnait : « Où sont, disait-il, ces vieux Romains? Qu'est devenue leur grandeur? Ah! que n'ai-je vécu dans ces beaux siècles! » D'autres fois, il s'exprimait par des énigmes, des demi-mots, des phrases entrecoupées, qui laissaient beaucoup plus à entendre qu'elles ne disaient. L'impression qui en résultait était très-vive. Sa taille avantageuse, sa bonne mine et je ne sais quel air d'homme d'importance qu'il savait prendre, gravaient toutes ses observations dans les cœurs de ceux qui l'écoutaient. C'est ainsi qu'à force de répéter les mots de justice, de liberté, d'ancienne grandeur, qu'il avait incessamment à la bouche, il vint à persuader aux oisifs du petit peuple qu'il pourrait un jour devenir le restaurateur de la République Romaine. Il sut encore se ménager des liaisons avec ceux qui gouvernaient, avec le sénateur, ses couseillers et ses douze magistrats qu'on appelait capitaines de quartier; il s'appuyait avec raison, pour réussir, beaucoup plus sur ces amitiés puissantes que sur une popularité incertaine et mobile.

Rome était, de fait, dans une affreuse situation. La justice ne s'y rendait plus avec liberté, les lois se taisaient, l'audace régnait, et l'impunité rendait les coupables plus hardis, les attentats plus criants. Les grands, divisés entre eux, surtout la famille des Colonna et celle des Orsini, ne s'accordaient qu'à fouler le peuple, toujours victime de leurs dissensions. Le commerce languissait au-dedans, il n'y en avait presque plus au-dehors. Les étrangers n'osaient aller à Rome, ou n'y arrivaient qu'au péril de leurs biens et de leur vie; les chemins publics étaient infestés de brigands, qui se retiraient jusque dans la ville pour y exercer leurs violences. Le gouvernement voyait tous ces crimes et les dissimulait, faute de pouvoir les prévenir ou les arrêter. Les églises étaient ruinées, les palais detruits par le feu ou par d'autres malheurs. « Rome, s'écrie le » poète Pétrarque, la triste Rome est comme une veuve

» désespérée de l'absence de son époux... O DIEU, ren-
» dez-nous Néron ! rendez-nous Domitien ! la persé-
» cution sera plus ouverte, mais plus légère et moins
» durable. Qu'il ne soit permis d'acheter le ciel au prix
» d'un peu de sang, et d'avoir au moins l'honneur du
» martyre... Nous sommes dans *l'enfer des vivants*,
» prédit par le prophète David... »

Clément VI régnait à Avignon. Pour la seconde fois on résolut de lui envoyer une députation, afin de le conjurer de revenir dans sa capitale, malheureuse de son absence et déjà trop punie. *Rienzi* parvint à se faire nommer député ; on espérait beaucoup de son éloquence naturelle et de son patriotisme. Pour achever d'un seul trait ce que j'ai marqué du caractère de cet homme, disons que sa bravoure allait jusqu'à l'intrépidité, et devenait incontinent faiblesse ; que, hardi dans l'entreprise, il chancelait au moment de l'exécution, et que de cette instabilité était née en lui une fourberie détestable, que nous verrons se glisser désormais dans la plupart de ses actions. *Rienzi* arrive à Avignon : son titre de député lui ouvre aussitôt l'entrée du palais. Dès la première audience qu'il eut du pape, il le charma par ses discours et par l'amabilité de sa conversation. La cour s'empressa de le voir et de lui faire amitié. Mais un jour, ayant osé dire devant Clément VI que les grands de Rome étaient des brigands avérés, des voleurs publics, d'infâmes débauchés et d'illustres scélérats qui, par leur exemple, autorisaient les crimes les plus affreux, le cardinal Jean Colonna, dont la famille se trouvait enveloppée dans cette rude et multiple qualification, résolut de s'en venger. Tout-puissant sur l'esprit du pontife, il fit disgracier *Rienzi* et échouer la mission dont on l'avait chargé ; le député ne fut plus admis en présence de Clément. Cette première épreuve abattit l'orgueil et confondit les espérances du tribun futur ; il lui sembla que tout était perdu. Le chagrin et la maladie se joignant pour lui à l'indigence, il devint si malheureux qu'à peine reçut-on à l'hôpital un homme qui devait, dans peu, faire tant de bruit en Europe. Heureusement pour lui, le cardinal, apprenant son sort, en eut pitié, ménagea sa grâce et le fit de nouveau paraître devant le pape. Celui-ci, prévenu en faveur de *Rienzi*, le goûta plus que jamais, et le renvoya à Rome avec le titre de notaire apostolique. C'était le premier pas dans la carrière du pouvoir. *Rienzi* sut en profiter habilement pour en faire le marchepied d'une bien autre puissance.

De retour dans la ville éternelle, il prit possession de ses fonctions, qui lui donnaient l'entrée au conseil, et il voulut le faire avec éclat. Il débuta parmi ses concitoyens par une affectation d'honneur, de justice et de probité, qui, jointe à ses discours éternels sur les vices contraires des officiers et des grands, faisait un contraste très-propre à les rendre odieux, en lui attirant à lui-même l'affection du peuple. Il se donnait par-là une espèce de supériorité sur les esprits. Puis, sans cacher davantage ses desseins il annonça publiquement qu'il s'agissait de reconstituer l'État sur des bases nouvelles. Convoquant à plusieurs reprises la multitude autour d'affiches ou de tableaux qu'il avait fait faire, il se mit à lui expliquer ce qu'il entendait par un renouvellement de Rome : justice à tous, procédures des tribunaux abrégées et simplifiées, soulagement des charges publiques, secours aux malheureux; il n'omettait aucun des thèmes ordinaires aux ambitieux et aux conspirateurs. Les peintures qu'il avait fait exécuter, et qu'il expliquait à la foule, rendaient son langage plus sensible encore et frappaient les imaginations. Un mot lui servait de résumé à ses plans, et circula bientôt dans la ville comme la clef de l'avenir doré qu'il promettait le : BON ÉTAT. *Rienzi* avait mission de régénérer l'Italie entière et d'y fonder le BON ÉTAT! Comme il agissait au grand jour, on ne se défiait point de lui; personne ne pouvait croire qu'une conjuration manifestée en plein soleil eût rien d'inquiétant et de sérieux. Cela suffisait pour passer, à un homme que l'on traitait d'insensé, ses caprices les plus séditieux. Lui, de son côté, se produisait hardiment dans les palais des grands, où il était bien reçu. Jean Colonna et les plus qualifiés de Rome se faisaient une fête de l'avoir chez eux, pour réjouir la compagnie par ses brusques incartades. Il parlait alors en homme inspiré, et, dans son enthousiasme, annonçait sa future grandeur, le rétablissement du *Bon État* de Rome et la gloire de son gouvernement. — « Si je suis roi ou empereur, ajoutait-il, je ferai le procès à tous ces grands qui m'écoutent. Je ferai pendre celui-ci, et trancher la tête à celui-là. » Il n'en épargnait aucun, les désignait tous en leur présence. On riait de ce qu'on appelait des bouffonneries. *Rienzi* prouva bientôt que sa folie n'était pas du genre que l'on croyait.

On était au commencement de l'année 1347. Dans les

entreprises hasardeuses, la première condition c'est de sonder le terrain et de préparer les voies; la seconde, aussi importante, consiste à agir résolûment et promptement, à frapper, comme l'on dit, un grand coup. *Rienzi* l'avait compris. Les esprits de la populace avaient été infatués; plusieurs nobles commençaient à entrer dans ses vues, et s'accoutumaient à le regarder comme un sage législateur, à force de l'entendre parler comme un insensé. Les risées avaient abouti à l'estime, comme il arrive quelquefois en faveur des aventuriers spirituels qui sont assez constants pour essuyer les traits de la satire sans s'étonner, et pour aller toujours à leur but sans se relâcher. Le sénat ne se mettait nullement en garde contre un homme qu'il traitait d'imbécile et d'illuminé. Qu'aurait attendu davantage le futur tribun? Jamais circonstances meilleures ne se pouvaient présenter. Le premier jour de carême donc de cette année, il alla attacher à la porte de Saint-Georges, près du Forum, un écriteau sur lequel on lisait: « *Avant qu'il soit peu, les Romains seront rétablis dans leur* BON ÉTAT *ancien.* » Puis, réunissant tous les mécontents de la ville, gentilshommes, marchands, hommes de toutes les conditions, il les instruit de ses résolutions et les mène sur le mont Aventin, pour simuler sans doute la retraite du peuple sur le Mont-Sacré au temps de Ménénius-Agrippa. Étienne Colonna, gouverneur de Rome, était alors absent; les besoins d'approvisionnement de la ville l'avaient conduit au château de Cornéto, à plusieurs lieues; tout concourait donc à faciliter un coup de main. *Rienzi*, au milieu de ceux qu'il avait assemblés, leur peint avec énergie la misère, la servitude et la chute prochaine de Rome. Il en fait un contraste avec sa grandeur, sa liberté et sa félicité passées. Il retrace les circonstances les plus odieuses, les malheurs présents, les révoltes fréquentes dans l'État Ecclésiastique, la connivence ou l'incapacité des gouverneurs, les discordes des grands, l'asservissement des petits, les cabales intestines, les pelotons de gens armés qui courent çà et là, la campagne négligée, la ville obsédée de brigands, les laboureurs volés au sortir de Rome, les pèlerins pillés et égorgés à ses portes, l'abomination jusque dans le lieu saint; nulle ombre de justice, nul frein pour arrêter tant de maux, nulle autorité respectée; une impunité générale, peu de souci ou de vigueur dans ceux qui ont le pouvoir en main; tout à craindre et rien à espérer des seigneurs. Où étaient-ils et à quoi songeaient-ils, au milieu de tant de désordres? Ils sortaient pour jouir du repos et des délices dans leurs terres, et le sénateur même se tenait tranquille à la campagne, tandis que tout périssait dans la ville!...

En faisant ces peintures, il animait de temps en temps son éloquence, d'ailleurs énergique et vive, par des soupirs, des gémissements, des larmes, et quelquefois par des cris d'indignation. — « C'est à vous, ajoutait-il, braves Romains, c'est à vous qu'il convient de rétablir la justice et la paix ! » Passant ensuite de ces généralités aux moyens de l'entreprise, il annonce comme un point assuré que le pape lui sera favorable et approuve ses pensées, que l'argent nécessaire se trouvera dans les revenus immenses de la Chambre apostolique qui se perçoivent à Rome, que Raymond, évêque d'Orviéto et vicaire du pape, est dans sa confidence et prêtera à la conjuration l'autorité de son nom. Les esprits ainsi exaltés, il renvoie tout le monde en disant à haute voix : « *Romains, à bientôt !* »

Peu de jours après, c'est-à-dire le 18 mai, il fit crier dans les rues de Rome, à son de trompe, que chacun eût à se trouver sans armes, dans la nuit du lendemain 19, dans une église désignée, au son de la cloche, afin de pourvoir au *Bon État*. Il faut bien le dire, il est rare qu'un chef de conjurés fasse usage de la trompette en pareil cas. *Rienzi* seul eut une pareille idée, et l'audace lui profita merveilleusement. En attendant, il s'était enfermé lui-même dans l'église, et il y fit dire presque en même temps trente messes du Saint-Esprit, auxquelles il assista depuis minuit jusqu'à neuf heures environ du matin. C'était le jour même de la Pentecôte : il l'avait choisi à dessein, tant pour être sûr de trouver le peuple libre d'agir, puisque la fête était d'obligation, que pour faire entendre que tout ce qu'il faisait n'était qu'un effet de l'inspiration particulière de l'Esprit divin. Vers neuf heures, il sort de l'église armé de toutes pièces, tête nue pourtant, accompagné du vicaire du pape, qu'il avait, on ne sait comment, attaché à son parti, environné de cent hommes armés. Une foule innombrable suivait avec de grands cris de joie, sans trop savoir ce que tout ceci allait devenir; mais la foule est toujours avide de nouveautés, et d'ailleurs le courage lui plaît. *Rienzi* arrangea sa marche avec le plus d'ordre qu'il lui fut possible. Les gentilshommes conjurés portaient devant lui trois étendards symboliques, qu'il avait fait faire, à son ordinaire, pour impressionner les spectateurs. Il marcha ainsi jusqu'au Capitole, parmi des acclamations redoublées. L'histoire rapporte qu'il trembla plus d'une fois dans ce solennel moment, et que la pâleur de son visage indiqua en plusieurs endroits les combats que livrait à une timidité naturelle l'ambition du succès. Celle-ci l'emporta. Rassuré par la foule, *Rienzi* entre dans le palais du Capitole, monte sur une tribune et harangue la population romaine accourue sur ses pas. — « Enfin, après tant de » misères, s'écrie-t-il, après tant d'humiliations et de » souffrances, fils de Brutus et de Caton, l'heureux jour » de votre délivrance est arrivé ! Poussé par une inspira- » tion du Ciel, me voici prêt à vous sauver, à vous rendre » la gloire et la prospérité des anciens jours. Les dangers » sont grands pour moi ; on ne réclame jamais sans pé- » ril les droits de la justice contre ceux qui la foulent » aux pieds. Mais rien ne m'arrêtera, croyez-le, quand » il sera question dans ces murs du service du Saint- » Père et du salut du peuple ! » Ce mot de Saint-Père était habile : il cachait, sous le nom du souverain, une atteinte au pouvoir du souverain lui-même. On ne vit plus dans Rienzi qu'un serviteur héroïque de la cour romaine, et il fut entouré de *vivat* et de cris d'approbation universels.

La harangue finie, *Rienzi* fit lire les règlements qu'il avait, disait-il, élaborés dans la solitude pour conduire à la perfection du *Bon État* ses bien-aimés concitoyens. Ces règlements étaient sages, dressés d'une manière artificieuse et séduisante. Aussi furent-ils approuvés tout d'une voix. Le peuple, flatté des douces idées d'une liberté qu'il n'avait pas et des avantages qu'il espérait, entra avec passion dans tout le fanatisme de Rienzi, le traita comme le sénat avait autrefois traité Vespasien, réunit la prétendue autorité des Romains en sa personne, le déclara souverain de Rome, et lui accorda le droit de vie et de mort, avec le pouvoir de punir et de récompenser, de porter et d'abroger les lois, de traiter avec l'étranger, de régler la propriété : en un mot, la pleine et suprême autorité dans toute l'étendue du territoire qui pouvait appartenir au peuple romain. *Rienzi*, parvenu au comble et au-delà de ses vœux, porta plus loin l'artifice : il feignit de ne vouloir se rendre qu'à deux conditions : la première, qu'on lui donnerait le vicaire du pape pour collègue, et la seconde, qu'il n'accepterait la charge que sous le bon plaisir du Saint-Père, qu'il se flattait de gagner. Conduite habile, qui doubla son crédit sur la multitude, en donnant à son attentat la couleur d'une légitimité incontestable. C'était ce qu'il désirait par-dessus tout ; et il avait raison dans tous les sens, et pour lui-même, et pour la ville, et pour la moralité de son pouvoir. Toute usurpation, qu'elle soit le fruit de la ruse ou de la violence, est odieuse et ne s'affermit guère. Telle fut cette étrange assemblée du Capitole, demeurée célèbre dans l'histoire du quatorzième siècle.

Cependant, le gouverneur de la ville, Étienne Colonna, qui était, avons-nous dit, à quelques lieues, fut extrêmement surpris d'apprendre ce qui venait de se passer, et de se voir dépossédé du gouvernement par un homme qu'il traitait de simple maniaque. La chose lui parut d'abord trop peu croyable pour se figurer que le mal fût si grand, et toutefois assez importante pour n'être pas négligée. Il monte à cheval et arrive à Rome fort peu accompagné, dans la persuasion que cette entreprise n'a rien de sérieux, et que sa seule présence fera rentrer les mutins dans le devoir. La tranquillité qu'il trouva en ville le confirma si bien dans cette pensée, que, sans autre manifestation, il se retira dans son palais pour s'instruire plus en détail de l'état des choses, et pour y mettre ordre à loisir. Mais *Rienzi*, qui se tenait aux aguets, ne lui en donna pas le temps. Tergiverser, c'était succomber. Il se hâta donc d'envoyer signifier au gouverneur un ordre par écrit de sortir sur-le-champ de Rome. Indigné de cette audace et pouvant à peine en croire ses yeux, Colonna prit l'écrit et le mit en pièces, ajoutant avec dérision que, si ce fou-là le mettait en colère, il le ferait jeter par les fenêtres du Capitole. *Rienzi* fait aussitôt sonner l'alarme: le peuple accourt de tous les quartiers, la milice se forme, et la sédition est si universelle et si prompte, que Colonna, sur le point d'être forcé dans ses appartements, remonte précipitamment à cheval et s'enfuit suivi d'un seul valet de pied. Il ne s'arrêta point qu'il ne se vît hors des murs. Fier de ce grand résultat, qui lui avait paru bien plus difficile à obtenir, *Rienzi*, s'apercevant de la consternation de la noblesse, publia sur l'heure un ordre à tous les nobles de sortir à leur tour de Rome et de se retirer dans leurs terres. Ils obéirent sans se le faire répéter, et partirent immédiatement.

Le lendemain, le nouveau dictateur, organisant sa victoire, se rendit maître des avenues, s'assura des quartiers et mit des corps de garde à la tête des ponts. Les jours suivants, sans se donner le temps de respirer et sans laisser aux autres celui de se reconnaître, il établit des officiers pour rendre la justice en son nom, tira de prison les plus coupables, fit saisir d'autres criminels avérés, et sur-le-champ fit pendre les uns et décapiter las autres. Tout ce qui se trouva de scélérats qui tombèrent entre ses mains fut traité avec la dernière rigueur, sans qu'il fît grâce à qui que ce fût. Cette sévérité était nécessaire dans les commencements, surtout après la tyrannie des nobles et une longue impunité; loin de lui nuire, elle lui fit donner mille bénédictions, et lui gagna tellement les cœurs de tout le peuple, fatigué de souffrir, qu'en très-peu de jours il se trouva plus maître de Rome par l'estime, la confiance, la vénération et le dévouement qu'on y professa pour sa personne, que par toutes les mesures et les précautions qu'il avait prises au-dedans et au-dehors pour y affermir sa puissance. La révolution qu'il avait rêvée, préparée, annoncée, était accomplie, et, suivant son rêve le plus impossible, il se trouvait lui-même, sauf le retentissement du nom, à la fois roi et empereur des Romains.

Mais il lui fallait une haute approbation, celle de Clément VI, souverain légitime. *Rienzi* n'hésita pas à la solliciter. Les lettres qu'il envoya par des courriers extraordinaires étaient pleines de respect et de soumission : il y protestait de la pureté de ses intentions, de son dévouement à la Papauté, de la violence que lui avait faite le peuple, exaspéré des malheurs de la patrie; il s'appuyait sur la relation de l'évêque d'Orviéto, son collègue au Capitole, et qui lui fut en effet très-favorable dans ses lettres personnelles. La question était difficile pour le pape. Approuver l'insurrection en termes formels, il ne le pouvait pas; la considérer comme non avenue, casser tout ce qui avait été fait, c'était donner un prétexte de plus aux Romains, déjà mécontents de la cour d'Avignon et prêts à appeler l'empereur d'Allemagne pour se livrer à lui. Clément crut donc qu'il était nécessaire d'agir avec prudence. Feignant d'ignorer le fond des choses, il loua *Rienzi* de son zèle pour le bien public, confirma son élection par le peuple, et l'exhorta à bien administrer la capitale dont il était devenu l'arbitre. L'ambitieux *Rienzi* n'attendait rien de plus. Assemblant une seconde fois la multitude, il fit un discours pasionné, où il montra tout ce que son pouvoir, bien qu'approuvé par le Souverain-Pontife, avait de précaire et d'incertain, sollicitant un titre plus en harmonie avec le grand service qu'il venait de rendre au *Bon État* et avec le passé glorieux de la république romaine, dont les souvenirs, nous l'avons vu, faisaient sa méditation journalière. Sur sa demande donc, il fut proclamé *Tribun de Rome*, et l'évêque d'Orviéto, recevant ce même titre, lui fut adjoint comme collègue définitif. C'était désormais un gouvernement régulier, inamovible de fait, quoique bien chancelant en droit, et Rienzi put se livrer sans entraves aux idées de réforme que, depuis tant d'années, il semait autour de lui.

Ordre fut donné à la noblesse, retirée dans ses terres et qui frémissait en voyant grandir la puisssance de son ennemi, de rentrer en ville et de comparaître à son tribunal, pour y prêter entre ses mains serment de fidélité à la République, sous peine, pour les contrevenants, d'être déclarés rebelles à l'État et traités comme tels. Cette sommation fut un coup de foudre. La crainte s'empara de tous ces seigneurs, naguère encore si intraitables ; ils accoururent dans leurs palais de Rome, et le premier qui se présenta au Capitole fut le jeune Étienne Colonna, fils du gouverneur. A la vue de l'affluence et du concours extraordinaire du peuple, à qui le tribun rendait infatigablement la justice par lui-même avec un ordre et une autorité sans exemple, Colonna ne put s'empêcher de marquer quelque émotion et quelque frayeur. Il trembla. Le tribun s'avance aussitôt vers lui tout armé, avec un visage et une contenance de souverain; il le mène à un autel où il lui fait jurer, sur le corps de JÉSUS-CHRIST et sur les saints Évangiles, de ne jamais prendre les armes contre lui tribun, ni contre le peuple romain; d'entretenir l'abondance, le commerce et la sûreté des chemins, de ne point donner de retraite aux bandits ou autres malfaiteurs, de protéger les orphelins et les pupilles, de ne jamais toucher aux deniers publics, et de se présenter en armes ou sans armes au premier commandement qui lui en serait signifié de sa part. Colonna jura tout, et, après lui, les autres seigneurs, parmi lesquels le tribun ne vit pas avec une médiocre joie l'ancien gouverneur lui-même, qui s'approcha saisi de terreur et qui fit à son tour le serment. — Le peuple eut ordre de suivre la noblesse; tous les corps de la ville vinrent successivement faire hommage de se dévouer au BON ÉTAT. Les juges furent suivis des notaires et des marchands. Le reste vint ensuite, par différentes classes, avec une soumission qu'on n'avait point encore vue dans Rome depuis tant d'années de révoltes et de brigandages. Les Romains étaient dans le ravissement et bénissaient DIEU d'un pareil changement, accompli en quelques semaines et sans effusion de sang. Le succès tenait du prodige, ou, pour mieux dire, c'en était un de premier ordre.

Ce mot de République n'a rien qui nous doive étonner : il n'avait pas à cette époque cette signification de désordre et de ruine que les catastrophes sanglantes et les crimes exécrables du siècle dernier lui ont attachée depuis en Europe. Rome avait même conservé, sous la monarchie papale, des institutions toutes républicaines d'origine, telle que la sénatorerie de la ville, qui subsiste maintenant encore et représente la première magistrature; les écussons publics portaient toujours la devise romaine du temps de Cicéron : *Senatus Populusque Romanus*, ou en abrégé S. P. Q. R. Le mot n'effraya donc nullement ; on y vit une simple formule convenue, et *Rienzi* lui-même, qui voulait régner à la façon des empereurs beaucoup plus que comme un simple consul, n'y vit pas autre chose.

Aussitôt donc que son autorité fut affermie par la soumission des grands et du peuple, il tourna toute son attention sur la manière de rendre la justice, qu'il n'avait fait qu'ébaucher les premiers jours. Il créa un nouveau conseil de juges pacificateurs, et voici ce qu'il institua à leur sujet comme procédure. C'était une véritable loi du talion, c'est-à-dire qu'on y appliquait cette punition qui consiste à traiter un coupable de la même manière qu'il a traité les autres. Deux citoyens qui s'étaient brouillés venaient d'eux-mêmes ou étaient appelés au tribunal : avant d'écouter leurs raisons, on les obligeait de promettre qu'ils se réconcilieraient de bonne foi après le jugement porté, et de consigner une amende en garantie. On les entendait ensuite, et, l'affaire décidée, l'offensé rendait à l'offenseur le tort qu'il en avait souffert, injure pour injure, coup pour coup, mépris pour mépris ; après quoi tous deux s'embrassaient en présence des juges, et se retiraient sans oser se traiter désormais en ennemis. Si, par exemple encore, un homme avait crevé un œil à l'autre, il était amené sur les degrés du Capitole : là, nu-tête et à genoux aux pieds de l'offensé, il lui demandait grâce de la peine du talion, et, aidé de ses amis qui joignaient leurs prières aux siennes, il tâchait de le fléchir. Si celui-ci se laissait toucher et lui pardonnait, le coupable était quitte de la peine ; sinon, il fallait qu'il souffrît qu'on lui crevât un œil sur-le-champ.

A l'égard des crimes qui intéressaient la sûreté et la tranquillité publiques, *Rienzi* se montra intraitable et d'une inflexible rigueur. Il se mit à poursuivre sans nul égard les scélérats de toute condition ; et ceux-ci prirent si chaudement l'alarme, qu'ils se croyaient à tout moment décelés, comme si le tribun eût lu le crime sur leur front. Dans la crainte perpétuelle qu'on ne vînt les prendre pour les traîner au supplice, ils se tenaient cachés en ville, épiant l'occasion de s'évader ; ils fuyaient, en effet, par bandes, furtivement et de nuit, abandonnant leurs maisons, leurs familles. Dès-lors, les bois et les grands chemins devinrent entièrement libres ; on commença à cultiver les terres, les pèlerins et les marchands allèrent et vinrent sans danger. La transformation était complète, et, pour avoir une idée de l'effet qu'elle produisit, il faut lire la curieuse lettre du fameux Pétrarque, adressée au fils de l'empereur d'Allemagne Charles IV. En voici quelques passages : — « Il s'est élevé » depuis peu à Rome un homme singulier, de race plé- » béienne et bien connu pour tel ; personnage que ni » les titres ni les vertus n'avaient distingué, jusqu'à ce » qu'il se soit avisé de se donner pour restaurateur de » la liberté romaine. Le succès a été si prompt, que cet » homme s'est concilié la Toscane et toute l'Italie. Déjà » l'Europe et le monde entier sont en mouvement. Pour » tout dire en un mot, j'atteste, non comme lecteur, » mais comme témoin oculaire, qu'il nous a ramené la » justice, la paix, la bonne foi, la sécurité et tous les » vestiges de l'âge d'or. »

Les misérables qui s'étaient exilés de Rome pour se dérober à la justice portèrent, en effet, dans tous les endroits de l'Italie où ils se répandirent la terreur du nom de *Rienzi* [1], et donnèrent de cruelles inquiétudes à tout ce qu'il y avait de petits tyrans, leurs protecteurs, qui opprimaient les villes dont ils s'étaient emparés. Ils n'eurent pas de peine à se persuader qu'un homme de ce caractère ne renfermerait pas son ambition, soutenue par le zèle du bien public, dans l'enceinte des murs de Rome, et que, dès qu'il se verrait assez fort, il ne manquerait pas de leur tomber sur les bras. Nous avons vu d'ailleurs que tel était le plan du Tribun, et il

[1] Quelques historiens, notamment M. Sismondi dans ses *Républiques Italiennes*, l'appellent *Rienzo*.

tarda peu à confirmer ces craintes. La facilité qu'il avait trouvée à se rendre maître absolu de Rome, et l'affection avec laquelle il y était obéi, lui firent étendre ses vues sur le reste de l'Italie, qu'il ne désespéra pas de réduire sous son obéissance. Il assembla donc un parlement général; il fit une de ces harangues dans lesquelles son éloquence pathétique emportait, à coup sûr, les cœurs, parce qu'elle flattait la vanité des Romains. Il leur exagéra, selon sa coutume, l'ancienne étendue de la puissance romaine, qui ne connaissait de bornes que celles du monde. Il insinua que c'était peu pour leur patrie, autrefois maîtresse de l'univers, de se voir délivrée de la tyrannie des nobles, s'ils ne s'efforçaient de lui rendre une partie de sa gloire passée en remettant sous sa dépendance le reste de l'Italie qui s'y était soustrait; qu'il fallait travailler à réunir tous les petits États qui la partageaient, et en former, comme autrefois, un corps dont Rome, en qualité d'âme et de chef, règlerait tous les mouvements; que, pour y réussir, il était d'avis d'inviter les villes et les princes d'Italie à entrer dans la ligue du Bon État, et à favoriser un projet qui, en lui procurant un appui, donnerait à la ville de Rome une supériorité marquée, parce qu'elle deviendrait la protectrice de toute l'Italie.

Rien alors ne paraissait chimérique aux Romains, déjà accoutumés au succès prodigieux des entreprises les plus hardies du Tribun. On le remercia de son zèle pour l'honneur de la patrie, et on le pressa d'exécuter un dessein si glorieux pour elle et pour lui.

Des courriers furent aussitôt dépêchés aux républiques, aux villes principales et à tout ce qu'il y avait de princes et de seigneurs indépendants en Italie. En tête des lettres qu'il leur écrivait, *Rienzi* se donnait des titres magnifiques et des airs de souverain universel. Il eut même le front d'écrire aussi sur ce ton à toutes les têtes couronnées et à tous les potentats de l'Europe, pour demander leur amitié et leur offrir la sienne. Il commençait ainsi : « *Candidatus Spiritûs-Sancti, miles Nicolaus, severus et clemens, liberator urbis, zelator Italiæ, amator orbis et Tribunus Augustus.* » Un empereur n'aurait osé peut-être en dire autant. A peine les secrétaires du tribun, quoique très-nombreux, pouvaient-ils suffire à dresser ces lettres en travaillant nuit et jour. Au reste, quoiqu'il se contentât de les faire porter par de simples courriers, elles n'en étaient pas reçues avec moins de respect : tant la renommée avait imposé en faveur de l'heureux parvenu ! Ses courriers marchaient sans armes et n'avaient en main qu'une simple baguette argentée. Dès qu'on voyait paraître cette marque de leur commission, ils étaient reçus partout avec honneur et empressement. Un d'entre eux, qui était Florentin, et que *Rienzi* avait dépêché au pape et au cardinal Jean Colonna, en rapporta pour récompense une cassette garnie d'argent, où étaient en émail les armes du peuple romain, du pape et du tribun. Il publia hautement qu'avec sa baguette, non-seulement il avait passé sans danger les chemins et les bois les plus décriés par les brigandages qui s'y faisaient peu de temps auparavant, mais qu'il y avait rencontré des milliers de passants qui venaient en foule se mettre à genoux devant lui, et baiser cette baguette avec des larmes de joie et de reconnaissance pour le tribun. L'Italie retentissait des éloges de *Rienzi* ;

les écrivains et les poètes le célébraient à l'envi; mais la louange sans contredit la plus flatteuse pour lui, c'était la satisfaction générale et réelle qu'il lisait dans les yeux du peuple.

Ces messages furent bien accueillis, surtout en Toscane. Les Florentins furent flattés de ce que *Rienzi* les appelait fils de Rome et colonie des Romains : ils lui envoyèrent cent cavaliers, et promirent de lui en faire passer un plus grand nombre dès qu'il en aurait besoin. Les Pérousins lui expédièrent 60 hommes d'armes, les Siennois 50, et l'Italie entière parut disposée à le seconder, peut-être à recevoir bientôt ses ordres. On vit arriver des ambassades de Terni, de Spolète, de Riéti, de Vellétri, de Pistoie et d'Assise. Louis de Bavière, qui avait été excommunié, lui écrivit pour le supplier de le réconcilier avec l'Église. Le duc de Durazzo en Roumélie (Turquie), le prince Louis de Tarente et la reine Jeanne de Naples, l'avaient appelé dans leurs lettres leur *très-cher ami*. L'enthousiasme universel le vengeait outre mesure des mépris de quelques seigneurs particuliers, tel que le marquis d'Este, les seigneurs de Carrare, les Gonzague, dont il se promit bien d'abaisser un jour l'orgueil.

En attendant, il voulut à l'intérieur frapper la noblesse, qu'il pouvait raisonnablement supposer toujours prête à rétablir son autorité sur les ruines de celle du tribunat. Un exemple lui parut nécessaire : il le donna sur un coupable de la première distinction. C'était un jeune homme nommé Martin de Porto, seigneur de Porto, neveu de deux cardinaux et ancien sénateur de Rome. Ses violences criantes et ses brigandages l'avaient signalé à la vindicte de *Rienzi.* Apprenant par ses espions qu'il était rentré dans la ville, il le fit enlever; son procès fut fait sur-le-champ, et l'exécution commandée. A peine eut-il le temps de se confesser avant d'être pendu au gibet des malfaiteurs, où son cadavre resta exposé deux jours et une nuit. La leçon était sérieuse; la consternation devint si grande parmi ces anciens tyrans du Patrimoine de S.-Pierre, qu'ils prirent le parti les uns de se tenir éloignés, les autres de s'observer si bien qu'ils ne donnassent aucune prise. C'était un changement à n'en pas croire ses yeux. *Rienzi*, en quelques mois, était venu à bout de faire quelque chose de semblable à ce que fit depuis en Asie Tamerlan, qui rendit ses États si sûrs pour les voyageurs, qu'un homme pouvait les traverser sans crainte avec un vase d'or sur la tête.

Mais il faut bien maintenant arriver au revers de la médaille, et dire le mal comme nous avons dit le bien. Quelle est donc l'infirmité et la petitesse humaines, puisqu'à aucune page de l'histoire nous ne pouvons rencontrer un noble caractère toujours égal, toujours grand, toujours digne de ses commencements et de sa vocation providentielle! La tête de *Rienzi* n'était pas assez forte pour résister au vertige que donne une élévation inattendue. La vanité le perdit, non pas tout d'un coup à la vérité, mais au bout de quelques mois. Son pouvoir n'en devait durer que sept! Il semblerait, de tout ce que nous avons dit de ses travaux, qu'il l'occupât depuis de longues années. Nous sommes encore à l'an 1347.

Le Tribun avait fait impression sur le peuple de Rome

par des allégories : il suivait en cela le goût du siècle et l'esprit d'une nation avide de spectacles. Il continua, dans sa puissance, à vouloir frapper les yeux par de semblables moyens. Ses habits, les couronnes, les gonfanons ou étendards qu'on portait devant lui, les inscriptions sur la croix et sur le globe qu'il avait en main dans les processions, tout était symbolique et destiné à donner des leçons aux Romains. Cependant *Rienzi* lui-même était plus enivré de cette pompe que le peuple aux yeux duquel il l'étalait. Déjà il multipliait les fêtes et les cérémonies, moins dans une vue politique que par goût pour le plaisir et par vanité. Oubliant que sa grandeur consistait à n'avoir point de pareil et à ne pouvoir être comparé à personne, il se mit en tête d'imiter les autres souverains, et de rivaliser avec eux par les titres dont il se décorait ou la pompe dont il voulait être entouré. Il se plaisait à être servi par des grands seigneurs, et dans leur humiliation il trouvait une jouissance. Sa femme était environnée de dames de cour, ses parents étaient élevés à de hautes dignités, lui-même voulut se faire armer chevalier. Cette cérémonie se fit le 1er août, dans l'église de S.-Jean-de-Latran. Elle fut précédée par une cour plénière, où les festins les plus splendides furent donnés à tous les ambassadeurs, aux étrangers et aux Romains de distinction, dans les trois palais du Latran. La veille de la fête de Saint-Pierre-aux-Liens, le tribun se plongea dans la conque de porphyre où la tradition rapportait que Constantin s'était baigné ; il dormit ensuite dans l'enceinte du temple. Le lendemain, il se présente, revêtu d'écarlate et de vair, devant le peuple, et se fait ceindre l'épée de chevalier; puis il entendit la messe dans la chapelle du pape Boniface. Au milieu de la cérémonie, il s'avança vers la multitude : — « Nous vous citons, » s'écria-t-il, messire pape Clément, à venir à Rome, » siége de votre Église, avec tout le collége de vos cardi- » naux. Nous vous citons, vous Louis de Bavière et » Charles de Bohême, qui vous dites roi et empereur des » Romains, et avec vous tout le collége des électeurs » allemands, pour qu'ils aient à nous faire voir quel » droit ils ont à l'empire et sur quel fondement ils pré- » tendent en disposer. Nous déclarons cependant que » la ville de Rome et toutes les villes d'Italie sont et » doivent demeurer libres; nous accordons à tous les » citoyens de ces villes le droit de citoyens romains, et » nous prenons le monde à témoin que l'élection de » l'empereur romain, la juridiction et la monarchie » appartiennent à la ville de Rome, à son peuple et à » toute l'Italie. » Puis, tirant son épée, il en frappa l'air du côté des trois parties du monde connu, et il répéta : « *Ceci est à moi, — Ceci est à moi, — Ceci est à » moi.* » Il envoya ensuite des courriers porter ces citations à la cour d'Avignon et aux deux empereurs. Le vicaire du pape, Raymond, évêque d'Orviéto, homme d'un sens fort borné, ayant entendu citer le Saint-Père et assisté tranquillement à tout ce mystère qui devait, suivant un mot dit la veille par Rienzi, *réjouir le ciel et la terre*, se réveilla enfin de cet incroyable assoupissement. Il eut la force de faire ses protestations au nom du Pape, et de dire que tout ce qu'on venait de voir se faisait sans sa participation et sans l'aveu de Clément VI. Il ordonna même à un notaire d'en dresser un acte et de le lire. Mais, à peine le notaire en eut-il commencé la lecture, que le Tribun, qui avait déjà accoutumé son collègue à des éclats fort humiliants, fit jouer les timbales, les trompettes et les autres instruments, dont le bruit empêcha que la protestation fût entendue.

Après qu'on eut achevé la Messe, que ce tumulte avait interrompue, le Tribun invita le peuple au festin qu'il avait fait préparer dans les trois palais voisins, et se rendit dans la vieille salle de Saint-Jean-de-Latran. Il prit sa place à une table de marbre où les papes avaient coutume de manger. Il n'y avait que deux couverts, l'un pour lui et l'autre pour l'évêque d'Orviéto. Le nouveau chevalier y paraissait tout brillant, avec un riche habit de pourpre dont il s'était revêtu, et un chapeau garni de perles et surmonté d'une colombe ornée de joyaux. Les autres tables, disposées à quelque distance de la sienne, furent pour les ambassadeurs, les seigneurs, les gentilshommes et les notables du peuple. La femme du chevalier occupait de son côté le palais neuf du pape, où elle faisait les honneurs des tables destinées aux dames, soit romaines soit étrangères. Le reste des appartements bas de ces deux palais, et tous ceux du troisième, furent remplis de tout ce qui se présenta de peuple. On ne refusait personne; chacun se mettait à table, sans distinction d'âge ou de profession. Malgré la multitude des conviés, les tables furent servies avec autant d'ordre que d'abondance et même de profusion. L'eau, dit l'historien contemporain Fortifiocca, y était plus rare que le vin. Durant le repas, quantité de bouffons et de baladins couraient çà et là dans les salles, suivant l'usage du temps, pour divertir la compagnie par leurs bons mots et par leurs tours grotesques. Le cheval de bronze de Constantin, au moyen de petits canaux qu'on avait adroitement ménagés, ne cessa pendant tout ce jour de faire couler le vin par une de ses narines, et l'eau par l'autre, dans le bassin de marbre qui était dessous. Sur le soir, le Tribun se retira au Capitole avec toute sa cavalcade, dans le même ordre qu'il en était sorti, et fort content des succès qu'il se promettait de sa nouvelle dignité.

Je ne m'arrêterai pas à détailler longuement les autres folies de Rienzi. Tout, dans sa conduite, avait montré jusqu'ici l'ambitieux effronté, mais aussi un ami de la patrie, un véritable sauveur, je dirai presque un génie. Arrivé au faîte, nous le voyons décliner et ne montrer plus guère qu'une morgue odieuse, un égoïsme démesuré, une avidité comme insatiable. Avant ce changement, il ne voulait point d'autre rempart que l'affection du peuple; mais ensuite il songea à prendre pour sa sûreté des précautions plus solides. Ce n'était pas un mal, mais le moyen n'en valut rien. Résolu de se cantonner dans le Capitole, il le fit palissader et barricader aux dépens des seigneurs romains, qu'il obligea de rompre les barrières fermant les avenues de leurs palais, et de lui en donner la charpente et les grilles, afin d'avoir le double avantage de démanteler leurs maisons et de fortifier la sienne à leurs frais. Il ne se contenta pas d'imposer cette mortification à la noblesse, il lui en fit une seconde encore plus sensible du côté de l'intérêt. Sous prétexte de faire réparer ou rebâtir le palais du Capitole qui tombait en ruines, il mit une taxe de cent florins par tête sur chacun de ceux qui avaient été sénateurs. La taxe fut levée, et il commença à peine quelques réparations. Dans le même temps, il fit traîner en prison, à pied et en plein jour, comme un misérable, Pierre-Agapit Colonna, qui avait été en charge cette année. Enfin, pour dernier trait d'humiliation, il fit publier par un crieur public défense absolue et générale de donner le nom de Monseigneur, très-commun à Rome dans la haute société, à tout autre qu'au Souverain-Pontife, « afin, disait-il au Pape dans sa seconde lettre, que » le Peuple Romain connût qu'il ne doit obéissance « qu'à Dieu, à l'Église et au Saint-Père. » Il fit même ôter les armoiries des principales familles, qui étaient exposées sur les palais et dans les panneaux des voitures. Il faut être juste : ce titre de *Monseigneur* a toujours été prodigué à Rome d'une manière abusive.

D'autre part, afin de tenir les esprits en haleine et d'amuser le peuple par de nouveaux spectacles, il destina le jour de l'Assomption, 15 août, à une nouvelle cérémonie qui n'attira pas moins l'attention que celle que nous venons de voir. Il prétendit imiter les anciens tribuns, qui se faisaient, dit-il, couronner. Il alla donc dans l'église de Saint-Jean-de-Latran, théâtre ordinaire de ses exploits, et se fit donner sept couronnes, par allusion aux sept dons du Saint-Esprit, dont il mêlait impudemment les symboles et les mystères aux superstitions et aux rites des païens. — Entrons à ce sujet dans quelques détails, qui nous feront mieux connaître cet homme étrange. La première couronne était de chêne ; le prieur de l'église de Latran la lui présenta en lui disant : « *Recevez la couronne civique, pour avoir dé-*

livré les citoyens de la mort. » Le prieur de Saint-Pierre, en lui offrant la couronne de lierre, lui dit : « *Recevez ce lierre, parce que vous avez aimé la religion.* » La troisième couronne, qui était de myrte, lui fut présentée par le doyen de Saint-Paul : « *Recevez*, lui dit-il, *le myrte, parce que vous avez observé vos devoirs, aimé l'intruction et haï l'avarice.* » L'abbé de Saint-Laurent-hors-les-Murs lui fit le même compliment en lui donnant le laurier qu'il avait bénit dans son église. L'olivier lui fut donné par le prieur de Sainte-Marie-Majeure, qui dit : « *Homme humble, prenez cette couronne d'olivier, parce que votre humilité vous a fait triompher de l'orgueil.* » C'était ou une mordante ironie ou une flatterie bien basse. La sixième couronne était d'argent : le prieur de l'église du SAINT-ESPRIT la lui mit sur la tête et lui donna le sceptre en main, en lui disant : « *Tribun auguste, recevez les dons du* SAINT-ESPRIT, *et la couronne spirituelle désignée par cette couronne et par ce sceptre.* » Un chevalier, pour septième couronne, lui remit des branches d'un arbre fruitier, l'embrassa et lui dit : « *Tribun auguste, recevez et aimez le symbole de la justice : donnez-nous en retour la liberté et la paix.* » Le vicaire d'Ostie était chargé de l'arrangement des couronnes, et l'archevêque de Naples avait la garde de celle qui était d'argent. A mesure que l'on couronnait le Tribun, il y avait un gueux à ses côtés, armé d'une épée, et dont l'unique occupation était d'arracher les couronnes de sa tête, ce que Rienzi souffrait, disait-il, par humilité et par imitation des anciens triomphateurs, qui, au jour de leur triomphe, enduraient les bons mots et les insultes échappés à la licence du soldat. Tout ceci se passa en présence des ambasadeurs, que le Tribun avait retenus, et de tout ce qu'il y avait de seigneurs considérables en Italie.

Ce faste épuisait les revenus de Rome, et les gens sensés commençaient à le reconnaître. Rienzi ne s'apercevait point de ce commencement d'opposition. Il crut au contraire qu'il pouvait plus que jamais oser. Un matin, le 14 septembre, il envoya inviter à dîner le vieux Étienne Colonna, qui se rendit au Capitole sans soupçonner aucune embûche. Le Tribun le fit aussitôt conduire dans un appartement séparé, sous bonne garde. On arrêta en même temps plusieurs autres seigneurs de mérite et d'importance, parmi lesquels plusieurs membres de la puissante famille des Orsini. Comme un coup de cet éclat pouvait causer de l'émotion dans la ville, il fit semer le bruit que ces prisonniers étaient des traîtres qui avaient conspiré contre le gouvernement, et qu'il s'était vu obligé de s'assurer d'eux pour prévenir leurs mauvais desseins. Le peuple ne douta point en effet qu'il n'y eût une conspiration formée et prête à éclore. Plein de cette idée, il donnait mille malédictions aux nobles, comme cela se fait toujours en temps de révolutions, en même temps qu'il relevait la modération du Tribun, qui n'allait pas plus loin que l'emprisonnement. Sur le soir, le peuple ayant été convoqué au Capitole, Rienzi fit amener tous ses prisonniers dans la grande salle. Indigné du traitement injuste qu'on lui infligeait, aussi bien que de l'insolence du tyran, Etienne Colonna ne songea plus à rien ménager, et, sans entrer en justification de sa conduite, il proposa à l'assemblée une question qu'elle-même devait résoudre :

« Lequel vaut mieux, pour le bien du peuple, avoir un gouverneur prodigue ou un gouverneur modeste? » Et tout-à-coup, par un brusque mouvement, levant un pan de la robe du Tribun et le lui portant sous les yeux : « Un habit simple, lui dit-il, ne conviendrait-il pas mieux à un tribun du peuple que ce riche ornement dont vous vous parez? » La hardiesse de Colonna, son regard majestueux et une rumeur sourde que ses paroles excitèrent dans l'assemblée, firent pâlir Rienzi, qui était naturellement timide et aisé à déconcerter. Il sortit sans répondre, et, dans un premier mouvement de colère, il donna ordre de reconduire les accusés en prison. Pour expliquer cette rigueur subite, il déclara, bientôt après, avoir découvert une conspiration plus étendue, et il annonça qu'il allait faire trancher la tête à tous ceux qu'il trouverait coupables de cette trahison. Tout parut préparé pour cette exécution terrible; la salle des jugements fut tendue d'un drap de soie blanche, avec des raies couleur de sang; un religieux fut envoyé à chaque baron pour le confesser et pour lui porter la sainte communion, et les cloches du Capitole sonnèrent de nouveau pour assembler le peuple. Peut-être le Tribun n'avait-il eu d'autre dessein que d'effrayer les nobles, peut-être fut-il fléchi par les supplications de leurs amis. Il monta à la tribune aux harangues : il prit pour texte ces paroles de l'oraison dominicale : *Et dimitte nobis debita nostra* ; et il intercéda auprès du peuple pour les barons prisonniers; il déclara, en leur nom, que ces gentilshommes se repentaient de leurs erreurs, et que dorénavant ils serviraient le peuple romain avec fidélité. Les prisonniers parurent l'un après l'autre devant le peuple, et reçurent leur grâce la tête baissée ; ensuite, comme si leur dévouement était désormais hors de doute, Rienzi leur distribua des charges importantes, des préfectures et des duchés en Campanie et en Toscane. Il n'en demeura pas là, et, pour tâcher de les regagner entièrement, il leur prodigua quantité de nouveaux titres qui lui coûtèrent peu ; il fit présent à chacun d'eux d'une riche robe fourrée d'hermine ; puis il les mena dîner chez lui. Après un magnifique repas, il fit avec eux une cavalcade dans les rues de Rome, en signe de pacification.

Ainsi cet homme, qui avait fait une révolution contre les abus et les excès de l'arbitraire, n'avait pas été cinq mois au pouvoir qu'il était devenu plus absolu et plus despote qu'aucun de ses devanciers...

J'abrége. Le Pape, qui l'avait favorisé au commencement, fut à peine instruit de l'état des choses, qu'il exhorta l'empereur d'Allemagne à mettre fin par la force à cette tyrannie nouvelle. Pendant ce temps, un seigneur que Rienzi avait cité à sa barre entre de nuit dans la ville, le 15 décembre, est appuyé par les Colonna, soulève le peuple, toujours mobile, et court avec lui assiéger le Tribun au Capitole. La garde de Rienzi l'abandonne ; lui-même se déguise, gagne le château Saint-Ange, puis les portes de Rome, et s'enfuit à Prague auprès de l'empereur Charles IV. On prétend qu'il s'enferma quelque temps, soit pour se cacher, soit même pour faire pénitence (cet homme avait de grandes qualités), dans un monastère de Bohême. Quoi qu'il en soit, l'empereur le remit entre les mains du pape Clément VI, qui le retint dans les prisons d'Avignon jusqu'en 1354. Clément et son successeur Innocent VI n'estimèrent pas qu'il eût mérité une peine plus grave, parce qu'en fait il n'avait point attenté aux droits de l'Église. Le dernier Pontife le prit même en faveur et le renvoya à Rome avec le titre de sénateur de la ville, c'est-à-dire chef de la municipalité. Le même peuple qui l'avait chassé, — nouvelle leçon pour MM. les démocrates! — le reçut avec de grands applaudissements, et fut dans l'enthousiasme d'apprendre de lui que son tribunat allait se renouveler, et qu'il achevèrait l'œuvre commencée sept ans auparavant. — « Dieu, dit-il, m'a, comme Nabuchodonosor, condamné à une retraite de sept années : comme lui, je reviens corrigé, mais non moins dévoué à vos intérêts. » Hélas! ce à quoi il se dévoua surtout, ce fut la soif de commander, et aussi celle de la table et du vin : tant le pouvoir a d'action pour corrompre! La gourmandise le fit cruel, la cruauté lui fit commettre d'énormes injustices, telles que la mort de plusieurs innocents; il accabla d'impôts ses administrés, humilia à plaisir les grands : si bien que dans une seconde émeute il fut massacré. Son corps, traîné avec des cordes, fut pendu au gibet, où il resta deux jours, pour être ensuite brûlé, et les cendres jetées au vent...

Toute réflexion est superflue, ou plutôt il y en aurait tant à faire, que je vous laisse, mes amis, la joie de les poursuivre vous-mêmes.

— Voilà, dit **Eugène**, une page d'histoire prodigieusement intéressante. Cette figure de Nicolas Rienzi a de la grandeur, et il est triste qu'un homme ainsi taillé ait fini par la vulgarité d'une égoïste tyrannie vous l'avez observé judicieusement, le pouvoir est bien dangereux, il ne faut guère s'étonner des excès dans lesquels tombent les souverains, lorsque ceux qui viennent pour les remplacer et corriger les abus en commettent de bien pires. C'est là ma moralité.

— La mienne, dit le grave Alfred, c'est qu'après avoir remercié notre aimable conteur, nous nous retirions sans tarder : car voici la nuit. Mais demain, sans manquer, tous au poste, s'il vous plaît. Monsieur Eugène m'a dit à l'oreille qu'il nous parlerait des Arabes en Espagne et du chef-lieu de leur grand khalifat. Ce sera un sujet non moins curieux et instructif.

— Je m'y engage, répondit Eugène.

QUATRIÈME SOIRÉE

Cordoue. — Un peuple étrange et mal connu.

Nous avions beaucoup parlé de l'Espagne; nous y devions revenir encore. Notre ami **Eugène** commença, ce jour-là, à nous entretenir de la domination arabe dans ce pays, et, pour nous en donner une idée plus saisissable, nous transporta dans le chef-lieu de leur plus célèbre khalifat, à Cordoue.

— Les luttes de l'Occident et de l'Orient, a écrit un publiciste, sont les crises de l'humanité. L'avenir du monde se joue dans ces grandes querelles où la civilisation tout entière est engagée. Tant qu'elles se prolongent à travers les siècles, les destinées de l'humanité sont en suspens, et, quand elles se dénouent, un cycle de l'histoire finit et un autre commence. Ainsi les guerres de la Grèce et de l'Asie, après de nombreuses vicissitudes, ont fini par les conquêtes d'Alexandre et par la fondation d'Alexandrie, qui a été le point de départ d'une civilisation nouvelle. Plus tard, la lutte de l'Orient et de l'Occident s'est reproduite entre Rome et Carthage, et ce n'est qu'à la fin de cette guerre que la domination romaine et le triomphe de la civilisation latine ont été assurés dans le monde. Enfin, lorsque la civilisation chrétienne commençait à s'élever sur les ruines de l'ancien monde, c'est encore l'Orient qui est venu la mettre en péril. Charles-Martel, Philippe-Auguste, S. Louis, ont successivement supporté le poids de la lutte. — L'Espagne surtout s'est distinguée dans ce gigantesque et séculaire combat; pour elle bien plus que pour les autres nations chrétiennes, le choc a été de tous les jours, la guerre de tous les instants, l'héroïsme un état pour ainsi dire permanent. L'ennemi était là au cœur de la place, puissant, discipliné, plein d'enthousiasme et de courage; et il a fallu le chasser pied à pied, le désarmer, le repousser au-delà de ce détroit de Gibraltar qu'il n'aurait dû jamais franchir, et auquel, pour éternelle marque de son passage, il a laissé son nom de Djibel-al-Tarick, passage de Tarick. Voilà en partie pourquoi l'Espagne est aujourd'hui encore si intéressante à visiter : c'est le théâtre de la plus mémorable lutte des temps modernes. Les monuments qui en sont restés sont innombrables, également précieux pour l'histoire et pour les arts, également glorieux pour les vaincus et pour les vainqueurs. Ceux qui étudient les fastes de la Péninsule hispanique sans être dominés par cette grande idée n'ont rien compris au drame qui se déroule sous leurs yeux distraits; ils ont pu évoquer une image éclatante du passé; mais cette image était sans vie, c'était pour eux un cadavre. Le Croissant couronnant les coupoles dorées de Grenade et de Cordoue, la Croix guidant à la conquête les nobles fils des Asturies et des Castilles : il n'y a rien pour l'Espagne, pendant six ou sept siècles, entre ces deux termes de son histoire, entre ces deux pages de ses annales de chevalerie. L'Orient se trouve implanté sur son sol; Damas est à Séville, Bagdad vit dans Grenade, et La Mecque est à Cordoue : elle représente, elle, — la noble Espagne, — elle représente l'Occident purifié par le Christianisme, civilisé aux lumières de l'Évangile, invincible désormais contre les hordes sauvages qui l'ont autrefois désolé, alors qu'il tombait en pourriture au pied des autels de ses faux dieux ; elle a le sentiment de sa mission, et fière elle avance toujours en face des fils de l'Islam qui combattent et qui meurent! Le grand lac assiste à ce duel sans fin de l'Orient et de l'Occident ; c'est sur les bords de la Méditerranée que se vident ces hautes et solennelles affaires, et plus d'une fois ses flots azurés portent au rivage d'Afrique les paladins que le zèle de la Croix dévore. Il n'y a que quelques années encore, avant les événements de juillet 1830, la Méditerranée voyait de nouveau se déployer sur ses ondes le drapeau de la civilisation chrétienne allant pourchasser dans Alger les derniers tenants du mahométisme armé : c'était le drapeau français, et la main qui l'avait déployé était celle d'un fils de France, qui devait sanctifier bientôt par le martyre de l'exil la gloire militaire et chrétienne de la dernière croisade.

Mugis dans ton abîme, ô Méditerranée !
Brise sur tes écueils ta lame déchaînée :
N'importe, on t'aime encor même dans ta fureur.
A l'œil émerveillé tu restes toujours belle.
Vers toi, pour adorer ta splendeur éternelle,
On se sent entraîné par un charme enchanteur ;
Et, pour mieux t'admirer, en même temps trois mondes,
Qui se tiennent penchés sur tes vagues profondes,
Rendent hommage à ta grandeur.

L'Asie a posé Troie au bord de ton rivage,
L'Afrique sur tes eaux a bâti sa Carthage,
L'Europe y fonda Rome, aux murs de sang pétris.
Tu vis en souriant leur puissance éphémère.
De l'empire éternel a croulé la chimère.
Dès qu'un peuple est tombé, tu saisis ses débris:
Tu roules sur tes flots les monuments d'Athènes,
Avec l'aigle brisé des légions romaines
Et le sceptre des Sésostris.

Quand DIEU de l'univers fixa la destinée,
Il sembla décréter, ô Méditerranée !
Que tout prodige irait illustrer ton bassin.
A son lever c'est toi qui réfléchis l'aurore.
De tout temps l'on a vu les grands hommes éclore
Au souffle fécondant exhalé de ton sein.
Souvent, sur toi penché, s'inspira le prophète,
Et ta brise a passé sur la divine tête
Qui racheta le genre humain ! [1]

C'est en 711, vous vous le rappelez, qu'un traître, le comte Julien, introduisit les Maures sur le sol d'Espagne. La victoire de Xérès détruisit l'empire des Goths. Un prince Ommyade, Abd-el-Raman, accourut de l'Orient, et, général heureux, vint à Cordoue fonder le fameux khalifat qui eut tant de renommée dans le monde. « Ah! Espagne! pauvre Espagne! s'écrie » ici une vieille romance castillane du huitième siècle; » Pauvre Espagne, si célèbre dans l'univers; la meil» leure des contrées, la meilleure et la plus aimable;

---

[1] *Heures d'insomnie*, par M. le comte de Maricourt, consul de France à Messine.

» où naissent le fin or et l'argent en abondance; si » parfaite en beauté, en exploits si fertile : voilà que » par un traître pervers tu es toute bouleversée; voilà » que pour nos fautes et nos crimes toutes les riches cités » et leur population si brillante passent maintenant sous » la domination des Maures, si ce n'est les Asturies, parce » qu'elles sont la terre des braves. Le triste roi don Ro- » drigue, voyant ses royaumes perdus, va livrer une » bataille rangée, et, malgré la douleur qui l'accable, » il y déploie son brillant courage; mais si nombreux » étaient les Maures, qu'ils remportèrent la victoire. » Plus ne reparait le roi Rodrigue, et nul ne sait ce » qu'il est devenu. O douleur infinie! ô malheur im- » possible à prévoir!...» — Les choses ont bien changé : l'Espagne s'est relevée de l'humiliation de la conquête, et nul depuis n'a pu planter sur son sol généreux la bannière étrangère, sans qu'on l'ait vue rouler dans la poussière un moment après. Mais le pèlerin vient étudier encore ce qui reste de ces âges héroïques. Il ira chercher, dans les plaines délicieuses de l'Italie, les pas de ces Romains qui ont subjugué le monde; dans les monts sévères de la Castille et sur les bords dépouillés du Xénil ou du Guadalquivir, il interrogera l'histoire pour qu'elle évoque à ses yeux les grands faits du triomphe militaire de la foi.

Lorsqu'on sort des défilés terribles et grandioses de la Sierra-Moréna, on entre dans l'Andalousie, appelée autrefois Vandalousie, du nom des premiers barbares qui l'aient occupée à la chute de l'empire d'Occident. L'Andalousie! Ce nom dit tant de choses à l'imagination! Que n'en a-t-on pas écrit? Que n'en répète pas, au retour, le voyageur heureux qu'ont embaumé les parfums de ses *huertas*[1]! Qui n'a désiré la voir, au moins une fois dans sa vie? Depuis les chants plaintifs et imagés de l'Arabe, soupirant après elle au fond de ses brûlants déserts, jusqu'aux descriptions dorées de la Bétique dans le poème du *Télémaque*, et jusqu'aux relations plus humbles des touristes modernes, il n'est aucune beauté qu'on n'ait revendiquée pour elle, aucune fleur que l'admiration n'ait attachée à sa couronne. Le ciel des Castilles y devient plus doux encore et plus bleu; les habitants sont un peuple à part, moins misérable et plus poli; les campagnes y paraissent moins monotones, plus riantes, plus fertiles. De longues plantations d'oliviers et de liéges, plus loin quelques bois d'orangers en pleine terre, comme à Xérès et Séville, rompent agréablement l'uniformité d'une plaine à perte de vue, aux légères ondulations, semblables à celles de l'Océan dans un jour de calme. L'œil se réjouit dans les flots de cette lumière éclatante et limpide qui, dans le Midi, colore les objets avec toute la richesse qu'y jetterait la palette d'un peintre. Puis tout-à-coup, après quelques heures de marche, on s'enfonce dans un chemin creux, bordé d'aloès et de cactus d'un côté, de l'autre, par d'anciennes murailles croulantes. On franchit une porte d'abord, puis une seconde, au milieu d'une solitude que ces monuments de pierre rendent plus extraordinaire et plus imposante. — Vous êtes à Cordoue, l'Athènes du onzième siècle, la capitale du puissant khalifat; Cor-

---

[1] On appelle ainsi, en espagnol, les jardins cultivés avec soin.

doue, peuplée alors de 300.000 habitants, n'en ayant pas aujourd'hui 50.000, mais fière encore de son antique renommée comme de la splendeur de ses ruines actuelles. Le premier sentiment, à son aspect, est celui de la tristesse : qui pourrait s'en défendre, à la vue des décombres nouveaux ajoutés aux décombres anciens, en présence des couvents catholiques jonchant la terre sur les débris de la grandeur musulmane : témoignage éloquent s'élevant jour et nuit contre les révolutions, « dont le propre et à peu près l'unique travail, dit Donoso-Cortès, est la destruction! » — O Dieu! chantait David lorsque l'esprit prophétique déroulait cinq cents ans d'avance, à ses yeux effrayés, le tableau de la captivité future, O Dieu! *les Gentils sont venus dans votre héritage; ils ont souillé votre saint temple...*; *ils ont, à coups de hache, brisé les portes du sanctuaire...*; *ils y ont allumé l'incendie qui consume...*

On suit des rues tortueuses et étroites qui n'ont de remarquable que la blancheur de leurs maisons, régulièrement badigeonnées du toit au sol deux fois par année. Le badigeon règne en souverain de l'autre côté de la Sierra. La majesté de leurs larges pierres de taille ne sauve pas les monuments eux-mêmes de cette vilaine couche de chaux, supportable tout aux plus dans les habitations particulières, où la propreté en fait une loi. Les rues de Cordoue se gravent aussi dans la mémoire du voyageur sous la forme de leur horrible pavé, où l'on s'est étudié à présenter consciencieusement au pied le côté le plus pointu de quelques mauvais cailloux extraits du Guadalquivir ou des champs voisins. Plusieurs fenêtres, barricadées au reste comme des forteresses, sont ornées de balcons verts, ou s'encadrent coquettement dans une verdure abondante qui s'échappe des appartements. Du côté du midi, l'ensemble de la ville offre moins de désolation; elle paraît puissante encore, avec ses tours, son pont de marbre, les clochers de ses églises et l'immense contour de sa célèbre cathédrale. Un grand palmier domine tout ce panorama; il rappelle celui qui fut planté par Abd-el-Raman ou Abdérame lui-même, en 756, et il en descend certainement, puisque le palmier du khalife est la souche de tous ceux d'Espagne. Les enfants de l'Orient avaient apporté avec eux cet élégant souvenir de l'Arabie; il a prospéré dans leur conquête. On dit qu'Abdérame, dans ses moments de loisir, contemplait souvent, du haut de la tour du palais qui sert maintenant d'évêché, les campagnes voisines, les eaux du fleuve, les superbes montagnes du nord, et qu'un jour ses yeux s'étant arrêtés sur le palmier, tout ému par les doux souvenirs de sa patrie et par les chagrins qui toujours assiégent les grands hommes, il fit les vers populaires dont voici le sens :

« Beau palmier, tu vis comme moi étranger dans ces » lieux; mais les vents de l'ouest caressent mollement » tes rameaux, tes racines trouvent un sol fécond, et » ta tête s'élève au milieu d'un air pur. Ah! comme moi » tu verserais des pleurs si tu pouvais ressentir les » soucis qui me tourmentent! Tu n'as rien à craindre » ici de la mauvaise fortune, et moi je suis toujours » exposé à ses atteintes. Quand le sort cruel me bannit » de ma chère patrie, mes pleurs arrosèrent souvent » les palmiers qui croissent sur les bords de l'Euphrate;

» ni les palmiers ni le fleuve n'ont conservé la mé-
» moire de mes douleurs. Toi, beau palmier, tu ne
» regrettes point la patrie! »

Je ne me propose pas, assurément, de tracer dans ce court entretien les annales complètes de Cordoue : il faudrait à ces merveilleux récits la science de l'historien et l'éloquence de l'orateur. Quelques mots seulement me sont possibles et permis; je les dirai. — Sur une des portes se Séville on lit : « C'est Hercule qui qui m'a bâtie. » Salerne, en Italie, fait remonter plus haut encore son origine; elle chante chaque année, au jour de sa fête patronale, une prose où il est dit que son fondateur fut un fils de Noé en personne :

O Salernum, civitas nobilis,
Quam fundavit Sem, Noe fertilis!

C'est, en dépit de la grammaire et du bon sens, reculer trop loin une antiquité contestable; mais c'est du moins assigner à la fondation de la cité une époque quelconque. La patrie du saint et infatigable évêque Osius, de l'héroïque Gonzalve, du philosophe Averrhoès, et auparavant des deux Sénèques, de Florus et de Lucain, ne se dépêtre pas aussi facilement des langes de son berceau, et l'historien en est réduit à dire, suivant l'invariable formule, que son illustration se perd dans la nuit des temps. Silius Italicus mentionne Cordoue dans son poème de la seconde guerre Punique, et alors déjà elle était grande et fameuse : — *Nec decus auriferæ cessavit Corduba terræ.* — Jules-César y planta, lui aussi, un platane auquel Martial fait allusion dans une de ses épigrammes. Strabon la cite comme une ville savante, « où l'on conservait les livres, les poésies et les lois écrites en vers. » Ce que confirme Cicéron en parlant de plusieurs poètes natifs de Corduba et qui vinrent à Rome, entre autres Sextilius Henna. Alors le Guadalquivir était navigable jusqu'à son pont massif, œuvre colossale de 888 pieds de long et 23 de large, due également à Jules-César. Henri II de Transtamarre s'y embarquait encore en 1369. Depuis le quinzième siècle, c'est à peine si quelques barques s'aventurent sur le fleuve dégénéré. La première d'Espagne au temps des Romains, cette cité jouit du titre et des honneurs de *colonie* patricienne. Elle fut décorée d'un théâtre, d'un hôtel des monnaies, et de tous les autres édifices que la grandeur du peuple-roi semait sur ses pas à travers le monde. Le consul Claudius Marcellus, vers l'an 585 de Rome, l'agrandit jusqu'à lui donner trois lieues de circonférence. Ses remparts étaient flanqués de cent trente-deux tours, dont plusieurs subsistent encore.

Mais la véritable époque de sa splendeur, ce fut sous les khalifes Ommyades, au huitième siècle et suivants. Alors s'élevèrent ces monuments immortels, cette mosquée sans rivale, dont je vous dois une description.

Littérature, beaux-arts, sciences exactes, tout ce qui fait la richesse du génie humain, s'était donné rendez-vous dans la métropole du khalifat occidental. Abdérame ou Abd-el-Raman III, *le Grand*, pendant un règne glorieux de cinquante ans (912 à 961), protégea les lettres, bâtit de somptueux édifices et fonda la première école de médecine qui ait existé en Europe depuis la chute de l'Empire Romain. Son alcazar ou palais avait plus d'un quart de lieue en longueur, et 1500 pieds de largeur. On y comptait quinze cents portes, quatre mille trois cents colonnes de marbre précieux. Le service intérieur y était fait par treize mille esclaves et par six mille femmes. Le pavé était de mosaïque ; les murs couverts d'or, de marbre, de faïence et de cristal ; les plafonds en cèdre sculpté, peint d'or et d'azur, orné de ciselures délicates. Au milieu de chaque salle, une fontaine jaillissante retombait dans une conque de marbre, et dans celle que l'on appelait *Salle du khalifat* se trouvait un bassin de jaspe dont le fond était semé de pierres précieuses ; autour de ce bassin, on avait placé douze animaux divers en or massif, du plus curieux travail. Enfin, au point central du plafond pendait une perle d'une valeur immense, dont l'empereur grec Léon avait fait présent au khalife. On fut vingt-cinq ans à bâtir cet alcazar, et chaque année on y dépensa trois millions 900.000 francs, qui représenteraient aujourd'hui une valeur de 25 millions. Douze mille cavaliers faisaient la garde du khalife. — Ses États comprenaient quatre-vingts grandes villes et douze mille villages sur les bords du seul Guadalquivir, là où maintenant on les trouve si espacés et si rares. Il y avait 213.000 maisons dans Cordoue, 85.000 boutiques, 600 mosquées[1], 900 bains publics, 70 bibliothèques, 50 hospices et 80 établissements pour l'instruction de la jeunesse. Les revenus de ce prince montaient à 130 millions de notre

---

[1] On se rappella que Moscow, si célèbre pour le nombre de ses églises, n'en avait que 300 lors de l'entrée des Français, en 1812. Rome en possède 365, en y faisant entrer des principales chapelles.

monnaie, et il était incontestablement le plus riche et le plus puissant monarque de l'Europe à cette époque.

Hâtons-nous de dire que la plupart de nos États modernes de premier ordre, et la France en particulier, sont supérieurs à tout cela; mais, au dixième siècle, lorsque la confusion et les ténèbres régnaient sur la plus grande partie du monde, pendant que la barbarie envahissait l'autre, c'était merveille de voir un peuple neuf, dont l'illustration datait à peine de trois cents ans, monter ainsi du premier coup au rang des nations les plus grandes, les plus fameuses, les plus puissantes de génie et d'action politique. Et pourtant, ces félicités terrestres ne pouvaient remplir l'âme d'Abd-El-Raman : comme Salomon, il avouait que tout est vanité, déception, douleur. Mourant à 72 ans, comblé de tous les dons de la fortune et des honneurs, il écrivait, sur un papier qui a été conservé, cette instruction mémorable adressée à tous les ambitieux : « — J'ai » régné cinquante ans en paix et en gloire, chéri de » mes peuples, craint de mes ennemis, respecté de » mes alliés, voyant mon amitié recherchée par les plus » grands rois de la terre. Rien ne m'a manqué de ce » qu'un cœur d'homme peut ambitionner, ni la gloire, » ni la puissance, ni les plaisirs. Eh bien, j'ai compté » les jours où j'avais joui d'un bonheur sans mélange : » j'en ai trouvé quatorze ! — Mortels, appréciez la » grandeur, le monde et la vie !... »

Cordoue renfermait de quatre à cinq cent mille habitants, plus que Paris, plus que Rome, autant que Constantinople ; Séville seule était plus peuplée. Mais, après la conquête du saint roi de Castille Ferdinand III, le 29 de juin 1238, elle déclina peu à peu, principalement deux siècles après, lorsque Ferdinand et Isabelle eurent entrepris de forcer la dernière principauté mauresque dans Grenade. Maintenant, je l'ai dit, solitaire, abandonnée, elle ne renferme que quarante mille âmes dans ses murs démantelés, et cette solitude ajoute à la majesté de son passé comme à la grandeur des choses que l'esprit se plaît à y évoquer. Les ruines et la désertion ennoblissent un sol illustré par l'histoire.

Si j'entreprenais, scrupuleux touriste, une description même succincte de ce qu'il y a à voir dans cette ville au seul point de vue religieux, mon discours dépasserait les limites. Je ne dirai donc rien de l'église de Saint-Pierre, qui a vu les trois dominations romaine, gothe et arabe ; ni de la curieuse chapelle du baptistère de la paroisse de Saint-Nicolas-de-la-Ville, où fut baptisé Gonzalve le grand capitaine; ni du couvent de Saint-Paul avec sa somptueuse chapelle du Rosaire, ses antiquités romaines, sa cour ou *patio* ornée de soixante-quatre colonnes de marbre, son tabernacle de cèdre soutenu par vingt-quatre colonnettes de marbre noir, ni enfin des chefs-d'œuvre de peinture qui brillent dans plusieurs oratoires. Dans l'église de Saint-Jérôme avaient été placés les drapeaux et les trophées de Grenade : ils n'y sont plus ; mais la croix n'en triomphe pas moins sur les rives du Xénil. La chapelle de l'hospice fut la mosquée particulière de Mohammed-Al-Manzor, celui-là même auquel commence la décadence du khalifat; elle contient plusieurs inscriptions arabes, et voici le sens de l'une d'elles : « — Au nom du Dieu tout-puissant, Mouhamad-Al-Manzor et sa femme Fatime ont élevé cette mosquée pour son adoration et pour celle de son prophète Mahomet. Dieu soit loué! an de l'hégire 366. »

Le pèlerin ne manquera pas de visiter le *Campo-Santo*, ainsi appelé parce que c'est le lieu où bon nombre de martyrs endurèrent la mort sous la persécution des Arabes. On y voyait, avant l'invasion des Français, en 1809, une colonne de jaspe avec cette belle inscription :

Aspicis erectum sacratâ mole trophæum,
Victrix quod Christi consecrat alma fides.
Martyribus fuit hic cæsis victoria multis,
Empta cruore hominum, robore parta DEI.
Ergò tua æthereis caleant præcordia flammis,
Hæc dùm oculis simul et cernere mente juvat [1].

Le palais de l'évêché, qui occupe une partie des bâtiments de l'ancien alcazar d'Abd-El-Raman, mérite aussi l'attention, et pour sa grandeur et pour ses jardins et pour sa bibliothèque. Je ne puis m'arrêter à le décrire, car la cathédrale nous appelle, et elle éclipse tout le reste. Notons, en passant, à la porte méridionale de la ville et au bord du Guadalquivir, le monument du Triomphe, érigé vers le milieu du siècle dernier en

[1] « Voyez ce trophée élevé par la religion, consacré par la douce et victorieuse foi de J.-C. Ici une troupe de martyrs ont obtenu la palme au prix de leur sang, et par la force que leur donnait le Seigneur. Que ton cœur donc brûle d'une flamme venue d'en-haut, pendant que tes yeux et ton âme contemplent ce monument. »

l'honneur de l'archange S. Raphaël, patron de Cordoue. La base représente un rocher soutenant une tour, surmontée elle-même d'une colonne superbe, au haut de laquelle l'archange étend ses ailes protectrices. De pompeuses inscriptions la recouvrent. Cordoue s'y décerne tout simplement à elle-même le titre de *Dominatrix gentium*. Cela passerait aisément pour de la présomption, par le temps qui court ; mais on pardonne quelque chose aux vieilles gens, et même aux vieilles villes, quand elles ont tant à raconter. Le temps de leur jeunesse semble durer encore ! Et pourquoi détruirions-nous d'inoffensives illusions ? Si Cordoue a presque tout perdu, elle est splendide encore cependant lorsque, se tournant vers sa cathédrale, unique au monde, elle dit à l'étranger : Venez et voyez !

Sur le versant méridional d'un monticule assez peu élevé, dont le pied se baigne dans le Guadalquivir, se détache une énorme masse de pierres de taille, sans ornements extérieurs, sans rosaces, sans clochetons, sans broderies ogivales. On dirait une ville immense enfermée pour le siége, tant sont larges et profonds les murs, dont l'œil cherche vainement à embrasser l'ensemble. Dix-neuf portes y donnaient autrefois entrée. Alors elle s'appelait la mosquée du khalife Abdérame ; c'est aujourd'hui la cathédrale de Cordoue.

D'autres églises, et ailleurs, ont été arrachées au culte des idoles pour être consacrées au vrai Dieu ; à Rome, le panthéon d'Agrippa est devenu le temple de la Mère de Dieu et de tous les saints ; celui de Romulus et Rémus est aujourd'hui l'église des SS. Côme et Damien ; à Naples, le temple de Castor et Pollux s'est transformé en église de S. Cajétan; Pouzzoles a pour cathédrale un temple dédié à Auguste; sur les côtes de Sicile, au milieu du chemin de Pompée, qui va de Messine au Phare, le temple de Proserpine sert d'église de village; bien d'autres qu'il est inutile de citer ont été purifiés de même. Mais aucun, je pense, n'a subi quatre changements successifs comme celui dont je m'occupe. Temple de Janus sous les Romains, église arienne sous les Goths, mosquée sous les Arabes, la cathédrale de Cordoue a passé en quelque manière par toutes les profanations avant d'être acquise au culte véritable. Chacune de ses métamorphoses lui a laissé des traces, jusqu'aux constructions païennes qui se retrouvent dans les fondements avec leurs inscriptions. Sous les Goths, elle portait le nom de Cathédrale de Saint-Georges, et un couvent y était annexé, dont l'institut fut d'abord de travailler à la conversion des ariens. Tarick ne fut pas plus tôt vainqueur de Rodrigue à Xérès (711), que les Arabes inondent l'Andalousie et débordent comme un torrent sous les murs de Cordoue; ils y entrent sans peine, assiégent pendant trois mois la vieille église de Saint-Georges qui était grande et fortifiée et où s'étaient réfugiés les religieux, s'emparent d'eux à la fin et les massacrent sans miséricorde. Ce premier rempart emporté, ils montent vers le Nord. Abdérame les conduit de victoire en victoire jusqu'en Castille, en Aragon, en Navarre et en Portugal. Ce chef audacieux, gâté par la fortune, avait pris le titre de roi. Déjà ses armées franchissent les Pyrénées, subjuguent une partie des Gaules, et menacent de rejoindre les fils de l'Islam en Orient par le Bosphore. Charles-Martel veillait, il est vrai ; mais sa lourde masse, en rejetant dans la Péninsule hispanique les envahisseurs étonnés d'être vaincus à leur tour, ne les empêcha point de consolider leur empire, de le régulariser, et de fonder le khalifat d'Occident. Les Ommyades s'intronisent à Cordoue, et quand vient le magnifique Abd-El-Rhaman III, dont nous avons parlé, il s'agit de bâtir une mosquée digne du plus puissant monarque de l'Europe, rivale plutôt que succursale de la mosquée de La Mecque. La place de Saint-Georges est choisie. Abd-El-Rhaman veut être lui-même l'architecte, et trace de sa royale main tous les plans. La terre qui devait composer le mortier est apportée, à grands frais, de Narbonne à Cordoue, sur les épaules des captifs, et, comme on a besoin de lampes à l'intérieur, on fera venir, encore par les chrétiens prisonniers, les cloches de Saint-Jacques-de-Compostelle, et on les suspendra renversées à la voûte. C'était en l'année 786. Le khalife mourut sans avoir achevé son entreprise, qui fut continuée et finie par son fils Hescham. Ce fut le chef-d'œuvre de l'architecture arabe. Les chrétiens, après 1238, y ont changé peu de chose. Entrons et contemplons cette merveille.

« Quand on partirait de Paris uniquement pour venir admirer la cathédrale de Cordoue, dit M. de Custine, on ferait un voyage très-raisonnable... J'ai vu bien des monuments, ajoute-t-il : aucun ne m'a paru aussi singulier que celui-ci. Figurez-vous un parterre de grands arbres plantés en quinconce et sur lequel on a mis un toit. Au milieu de cet obscur jardin de troncs granitiques, s'élèvent de distance en distance des masses d'architecture assez peu régulières, et qui ressemblent à des fabriques dispersées dans un parc : ces masses sont le dôme, le chœur et les chapelles latérales de l'église... On se croit aux Champs-Élysées de Paris, si ce n'est que les arbres sont de marbre, que le ciel est d'or, et que les pierres sont brodées comme une étoffe. »

L'édifice entier a la forme d'un carré long, dont un des côtés, celui du nord, s'ouvre sur un cloître immense qui sert de parvis à la cathédrale. On voit là des orangers d'une grosseur et d'une antiquité surprenantes ; ils sont, dit-on, contemporains des rois Maures. De ce bosquet découvert, arrosé par une belle fontaine, vous entrez dans un bois plus sombre, qui est l'église elle-même. *Huit cent soixante colonnes* de marbre en soutiennent la toiture ; quelques-unes même sont de jaspe; toutes ont un pied et demi de diamètre. On croit rêver quand on aperçoit cette sorte de forêt de pierre, ce parterre inouï que rien n'imite ailleurs. Encore ne comptons-nous pas environ *cent quarante* autres colonnes dispersées dans les angles, les chapelles, près des portes. Les chapiteaux, surmontés de deux rangs d'arceaux mauresques à jour, sont de tous ordres, dorique, corinthien, composite, ou de style purement arabe, c'est-à-dire très-simple et très-uni, mais gracieux et de bon goût. Quant à la grandeur de l'édifice, elle est aussi prodigieuse. Pour en avoir une idée, il suffit d'apprendre que l'église est d'un tiers plus large que Notre-Dame de Paris n'est longue, et qu'en longueur elle a une moitié de plus. Largeur : 450 pieds ; longueur : 620. En sorte que Saint-Pierre de Rome elle-même, le plus grand monument que la main de l'homme ait jamais élevé, ne la dépasse que de dix-huit pieds en longueur, de cinquante dans son extrême largeur. Saint-Paul de Londres, au contraire, a 180 pieds de moins en longueur, 200 de moins en largeur. On parle aussi du Dôme de Florence, cité pour son effrayante étendue : le dôme n'a en longueur que 575 pieds, et 415 seulement en largeur. Notre-Dame de Paris vient loin après tout cela. Il est vrai que la cathédrale gothique de Séville rivalise comme grandeur avec celle de Cordoue, et ce n'est pas le moindre mérite de cette œuvre gigantesque, bien autrement élevée vers le ciel et traduisant d'une tout autre manière les sublimes élancements de la foi. Les créations arabes ont beaucoup de grâce, de luxe de travail, de dentelures introuvables ; elles s'étendent au loin sur le sol, qu'elles couvrent de chefs-d'œuvre mignons et coquets ; mais elles ne sont jamais dirigées dans l'espace : l'âme chrétienne n'a point soufflé sur ces pierres ; on admire l'homme, on ne pense point à Dieu. La nef qui mène à l'autel particulier du Saint-Sacrement est large de 23 pieds, les autres de 10 pieds chacune ; or, il y a *dix-neuf nefs* en longueur, et *dix* sur la largeur. Dix-sept portes d'entrée ont été conservées. On prétend que la principale avait cent pieds de haut, mais cela me paraît impossible à prouver, et ne répond nullement au reste du monument d'Abdérame. On sait d'une façon plus sûre que les bas-reliefs étaient en or.

Si les ornements à l'extérieur ont été négligés, en retour il y en a une rare prodigalité à l'intérieur. J'ai dit que les mille colonnes soutiennent un double rang d'arceaux mauresques à jour ; des compartiments de bois précieux servent de plafond à chacune des allées de pierre ; les dentelles de pierre et les broderies dans le marbre, les incrustations d'or et de pierres brillantes, les dorures et les peintures, les dômes, tout éblouit et enchante les yeux. Les habitants appellent ces nefs *les rues* de la cathédrale, et trop souvent ils y croient pouvoir faire leur promenade du matin, lorsque le soleil les force à chercher un peu d'ombre. Veut-on un seul souvenir de sa richesse ancienne et passée ? Sous les Arabes, on allumait chaque soir pour la prière 1700 lampes, qui brûlaient 24.000 livres d'huile par an ; 120 livres d'aloès et d'ambre se consumaient en parfums. A l'époque de la guerre d'Espagne, dit une chronique, il existait dans cette cathédrale un tabernacle *d'argent massif*, du poids de *quatre cents livres*, accompagné de six chandeliers d'un travail exquis, dont la hauteur était de *douze pieds* et le poids de chacun de *cent quatre-vingt-douze livres*, également en argent massif : on ignore ce qu'est devenu ce trésor.

On voit encore en plusieurs endroits des caractères arabes qu'il est facile de lire. Voici une de ces inscriptions : « Au nom de Dieu miséricordieux et clément,
» Abdallah Abdérame, prince des fidèles, défenseur de
» la loi de Dieu, — que Dieu prolonge son existence !
» — a commandé de bâtir ce parvis, ordonnant qu'on
» veille à sa conservation et agrandissant le lieu con-
» sacré à la Divinité. Plein de zèle pour décorer et ho-
» norer cette maison suivant la volonté de Dieu, il es-
» père bien recevoir de sa piété de grandes récom-
» penses et indulgences, avec un perpétuel accroisse-
» ment de prospérité et de bonne renommée. Le travail
» a été fini, avec l'aide de Dieu, dans la lune *Dythagia*

» (on croit que c'est le mois de mars, dernier de l'année » arabe), an 346 de l'Hégire, par la main de son ser- » viteur, vizir et gouverneur du palais, Abdallah-Ben- » Batu, et de l'architecte Saïd-Ben-Aynd. » On voit qu'il s'agit, non de l'édifice entier, mais d'un simple agrandissement.

Quant aux chapelles, j'en ai compté *cinquante-et-une*, et je ne suis pas sûr de n'en pas avoir omis. La plus riche et la plus ornée est celle du Saint-Sacrement ou *Sagrario*, mais la plus curieuse est l'ancien sanctuaire d'Abdérame, tout incrusté d'or et resplendissant comme un soleil à la lumière des bougies. Un exemplaire original de l'Alcoran y était conservé ; et c'est encore une croyance parmi les Andalous, que les Marocains paient à l'Espagne un tribut pour que la Messe ne soit pas dite dans ce lieu vénéré, qu'ils appellent *Mihrab* ou *Adoratoire*. Il est cependant facile de se convaincre que le tribut, s'il fut jamais payé, ne garantit guère le prétendu traité. Je ne pourrais décrire les minutieuses beautés, les mosaïques, les sculptures, les incrustations du *Mihrab*, il faut se rapporter aux contes des *Mille et une Nuits* pour en avoir une idée ; pour moi, je n'ai rien vu de semblable, même à Rome ou à Paris.

Lorsque les Arabes eurent été chassés de Cordoue, on dut approprier ce monument superbe aux besoins du culte chrétien. Des modifications y furent donc nécessairement exécutées. Elles ont un tout autre caractère, et, si elles ne s'harmonisent que médiocrement avec la mosquée, on ne peut leur refuser qu'elles participent beaucoup mieux du style élevé que les pensées religieuses inspirent. Le maître-autel et le dôme principa ont été construits du temps de Charles-Quint ; ils sont situés au centre de l'innombrable colonnade. Un large et haut escalier, supportant l'autel, l'expose à la vue du peuple, quelque part qu'il soit placé dans ce labyrinthe auguste. Le chœur des chanoines, monument à part comme dans toutes les cathédrales espagnoles, contient les plus précieuses boiseries : chaque stalle, et il y en a deux longues rangées, est sculptée dans tous ses points, et représente un trait de l'histoire sainte, expliqué par une inscription gravée sur bois au pied de l'écusson. Tout y est, depuis la Création jusqu'à la mort de Jésus-Christ. Il n'existe aucun chef-d'œuvre plus parfait que celui-là, et le nom de l'artiste qui y consacra dix années de sa vie mérite d'être connu : Don Pedro Duqué Cornejo a son tombeau à peu de distance du chœur. — Le jour tombe dans l'église par une foule de petits dômes. Au haut de l'une de ces coupoles, on montre la dent d'un éléphant qui fut employé aux travaux de transport. On ne manque pas non plus de faire observer au voyageur, sur l'une des colonnes de marbre, une croix gravée par un esclave chrétien qui aurait été enchaîné là du temps des Maures : on assure que cette croix a été tracée sans autre instrument que l'ongle du malheureux prisonnier. Les traditions de ce genre, qui accusent la profondeur de la foi d'un autre âge, méritent toujours du respect, alors même qu'elles sont peu vraisemblables. Celle-ci est si touchante que le cœur interdit à l'esprit de la discuter froidement.

Au reste, la hauteur de la cathédrale la dépare. Le sol, exhaussé par des terrassements succesifs, a enseveli l'extrémité inférieure des colonnes et en dérobe une partie; et puis, par un mauvais goût inexplicable, on a pavé les nefs en briques rouges sur champ. L'édifice y perd énormément; c'est un contraste choquant de pauvreté et de luxe, de petitesse et de grandeur, qui saute aux yeux dès qu'on entre, et qui ne sort plus de la pensée tout le temps de la visite. — Il faut qu'à Cordoue rien ne soit comme ailleurs. Je me rappelle une épitaphe originale que l'on voit sur le tombeau du cinquième évêque depuis la conquête; on ne la lit pas sans sourire de sa précieuse naïveté :

« *Hospes, ne properato;*
Sistito, legito :
Saxum rogat.
DD. Paschalis, almæ
Hujus ecclesiæ episcopus
Et benefactor,
Hic situs est.
HOC VOLEBAM : I, LICET. »[1]

Il y aurait encore à décrire, mais il faut nous borner. Je termine par un fait qui montre mieux que les paroles le souvenir poétique que les Maures ont conservé de leur domination à Cordoue. L'Andalousie est pour eux à tel point la terre de promission, ils espèrent si fermement y rentrer en vainqueurs au jour de la glorifi-

[1] « Etranger, un moment de patience : arrête-toi et lis ceci : ce monument t'en fait la prière. Don Pascal, évêque de cette noble Eglise et son bienfaiteur, a été déposé dans ce lieu. — C'est tout ce que je voulais te dire : tu peux te retirer. »

cation du Prophète, que chaque famille transmet scrupuleusement à ses enfants l'indication précise de la rue et du numéro de la maison occupée à Cordoue par les ancêtres. Cette fidélité, cette constante et religieuse aspiration de leur âme est à mes yeux digne de respect. Puisse la Providence éclairer ces infortunés, et fixer leurs regards sur la seule patrie désirable, le ciel!

— Et certes, dit **M. François**, c'est, j'en mangerais ma tête! ce qu'ils auraient de mieux à faire. Je les y exhorte fortement. Leur prophète Mahomet n'est guère une garantie sérieuse d'heureuse éternité.

— Un instant, s'il vous plaît, interrompit le studieux **Adrien**.

Depuis que l'Espagne nous occupe, j'ai grande envie de traiter ce qui concerne une race qu'on y voit plus répandue qu'ailleurs, les *Bohémiens*. Si l'honorable assistance me faisait l'honneur de m'écouter, j'aborderais ce sujet devant elle ce soir même.

— Nous sommes tout oreilles, dit M. **Eugène**.

— Parlez pour vous, jeune homme! s'écria **M. François** : tout oreilles! nous prenez-vous pour.... ?

— Allons, Messieurs, la paix! Ecoutons l'orateur.

Le mérite de cette conclusion pacifique appartenait à **M. Eugène**, je suis obligé de le déclarer, en fidèle historien.

Adrien s'y rangea de bon cœur, et entama sur-le-champ sa dissertation, que je donne telle quelle.

— C'est une loi ordinaire des peuples de se fondre tellement les uns dans les autres, par la suite des âges, lorsqu'ils habitent un même territoire et vivent sous les mêmes lois, qu'il devient impossible de les distinguer, de reconnaître sûrement leurs origines diverses. Nous sommes, dans notre Europe, parfaitement placés pour constater, et étudier en même temps, cette continuelle et invariable fusion. Lorsque, au cinquième siècle, des flots de barbares inondèrent les immenses domaines soumis au sceptre romain, le monde antique s'épouvanta de cette multitude de races variées, ennemies souvent; d'instincts, de mœurs, de conformation disparates; il semblait que jamais de tels éléments ne pourraient arriver à passer dans un même creuset et à s'unir enfin. Eh bien! qu'on regarde aujourd'hui : qui distinguera, en Italie, l'Ostrogoth du Vandale, l'ancien Romain du Lombard, le Grec du Normand? qui dira, sur la terre d'Espagne, où est le Suève, où le Goth, où l'Arabe converti? et dans nos départements surtout, qui serait assez habile pour séparer les anciens Gaulois des Francs, des Bourguignons, des compagnons de Rollon? Il y a, cela est vrai, certaines nuances caractérisant une province et la plaçant à part dans l'harmonie générale; mais ces différences ne sont qu'accessoires : dans ces provinces, on ne parviendrait pas à faire la distinction positive des anciennes nationalités, indigène ou conquérante.

Il en est partout ainsi.

Seuls, deux peuples se présentent à nous avec des conditions uniques de perpétuité et d'isolement. Répandus sur tous les territoires anciens ou nouveaux, les siècles ont passé sur eux sans modifier leur étrange situation, sans ôter à leur cachet antique une seule singularité, un seul détail d'existence. Pour l'un, Bossuet nous l'a montré avec son admirable éloquence dans le *Discours sur l'Histoire universelle*, il y a miracle de premier ordre, la main de DIEU se fait voir dans toute sa puissance : ce sont les Juifs. Je ne dirai rien de cette mission providentielle qu'ils ont reçue, et qu'ils accomplissent sans le savoir, de servir de témoins à l'Évangile, à la vérité des divines Écritures : ce n'est pas mon objet présent. Pour l'autre peuple, c'est un mystère ethnologique; il est l'énigme de l'histoire : ce sont les *Bohémiens*, ces tribus singulières, douées d'un type tout différent du nôtre, vivant au milieu de nous, dans nos chemins publics, dans nos bourgades, dans les faubourgs de nos villes, sans se fixer nulle part, sans se fondre avec les nations qui leur sont hospitalières.

Il viennent très-sûremênt de l'Orient ou du Midi, mais de quelle partie? Quel fut leur point de départ? à quelle époque doit-on les faire remonter? Là est le nœud d'une insoluble difficulté. Eux-mêmes ne le savent pas; ils n'ont à cet égard que les traditions les plus incertaines ou les plus contradictoires. Le nom qu'ils se donnent, ou qu'on leur donne, varie avec les pays : les Anglais les appellent *Égyptiens*, les Suédois et les danois *Tartares*, les Espagnols *Gitanos*, les Allemands *Zigeunes*, les Italiens et les Turcs *Zingari*; eux-mêmes se nomment quelquefois *Pharaons*, ce qui se rapprocherait de l'idée qu'en ont les Anglais. Pour nous, nous les appelons *Bohémiens*, parce que les premières bandes qui parurent en France étaient sorties de la Bohême.

Qui n'a pas rencontré, sur les bords des chemins,

dans le creux d'une vallée ou dans les plaines voisines des petites communes et des villages, quelques familles éparses de ce peuple nomade? Accompagnés de leurs femmes et de leurs enfants couverts de haillons, les chefs ne reposent jamais sous un toit; ils vagabondent toute la journée, suivis quelquefois d'un char rapiécé dans tous les sens et traîné par un vieux mulet; puis, au déclin du jour, ils dressent leur tente là où ils se trouvent. La cuisine, faite en plein air, est simple mais non toujours maigre : les poulets des fermes voisines en font communément les frais; ce qui rend les visites de la Bohême fort odieuses aux paysans. Dans les foires, où ils aiment à se rendre, ils se donnent pour diseurs de bonne aventure, tirent les cartes, lisent dans la main, consultent les astres et font le plus de dupes qu'ils peuvent. D'autres vendent des objets de basse qualité, de la faïence commune ou de la mercerie. Il en est qui, musiciens ambulants, se louent aux noces des campagnes, ou s'efforcent d'attirer sur eux la pitié des passants par des complaintes et des lamentations déchirantes à l'oreille. Ce ne sont pas là les pauvres ordinaires; on sent parfaitement qu'il y a autre chose sous ces haillons. Dans le Midi, où ils sont plus nombreux, les *Bohémiens* exercent plus en grand toutes leurs industries, et dans ce but ils ne dédaignent pas de s'assurer des protecteurs en haut lieu, près des tribunaux spécialement, avec lesquels il est rare qu'ils n'aient maille à partir; ils s'appliquent à se rendre les juges favorables à force de flatteries et en les amusant par l'originalité de leurs saillies. Là, plus libres qu'on ne les laisse dans nos pays, ils accourent en foule aux grandes foires; on n'exige d'eux qu'une chose, c'est qu'ils campent hors de la ville, et c'est justement ce qui leur plaît, ce qui sert le mieux leurs desseins. Ils examinent ainsi tous ceux qui arrivent, et tout de suite, avec un prodigieux instinct, ils discernent leur dupe future parmi la foule. Le flair du basset est moins sûr à l'encontre du gibier.

La véritable source de gain pour le Bohémien méridional, dit un auteur, est le troc en nature, au moyen duquel il se débarrasse des animaux qu'il a volés. Alors il se contente d'un cigarre, même d'une simple accolade, en sus de l'échange, afin qu'il ne soit pas dit qu'un *gitano* a fait un marché sans en tirer quelque chose. L'animal qu'il reçoit en échange de celui qu'il cède subit aussitôt un travestissement complet. La queue, le corps, les oreilles, deviennent méconnaissables à force d'embellissements ; c'est au point que souvent on voit le premier propriétaire se rendre acquéreur, à la foire, de la bête dont il s'est déjà défait ou qu'on lui a volée la veille. Tout cela n'est rien encore en comparaison de l'adresse avec laquelle le bohémien sait réveiller le sentiment de vitalité dans le plus mauvais cheval. Une bague, un fouet, une paire de formidables ciseaux, sont ses instruments ordinaires de sortilége. Le fouet est armé d'un clou aigu qui se dissimule à son extrémité supérieure ; la bague est garnie d'une pointe acérée qui se dissimule sous le plat de la main. Les parties sont d'accord sur le prix ; l'acheteur ne demande plus qu'à voir courir l'animal. Le bohémien pousse, avec le haut bout de son fouet, le cheval qui, sensible à l'aiguillon caché, sort des rangs, agité d'un vif frémissement. Un enfant saute en selle, et le père administre sur la croupe deux claques vigoureuses du plat de la main; l'aiguillon de la bague produit à son tour son effet. L'animal bondit comme un taureau, animé en outre par les cris de la famille entière du gitano. Le galop vient-il à se ralentir, l'enfant, qui porte cachée dans le derrière de sa ceinture la paire de formidables ciseaux, se renverse jusque sur la croupe, de manière que les deux pointes agissent comme dernier stimulant. C'est alors que le cheval devient admirable et que le marché se conclut.

Les Bohémiens ont en réserve mille tours pareils pour faire à leur manière la guerre à la société. Tous cependant n'ont pas des habitudes aussi brutales; on en a vu qui ne manquaient pas d'une certaine culture intellectuelle. Un chef de tribu, en Angleterre, auquel on reprochait de vivre sans aucun des plaisirs de l'esprit, fit cette belle réponse, qui contient plus d'une poétique pensée :

« Vous me parlez des plaisirs de l'intelligence ? Vous figurez-vous que mon esprit n'en goûte aucun? Je marche de main à main avec les saisons, à travers le monde. L'hiver, notre ennemi naturel, est mon ami, mon compagnon. C'est plein de joie que je le vois venir, avec son manteau blanc, dans le bosquet dépouillé et sur les arides montagnes. J'attends le printemps souriant et couronné de fleurs, avec ses zéphyrs et ses doux effets de lumière, avec le même plaisir que je m'arrête à voir jouer un enfant chéri. Je salue le majestueux été comme si le Dieu de mon pays venait visiter notre race ; et dans le jaunissant automne, avec ses beaux fruits et ses feuilles mourantes, j'ai un camarade plein de pensées paisibles et d'utiles méditations. L'aurore, le midi, le coucher du grand astre, sont éloquents pour moi. Pour moi encore la tempête qui gronde, le ruisseau qui murmure, les nuages et le vent, ont chacun leur parole. Je m'entretiens avec les brillantes étoiles quand elle se promènent vagabondes sur un ciel obscur; j'écoute la lune et le soleil dans le concert de leur solitaire pèlerinage. Que me faut-il de plus ? que chercherais-je en dehors de la nature ? »

Le type bohémien, à part certaines nuances amenées par le climat des contrées qu'ils fréquentent, est au fond le même. Ils sont grands, élancés et le plus souvent bien faits de leur personne. Ils ont le teint très-basané. Leur visage, dont les traits sont vivement accentués, rappelle le type arabe. Leur front rétréci se perd sous une forêt de cheveux noirs. Sous leurs paupières allongées, ils dardent des regards obliques et veloutés. Leurs mâchoires sont larges et développées, leurs lèvres épaisses, leurs dents d'une éblouissante blancheur. Dans la jeunesse, ils aiment la toilette et passeraient des journées entières à se parer des couleurs les plus brillantes et les plus disparates. Ils se coiffent avec goût, se serrent coquettement la taille, et portent souvent un jabot sur des haillons.

En quelques contrées, ils campent tout l'hiver dans des lieux abrités, au pied d'une montagne ou dans le fond d'un vallon, et aux premiers jours du printemps ils reprennent leur course errante. Quoiqu'en Espagne ils tiennent à faire baptiser leurs enfants, on peut dire que le peuple, dans sa généralité, ne professe aucune religion positive; des superstitions, qui paraissent fort anciennes et dont on ne connaît pas bien la nature, lui en tiennent lieu. C'est ainsi que, avant de partir pour une excursion, ils consultent la forme des nuages, le vent qui souffle, le chant d'un oiseau de basse-cour. Ils ont une crainte des morts qui ne saurait se concevoir; ils brûlent tous leurs habits, afin qu'ils ne portent malheur à personne des leurs. Comme chez les peuples sauvages qui habitent la côte occidentale de l'Afrique, le temps du deuil est pour eux une espèce de fête, qu'ils passent dans l'ivresse produite par de nombreuses libations, dans le but de s'étourdir et d'éviter les pensées attristantes. Un corrégidor de Cordoue, voulant débarrasser la ville des Bohémiens de la Sierra-Moréna, ordonna qu'ils seraient employés aux enterrements : ils retournèrent aussitôt à leurs montagnes.

La langue qu'ils parlent entre eux est encore inconnue. On y a découvert quelques mots de l'ancien idiôme de l'Orient qu'on appelle le sanscrit : fait très-remarquable. Au reste cette langue des Bohémiens n'a jamais été écrite, et c'est là une des difficultés qui empêchent d'en tracer l'origine. Ils ne veulent point consentir à ce que les étrangers l'étudient, et ils ont bien soin de défendre aux enfants de se laisser surprendre dans leur langage par les hommes qui écrivent. On les accuse encore, mais ceci est plus grave, d'enlever des petits enfants pour en faire un coupable trafic avec les saltimbanques, dont l'existence, il faut le dire, a quelque rapport avec la leur.

On évalue à *sept cent mille* le nombre des Bohémiens actuellement existants en Europe. Sur ce nombre, il y en a 18.000 en Angleterre; la France en est aujourd'hui presque tout-à-fait délivrée; mais c'est en Hongrie, en Turquie et dans les contrées méridionales de la Russie, qu'ils se trouvent en plus grand nombre. L'Espagne en est sillonnée, surtout en Andalousie. A Séville, ils ont à eux presque tout le faubourg de Triana; à Guadix, ils ont aussi une sorte de faubourg, mais souterrain, trahi par de simples bouts de cheminées en pierre que l'on rencontre de temps en temps. Quoique fixés dans ces villes, mêlés à la population espagnole, ils ne se confondent point avec elle, ils continuent à former une nation à part. On en compte, à Londres, plus de trois cents établis à demeure fixe dans un faubourg et exerçant différents métiers.

Voilà leur état actuel. Mais enfin quelle peut être l'origine d'un si étrange peuple? C'est ici que les traces se perdent. Entre les auteurs il y a des divergences, où il ne s'agit pas de moins de sept et huit siècles, de plus encore. Homère, à la fin du 1er chant de l'*Iliade*, amène Vulcain qui raconte aux dieux et aux déesses de l'Olympe comment il fut lancé du ciel par l'irascible Jupin, et s'en alla tomber chez les Cynthiens, peuple de Thrace dont une colonie avait occupé l'île de Lemnos. Quelques auteurs ont vu dans ces Cynthiens une de ces races indiennes qui, à une époque antérieure aux temps historiques, quittèrent leur pays pour venir vagabonder en Europe et furent l'origine de nos tribus bohémiennes. D'autres, tout en les faisant venir aussi de l'Inde, ne leur donnent pas une aussi respectable antiquité : ils voient en eux les descendants des anciens Tchinganes, qui habitaient sur les bords de l'Indus et qui furent expulsés, au 14e siècle, par le fameux Timour ou Tamerlan, le grand conquérant Mongol.

L'opinion la plus invraisemblable, quoique la plus commune, a été soutenue pour la première fois, au 17e siècle, par l'illustre jurisconsulte Pasquier. Suivant lui, vers l'an 1427, douze *penanciers* ou pénitents, qui se qualifiaient chrétiens de la Basse-Égypte, chassés par les Sarrasins, s'en vinrent à Rome et se confessèrent à l'anti-pape Clément, qui leur enjoignit pour pénitence d'errer sept ans par le monde sans coucher sur aucun lit. Il y avait à leur tête un comte et un duc, et le reste de la troupe comptait dix hommes à cheval, ayant avec eux, en qualité de serviteurs ou d'amis, cent vingt personnes. Paris, alors comme aujourd'hui, était la reine des cités occidentales : ils y vinrent donc, et on les logea à la Chapelle-Saint-Denis. La foule s'y porta pour les voir. Ils avaient aux oreilles des boucles d'argent, et les cheveux noirs et crépus; leurs femmes étaient laides, voleuses et diseuses de bonne aventure, ce qui leur gagna tout de suite la sympathie des Parisiennes, toujours avides du merveilleux. L'évêque de Paris, désolé de voir gagner rapidement son diocèse, contraignit nos Égyptiens de s'éloigner, et excommunia ceux et celles qui les consulteraient désormais. Depuis ce temps, ajoute Pasquier, et après lui la grande *Encyclopédie*, le royaume a été infesté de vagabonds de la même espèce, jusqu'à ce que les États d'Orléans, en 1560, en aient purgé la France en condamnant aux galères ceux qui s'obstinaient à rester.

Il est à croire, quand on discute ce récit, que tout simplement ces vagabonds se présentèrent, pour exciter l'intérêt dans un siècle de foi, comme des chrétiens chassés de leur pays par les infidèles. S'ensuit-il qu'ils paraissaient pour la première fois en Europe? Nullement : en effet, le nom de *Bohémiens* qui leur fut donné, indique qu'ils venaient, à ce moment-là, de la Bohême : ce n'est pas la route de Rome! Ainsi, l'explication de Pasquier n'est point satisfaisante, et il faut remonter plus haut. Mais où? voilà l'énigme; elle appelle un historien patient et consciencieux, que l'avenir sans doute nous réserve et nous donnera.

La soirée se termina là, pour ce quatrième jour.

CINQUIÈME SOIRÉE.

Pèlerinages : Ste-Philomène à Mugnano; — Notre-Dame d'Atocha à Madrid; — N.-D. de la Salette. — Des pèlerinages d'Arabie.

— Messieurs, dis-je en arrivant, nous ferons aujourd'hui, avec votre agrément, quelques bons pèlerinages aux autels des saints : c'est encore ce qui réjouit le plus le cœur chrétien. J'ouvre la séance en vous conduisant à *Mugnano* près de Naples.

Il y a quelques années, l'Italie, la France, le monde, retentissaient des miracles dus à une sainte martyre, et des chants de reconnaissance ou de dévotion que lui adressaient les fidèles de toutes les contrées. Révélée à la piété chrétienne longtemps après l'époque de ses glorieuses souffrances, la thaumaturge du dix-neuvième siècle, Ste Philomène, semblait prédestinée de Dieu à être pour nos jours de peu de foi le canal des plus merveilleuses faveurs, et à ressusciter dans les âmes, par l'éclat des prodiges, le sentiment affaibli d'une religion profonde, telle que la pratiquaient nos pères.

On en a parlé beaucoup moins depuis; mais ni le concours des pèlerins, ni les grâces obtenues, ni les hymnes secrets du cœur, n'ont cessé un instant. D'une part, la même bonté, de l'autre, une égale gratitude. « Les miracles les plus grands, dit S. Grégoire, sont » ceux de l'ordre spirituel, ceux qui opèrent, non la ré-

» surrection des corps, mais la conversion des âmes. » Et par ces paroles je n'entends nullement dire que Ste Philomène ait cessé d'obtenir les guérisons du corps, et de procurer à ses serviteurs les autres avantages temporels que plusieurs ont réclamés de son intercession puissante; ce serait manquer à ma conscience et mentir à la vérité.

Mugnano, où reposent les vénérables reliques, est une petite ville d'environ quatre mille habitants, au royaume de Naples, et à six ou sept lieues de cette grande capitale. J'avais le bonheur d'habiter Naples en 1849 : il n'est pas un lecteur qui ne comprenne l'ardeur avec laquelle je désirais faire le saint pèlerinage. Le jour en fut fixé au 31 janvier.

Le soleil, qui déserte rarement ces latitudes privilégiées, commençait à briller dès le matin, nous annonçant un temps doux et agréable. Aussi montâmes-nous, pleins de joie, mes amis et moi, dans une voiture italienne à trois chevaux disposés en flèche. Le fouet claque, les roues s'ébranlent, le bruit des larges dalles en lave du Vésuve se fait entendre sous nos pieds; nous voilà partis. Naples est vraiment belle, vue ainsi par une pure matinée, avant que la foule inquiète et agitée qui s'y meut tout le jour l'ait fait sortir du tranquille silence de la nuit. C'est à ce moment qu'il faut la voir, ou bien encore à la chute du jour, lorsque ses mille et mille lumières se réfléchissent dans le golfe azuré, si l'on veut comprendre l'enthousiasme des poëtes et les larmes des voyageurs disant pour jamais adieu à ces rives fortunées! Nous longions la Villa-Réale, jardin royal situé sur le bord de la mer, comme celui des Tuileries à Paris longe le cours de la Seine; le palais de Chiatamoné, qui reçut le dernier petit-fils de S. Louis dans une des stations de son exil; le quai Sainte-Lucie; la rue du Géant, magnifique ouvrage de Murat; et, à chaque tour de la voiture, en face de chaque hôtel, nous découvrions des points de vue plus admirables les uns que les autres. On ne se lasse pas d'admirer, en présence du golfe de Naples; on admire tous les jours, et tous les jours on se sent forcé à une admiration nouvelle. Le palais royal, masse imposante, et qui ne manque pas de grâce avec la belle colonnade qui lui fait face, était à notre droite; puis les places, les longues grilles du port surmontées alors de la fleur-de-lys; les coupoles dorées qu'on aperçoit, de distance en distance, au milieu des maisons blanches; le bâtiment de la douane, consacré par une inscription à la *Vierge conçue sans péché*, et ensuite le plus pauvre quartier, celui des lazzaroni pêcheurs. Là, sur le port, étaient exposées des montagnes de citrons et d'oranges, qu'il faut avoir vues pour en avoir une idée. La plus brillante douzaine de ces fruits délicieux s'y donne pour trois ou quatre grains, deux sous à peu près de notre monnaie! Pourquoi ce port de la Marinella est-il si loin? — Nous laissons à gauche la tour et l'église *del Carmine*, où gisent, sous des voûtes de marbre, les restes du jeune et malheureux Conradin, et nous prenons la superbe route d'Avellino et de la Pouille couverte, l'espace d'une demi-lieue, de petites constructions, fontaines, arcs-de-triomphe antiques, chapelles à la Madone, jusqu'au Campo-santo-Nuovo splendide cimetière qui le dispute à tout ce que Paris peut offrir en fait de mausolées et de luxe mortuaire.

Nous avions à faire six lieues dans cette direction. Elles devaient nous coûter, malgré les trompeuses promesses du soleil, par l'effroyable vent qui se mit à souffler et qui nous accompagna, en redoublant, jusqu'au milieu des Apennins; par intervalles, c'était une tempête, un renversement général. Le mois de janvier a partout des rigueurs, même à Naples, même à Séville, même à Constantinople et au Caire. Les campagnes, de ce côté, sont très-boisées, bien que, suivant la coutume italienne, on n'y laisse guère vieillir les arbres. Les champs reçoivent à la fois le blé, la vigne et des plantations d'ormeaux; les branches de la vigne, s'élevant sur ces ormeaux qui leur servent de tuteurs s'entrelacent avec eux, courent de l'un à l'autre, et forment ainsi, à perte de vue, des festons et des guirlandes du plus poétique aspect. Les villages attestent d'ailleurs une grande pauvreté, une malpropreté plus grande encore. Il semble écrit que, là où la Providence a placé un paradis terrestre, les hommes s'appliqueront, instinctivement, à créer une œuvre contraire, et à lutter, par leur négligence, leur inintelligence et leur paresse, contre les bienfaits qui les accablent. C'est la remarque de tous les voyageurs, non-seulement pour cette partie de l'Italie, mais pour les autres et pour les lieux les plus enchanteurs du globe.

Nous traversâmes ainsi un long ruban de campagnes; deux villes de troisième ordre, dont l'une, Marignano, est large et jolie; plusieurs gros bourgs, quelques villages assez peuplés. L'horizon, devant nous, se terminait aux sommets couverts de neige des Apennins, vers lesquels nous dirigions notre course impatiente.

Tout ce temps, le Vésuve semblait nous suivre sur la droite. Cette montagne est si large, à sa base de dix lieues de tour, qu'on ne la perd de vue que très-loin, et sa présence majestueuse et terrible ajoute à la solennité, au grandiose du paysage. Le cœur n'a pas de peine à s'élever à DIEU, croyez-le, mes amis, quand les yeux montent des riantes vallées napolitaines, toujours fleuries, toujours douces et parfumées, au cratère menaçant qui mugit et qui tient sur ses lèvres entr'ouvertes la mort, prêt à la répandre, en flots bouillants, sur un peuple insouciant et joyeux ! Une prière du matin, en face du Vésuve et sur la route du saint pélerinage, est chose dont l'âme garde de longues années la vivifiante impression.

Enfin, à midi et demi, après quatre heures de course, où les sujets de conversation, de méditation et de prière avaient été bien riches, nous entrions dans le bourg, dans la *ville* de Mugnano, si vous voulez ; quel que soit le nom que lui attribuent les hommes, ce lieu est assez célèbre désormais dans l'univers par le trésor auguste qu'il possède et par les miracles qui s'y sont accomplis. Les livres qui parlent de ces miracles, les images où est peinte la Thaumaturge, ont été portés, par de zélés missionnaires, dans la Chine, dans le Japon, en Amérique, aux îles Océaniennes ; ils ont inondé, pour ainsi dire, les paroisses catholiques de l'Europe. — Adossée, au nord et à l'ouest, contre les Apennins, la ville s'étend assez régulièrement sur le flanc pittoresque de ces montagnes qui parcourent dans toute sa longueur la péninsule italique, et vont mourir à Reggio de Calabre, en face du détroit de Messine. L'entrée en est longue et belle; les maisons de la grande rue sont peu élevées, mais propres, quelques-unes même assez élégantes. Après une cinquantaine de pas sur la gauche, s'ouvre une chaussée neuve et bien entretenue, s'élevant avec le terrain; la chapelle où repos Ste Philomène est au bout de la chaussée, et l'église paroissiale un peu plus loin.

Le vent et le froid nous aveuglaient. Il fallut entrer tout de suite, en mettant pied à terre, dans un café dont il nous paraissait qu'Eole en fureur démantelait à plaisir les portes fermées. C'était cependant le plus confortable hôtel du pays... Ce qui veut dire que nous pénétrâmes dans une première pièce servant de boutique d'épicerie, puis, au moyen d'un escalier extérieur, dans une chambre à galerie donnant sur de beaux jardins plantés d'orangers, qui s'étendaient, comme une verte nappe, jusqu'au pied de la montagne, et où le soleil de midi vint de nouveau se jouer : on eût dit qu'il voulait, par cette faveur inespérée, nous récompenser de notre constance et fêter l'arrivée des pèlerins français. On apporta toutefois un brasier allumé, sur lequel furent jetés quelques grains d'encens. Les cheminées ne sont point en usage dans l'Italie méridionale; on se chauffe avec ces seuls foyers portatifs, faciles à renvoyer d'une salle à l'autre. Dans quelques endroits même, plus avant dans les terres, les paysans ont leur feu au milieu de l'appartement, avec un simple trou dans le plafond, pour donner passage à la fumée, à peu près à la manière des Hottentots. J'ai vu cela notamment près de Sessa.

En 1778, naquit à Mugnano, l'ancienne Lithos des

Grecs, un enfant de la famille des Lucia, qui avait eu des évêques et, je crois, un cardinal; il fut nommé Francesco. D'abord religieux dans une ville voisine, il devint prêtre, professa la théologie à Naples, y soutint quelques thèses avec distinction, puis revint dans son village, où le rappelaient autant sa mauvaise santé que l'occupation de la capitale par les Français et l'établissement de la République Parthénopéenne, en 1799. C'était un saint homme, dévoué à tous les genres de mortification, plein d'un zèle apostolique et d'une charité que rien ne diminua jamais; ne vivant que pour les pauvres, comme un pauvre, avec les pauvres. Don Francesco avait été choisi, dans les desseins éternels, pour être à la fois l'imitateur et le prédicateur infatigable des vertus de la vierge ignorée que Dieu allait révéler à l'Italie et au monde. Voici comment la chose arriva:

Un tel prêtre livré sans partage à l'amour des souffrances, devait désirer la vue de Rome, où tant de monuments sacrés des martyrs et des saints réveillent, animent, fortifient et consolent la foi. Il s'y rendit avec don Barthélemy de Césarée, institué évêque de Potenza. C'était en 1805. Francesco désirait vivement obtenir, pour sa chapelle domestique, un corps saint dont le nom fût connu; et, l'évêque de Potenza l'ayant secondé dans les instances qu'il fit pour cet objet, il reçut la promesse qu'on acquiescerait à sa demande avant son départ. Il n'est personne ignorant que chaque année, dans les fouilles qui se pratiquent aux catacombes, vastes tombeaux des martyrs et des premiers chrétiens, on découvre les ossements de martyrs dont les uns sont inconnus quant à leur nom, les autres connus déjà par les actes anciens et le martyrologe. Des marques certaines, dont la plus commune est une fiole de sang, ne permettent pas à l'erreur de se glisser dans les appréciations. Le Saint-Siége est toujours là, d'ailleurs, qui veille et préside à tout.

Or, trois ans auparavant, en 1802, le 25 du mois de mai, dans les fouilles qui se poursuivaient aux catacombes de Sainte-Priscille, on avait découvert une pierre sépulcrale qui s'était fait remarquer par sa singularité : elle était de terre cuite, comme une sorte de brique de couleur foncée, et offrait aux regards plusieurs symboles mystérieux qui faisaient allusion à la virginité et au martyre. Ils étaient coupés d'une ligne transversale, formée par une inscription dont les premières et les dernières lettres paraissaient avoir été effacées par les instruments des ouvriers qui cherchaient à la détacher de la tombe ; elle était ainsi conçue :

(Fi) lumena, pax tecum. Fi (at).

Ce qui signifie : « Philomène, la paix soit avec toi ! Ainsi soit-il. » 1

---

1 De cette inscription un traducteur français de la vie de la sainte, écrite en italien, a cru pouvoir conclure que le nom est *Filomène*. C'est une erreur. Ce nom, grec d'origine et de formation, a été dénaturé par l'ouvrier ignorant qui fit l'épitaphe. L'italien actuel, aussi bien que l'espagnol, n'a ni *th* ni *ph* pour aucun de ses mots : on a donc dû écrire, en italien moderne, *Filomena*. Mais il en va autrement dans notre langue, attentive à restituer aux mots leur orthographe réelle et grammaticale. Pareille observation s'applique à l'erreur semblable, tout-à-fait injustifiable, dans laquelle est tombé le R. P. Bouix, traducteur des œuvres de Ste *Thérèse*, nom qu'il écrit, en vrai barbare, *Térèse!* (V. l'opuscule : Ste THÉRÈSE, *questions de philologie, de linguistique et d'histoire*. Paris, Martin-Beaupré, 1864.)

Quand on avait enlevé la pierre, des ossements avaient apparu, et, tout à côté, un vase de terre extrêmement mince, moitié brisé, et dont les parois étaient couvertes de sang desséché. Ce sang, indice irrécusable du martyre de Philomène, avait été, suivant l'usage de la primitive Eglise, recueilli par des chrétiens pieux. Mais, pendant que l'on s'occupait à en détacher les fragments et qu'on en réunissait avec le plus grand soin les moindres parcelles dans une urne de cristal, les personnes qui étaient présentes, parmi lesquelles se trouvaient des hommes de talent et d'un esprit cultivé, s'étonnèrent de voir tout-à-coup étinceler à leurs yeux l'urne sur laquelle, depuis quelques instants, leurs regards s'étaient attachés. On racontait qu'ils s'étaient approchés de plus près, qu'ils avaient considéré à loisir ce prodige, et en avaient constaté authentiquement tous les détails. Il y a mieux; les parcelles vénérables, en tombant de la fiole dans l'urne, s'étaient transformées en divers corps précieux et brillants, les uns présentant l'éclat et la couleur de l'or le mieux épuré, les autres de l'argent; d'autres des diamants, des rubis, des émeraudes. On avait répété tout cela; mais, par suite de cette circonspection extrême que les intérêts sacrés de la foi commandent à la cour de Rome, on avait attendu que le Seigneur manifestât plus clairement sa volonté, et les restes de Ste Philomène avaient continué d'être cachés et confondus au milieu de plusieurs autres corps de martyrs qu'il n'avait pas plu à DIEU d'honorer d'une manière aussi éclatante.

Don Francesco, accueilli dans sa demande, fut donc amené dans la salle où se trouvaient rassemblés tous ces précieux dépôts, afin d'arrêter lui-même son choix. Quand il fut en présence des ossements de la sainte martyre, il éprouva, comme mille fois il l'a raconté depuis, une joie subite, tout extraordinaire, qui détermina à l'instant sa préférence. Des difficultés survinrent : on ne cédait guère qu'à des évêques ou à des églises des reliques de cette importance; mais les obstacles s'aplanirent d'eux-mêmes; et, après avoir fait part à ses compatriotes du bonheur qu'il leur avait procuré, don Francesco n'eut plus à s'occuper d'autre chose que de la translation à Mugnano. Elle eut lieu dans la voiture de l'évêque de Potenza. Ce corps, exposé quelque temps dans une chapelle de Naples, où se fit un immense concours, fut enfermé dans la châsse qu'on lui avait préparée, après avoir été revêtu d'habillements riches et élégants. Trois guérisons subites signalèrent cette première station de la sainte. Les habitants de Mugnano n'en furent que plus empressés à réclamer la possession du trésor que le Ciel leur envoyait : ils arrivèrent, et emportèrent processionnellement la châsse, par ce même chemin que je viens de vous faire parcourir avec moi.

Depuis plusieurs mois la terre souffrait d'une grande sécheresse. Lorsque, au milieu du jour qui précédait l'arrivée du saint corps, le peuple eut entendu le bruit joyeux des cloches de toutes les églises, il se disait, plein d'espoir : « Nous avons déjà pour cette sainte nouvelle de la vénération et de l'amour : oh ! si elle voulait augmenter en nous ces sentiments, il y en aurait pour elle un moyen facile et sûr, ce serait de nous envoyer une pluie abondante à l'usage de nos champs. » Les cloches n'avaient pas fini de sonner, que la pluie désirée tombait sur le territoire de Mugnano, et de toutes parts on s'écriait, dans les transports de la joie : « Vive DIEU ! Vive notre Sainte ! Vive la Madone ! » Ce dernier cri n'est jamais absent des *vivats* de l'Italien. La nuit survient; mais, si l'eau qui tombe à torrents empêche aucune torche d'éclairer la marche, une colonne de lumière se forme tout-à-coup dans l'air ; la partie inférieure vient reposer sur la châsse, où elle se tient fixée jusqu'au jour, et la partie supérieure se perd dans la hauteur du ciel.

La grande solennité eut lieu le lendemain, dimanche 11 août 1805. L'église paroissiale, dédiée à Notre-Dame-des-Grâces, avait reçu la châsse ; c'est là que se précipite une incroyable multitude de fidèles. Les guérisons se multipliaient : c'est Ange Bianco, délivré subitement d'une goutte cruelle ; c'est une enfant de dix ans, estropiée, abandonnée de la science, redressée en un instant ; c'est une autre enfant de deux ans, du village d'Avella, devenue aveugle par suite de la petite vérole, et recouvrant la lumière en présence de tout le peuple ; ce sont nombre d'autres malades dont la confiance est récompensée. La gloire de Ste Philomène se répand aux alentours et grandit de jour en jour.

Le vertueux don Francesco était au comble du bonheur. Il se voua corps et âme au service de la sainte. Son patrimoine, ou du moins ce que ses aumônes lui en avaient laissé, il le lui consacra ; sa plume, il la lui dédia sans retour ; il s'établit près de son sanctuaire, l'embellit, le construisit de nouveau, s'enferma pour ainsi dire dans ses murs. Les anachorètes de la Thébaïde ne menaient pas une vie plus rude que la sienne; ses pénitences, ses macérations, étaient réellement effrayantes ; on ne savait comment sa vie pouvait se soutenir encore. Homme de pénitence avant tout, s'il la rappelait sans cesse dans ses exhortations, il l'enseignait mieux encore par ses exemples. Ses nuits se passaient en prières; sa couche était une paillasse, son appartement un mauvais grenier, ses vêtements de la plus vulgaire et de la plus grossière étoffe ; sa nourriture ne se composait que d'aliments insipides, en très-petite quantité. — Il était mort quelques mois avant notre arrivée, laissant après lui l'odeur d'une sainteté que Dieu récompensera peut-être un jour, après l'avoir couronnée dans le ciel, de la gloire qui s'attache en ce monde aux parfaits imitateurs de Jésus-Christ.

Ces détails nous furent confirmés, sur les lieux, par les habitants, accourus auprès de nous dès qu'ils avaient connu notre arrivée. Nous ne fûmes pas, on le pense bien, sans demander aussi des explications sur la vie même de Ste Philomène. Elles nous furent données, autant qu'il est possible à la tradition de préciser des faits si anciens, et je me ferai un devoir de les rapporter ici, quand j'aurai décrit la chapelle et le tombeau, vers lequel nous tardâmes peu à nous diriger.

Qu'elle est donc extraordinaire cette religion chrétienne qui place sur ses autels, non plus, comme le paganisme, des princes, des héros, des hommes marqués par la puissance de leurs bras ou par l'éclat d'œuvres surprenantes et grandioses, mais les plus ignorés, les plus éprouvés des hommes, ceux que le monde a méprisés, honnis, tués, privés de sépulture ! Son fondateur mène, racontée par des âmes dévouées à toutes les austérités de la vie religieuse, dans l'ardeur d'une foi naïve et sainte, n'aura donc rien qui ne nous puisse édifier et toucher : à ce titre, je la raconterai ici telle qu'elle nous fut dite à Mugnano.

Philomène, dont le nom signifie bien-aimée, ou, suivant don Francesco, mais sans apparence, Fille de la lumière (*Filia luminis*), était fille d'un prince qui gouvernait un petit État dans la Grèce, au temps de l'empereur Dioclétien, persécuteur acharné du nom chrétien (303). Sa mère était aussi de sang royal. Les deux époux se trouvant sans enfants, l'un et l'autre, encore idolâtres, offraient continuellement à leurs faux dieux, pour en avoir, des sacrifices et des prières. Un médecin de Rome, nommé Publius, vivait dans le palais. Comme il était chrétien, il fut poussé par l'Esprit-Saint à prêcher la vérité autour de lui, et il n'hésita pas à promettre au prince grec une postérité s'il consentait à recevoir le baptême. La grâce dont ses paroles étaient accompagnées éclaira l'entendement du mari et de la femme, et triompha de leur volonté. S'étant faits chrétiens, ils eurent le bonheur si désiré dont Publius avait promis que leur conversion serait le gage. Philomène naquit, pour la consolation et la gloire de ses parents. Ceux-ci ne se lassaient point de l'avoir auprès d'eux, de l'embrasser, de veiller sur ses premiers pas, de l'instruire eux-mêmes dans les sciences qui convenaient à son âge et à sa condition. Ce fut la raison pour laquelle ils l'emmenèrent à Rome, dans un voyage que le prince se vit contraint d'y faire, à l'occasion d'une guerre dont il se voyait menacé par l'orgueilleux Dioclétien. Philomène avait alors treize ans. Arrivés dans la capitale du monde, tous les trois se rendirent au palais de l'empereur, et furent admis à l'audience. Aussitôt que Dioclétien eut aperçu la jeune fille, ses regards s'attachèrent sur elle ; il parut ainsi préoccupé pendant tout le temps que mit le prince à lui développer avec chaleur ce qui pouvait servir à sa défense. Dès qu'il eut cessé de parler, l'empereur lui répondit qu'il n'eût plus à s'inquiéter, mais que, bannissant toute crainte, il ne songeât qu'à vivre en paix !

— Je mettrai, ajouta-t-il, à votre disposition toutes les forces de l'empire : en retour, je ne demande qu'une chose, la main de votre fille !

Ébloui d'un honneur auquel il était loin de s'attendre, le père accéda sur-le-champ à la proposition du prince. Rentré dans sa maison, il fit tout ce qu'il put pour engager Philomène à condescendre à la volonté de Dioclétien et à celle de ses parents.

— Quoi donc! leur dit-elle tout émue : voulez-vous que, pour l'amour d'un homme, je manque à la promesse que j'ai faite à Jésus-Christ, il y a deux ans? Ma virginité lui appartient, je ne saurais plus en disposer.

— Mais, lui répondit son père, vous étiez alors trop enfant pour contracter un tel engagement.

Et il joignait les menaces aux douces insinuations. Ces instances se réitérèrent vainement plusieurs fois, jusque-là qu'un jour le père et la mère tombèrent aux genoux de leur fille, et lui dirent, les larmes aux yeux :

— Ma fille, aie pitié de ton père, de ta mère, de ta patrie, de nos sujets.

— Non, non, répondit-elle : Dieu est mon partage.

Je lui ai promis ma virginité; j'ai juré que, pour sa gloire, je renoncerais au monde, afin de me faire, à sa suite, humble, pauvre, pure ! Je tiendrai cet engagement ! Mon royaume, c'est le ciel.

Ces paroles les plongèrent dans le désespoir, et ils la conduisirent devant l'empereur, qui fit aussi tout ce qui était en son pouvoir pour la gagner ; mais ses promesses, ses séductions et ses menaces, furent également inutiles. Il entre alors dans un violent accès de colère, et, poussé sans doute par le démon, il fait jeter la jeune vierge dans une des prisons du palais, où bientôt elle se voit couverte de chaînes. Croyant que la douleur et la honte affaibliraient le courage de Philomène, il venait la voir tous les jours; et alors, après l'avoir fait détacher, pour qu'elle prît le peu de pain et d'eau qu'il lui donnait pour nourriture, il recommençait ses attaques, mais toujours inutilement : la prière soutenait la sainte enfant. Cette captivité durait depuis trente-sept jours, quand, au milieu d'une lumière céleste, Philomène aperçoit Marie tenant son divin Fils entre ses bras :

— Ma fille, lui dit-elle, encore trois jours de prison, et, après ces quarante jours, tu sortiras de cet état pénible pour soutenir le dernier combat qui doit t'assurer la palme du triomphe. Courage donc ! Ton ange gardien, Gabriel, qui fut aussi le mien, viendra à ton secours, et moi, ta mère, je ne te perdrai pas de vue.

Tout ceci tarda peu à se réaliser. Furieux de ne pouvoir en venir à ses fins, l'empereur condamna Philomène au supplice de la flagellation publique.

— Puisqu'elle n'a pas honte, disait-il dans son délire,

de préférer à un empereur tel que moi un malfaiteur, condamné par sa nation à une mort infâme, elle mérite que ma justice la traite comme il fut traité.

Il la fit dépouiller de ses vêtements, lier à la colonne et battre avec tant de violence, que son corps tout sanglant n'offrait plus qu'une plaie. Ramenée en prison, elle fut visitée par deux anges resplendissants de lumière, qui, versant sur ses blessures un baume salutaire, la rendirent plus vigoureuse qu'elle n'était avant le tourment. Le lendemain, Dioclétien, en étant informé, la fait venir en sa présence, la considère avec étonnement, puis cherche à se persuader qu'elle est redevable de sa guérison au Jupiter qu'il adore lui-même.

— Il vous veut absolument, lui dit-il, impératrice de Rome.

Mais Philomène, saisissant cette occasion d'annoncer devant la cour assemblée la vérité chrétienne, fit un discours auquel personne des assistants ne put répondre. L'empereur ne se possède plus : il commande que l'on ensevelisse la prisonnière, avec une ancre au cou, dans les eaux du Tibre. L'ordre s'exécute ; mais DIEU permit qu'il ne pût réussir ; car, au moment où on la précipitait dans le fleuve, deux anges vinrent encore à son secours, et, coupant la corde qu'il l'attachait à l'ancre, tandis que celle-ci tombait au fond du Tibre, ils la transportèrent doucement, à la vue d'un peuple immense, sur les bords du fleuve. Ce prodige convertit à l'instant un grand nombre de spectateurs. Mais Dioclétien, l'attribuant à quelque art magique, la fit traîner à travers les rues de Rome, et ordonna ensuite que l'on décochât contre elle une grêle de traits. Philomène en était toute hérissée; son sang coulait de toutes parts. Il la fit reporter, épuisée, mourante, dans son cachot. Le Ciel l'y honora d'une nouvelle grâce: elle entra dans un doux sommeil, et se trouva, à son réveil, parfaitement guérie. Dioclétion l'apprend :

—Eh bien, s'écrie-t-il dans sa rage, qu'on la perce une seconde fois de dards aigus, et qu'elle meure dans ce supplice.

On s'empresse de lui obéir. Les archers bandent leurs arcs, rassemblent toutes leurs forces; mais les flèches se refusent à les seconder. L'empereur était présent : il ordonne que les dards soient rougis; mais ces dards, après avoir traversé une partie de l'espace qu'ils devaient parcourir, prenaient tout-à-coup la direction contraire et venaient frapper ceux qui les avaient lancés. Six des archers en moururent; plusieurs d'entre eux renoncèrent au paganisme, et le peuple se mit à rendre un témoignage public à la puissance du vrai DIEU. Ces murmures et ces acclamations firent craindre au tyran quelque accident plus fâcheux encore, et il se hâta de mettre un terme à ce supplice en ordonnant que l'on tranchât la tête à Philomène. Ainsi son âme s'envola-t-elle vers le céleste époux, qui, avec la couronne de la virginité et les palmes du martyre, lui donna rang dans l'admirable et éternelle société des élus, réservant à des âges plus éloignés le bonheur de posséder les précieuses reliques, qui furent alors, suivant l'usage des chrétiens, ensevelies au fond des catacombes. Sur la pierre du sépulcre on grava une ancre, symbole non-seulement de force et d'espérance, mais du genre de martyre par immersion dans le Tibre; ainsi le pape S. Clément, jeté par ordre de Trajan au fond de la mer, eut-il également une ancre sur sa tombe. On y mit encore, pour Philomène, plusieurs flèches, un fouet, un lys et une palme, indications simples et claires dont le sens ne pouvait échapper aux chrétiens ; langage que l'Église a su comprendre, dans son cœur maternel, après quinze siècles de silence et d'obscurité.

Plusieurs écrivains ont consacré à Philomène leur plume et leur talent, en Italie, en Espagne, en France; plusieurs de nos poëtes l'ont chantée. L'un d'eux, mû par sa piété, par la reconnaissance des faveurs qu'il avait obtenues à Mugnano, a composé tout un poëme sur ce beau et grand sujet. Je voudrais pouvoir en citer ici plusieurs fragments ; mais je dois être court, et je reviens à mon pèlerinage.

Nous nous rendimes vers midi, mes amis et moi, à la chapelle de Mugnano. Elle est bâtie, comme je l'ai dit, sur la gauche en arrivant, au bout d'une avenue plantée et au pied même des Apennins, qui entourent la ville de trois côtés. C'est une gracieuse construction de pierres noires aux angles et à tous les rebords, tandis que le fond des murs est peint en blanc. A droite de la grande porte, on a élevé une tour carrée assez haute, et qui, du bas du chemin, semble en hiver couronnée par la neige de la montagne : effet qui ajoute considérablement au grandiose et même à la grâce du tableau. Une école a été fondée près de l'église ; elle est dirigée par les sœurs françaises de Besançon, qui ont aussi une maison à Naples. On comprend quel plaisir ce fut pour nous de les rencontrer là. L'intérieur de l'édifice est, comme celui de toutes les églises d'Italie, très-orné. Au-dessus du maître-autel, on voit une coupole encore sans peinture; la nef, droite et sans bras, a quatre chapelles de chaque côté, huit en tout; l'autel de Ste Philomène est le troisième à gauche, c'est-à-dire le plus près du chœur; une grille très-haute l'entoure et le sépare de la nef. La sainte est couchée dans sa châsse, au-dessus du tabernacle, telle que chacun l'a vue dans les nombreuses gravures qui ont été répandues parmi les fidèles, mais couverte des plus riches ornements et même de joyaux, offrandes de la piété publique. Aux murs sont appendus les *ex-voto*, consistant pour la plupart en moulures argentées représentant les membres guéris ; vers la porte sont les portraits de plusieurs princes de la maison de Naples, offerts par eux-mêmes, et celui d'une impératrice d'Autriche. Le sang est conservé dans une sorte de tabernacle creusé près de l'autel, dans le mur, du côté de l'Évangile. Comme celui de S. Janvier, on l'a enfermé, parmi les diamants, dans un reliquaire d'argent, où il prend différentes couleurs et différentes formes : tantôt semblable à du sable fin et noir, tantôt (et c'est ainsi que nous le vîmes) changé en sable à grains épais, brillant des couleurs de l'argent et de l'or. Les habitants assurent qu'ils lisent dans ces variations le bonheur ou les calamités publiques. Les lampes suspendues devant l'autel, l'une au-dessus de l'autre et dont quelques-unes brûlent jour et nuit, sont au nombre de quarante-cinq. Quand un pèlerin arrive, on appelle le prêtre chapelain, qui, revêtu du surplis et de l'étole, fait certaines prières prescrites, et applique sur la tête le sang de la sainte. Nous reçûmes cette faveur avec une joie particulière : c'est elle que nous étions venus chercher si loin, et nous ne regrettions pas, ainsi payés, notre course et ses incommodités légères. La foi fait tant de bien au cœur ! Les jouissances de l'âme sont si pures ! et il fait si bon près des saints de DIEU.

Les sœurs, en nous reconduisant, nous racontèrent le fait que voici, dont une d'elles avait été témoin quelques mois auparavant, en même temps que toute la ville. — Au 15 mai 1848, lorsque la capitale, Naples, était livrée à une révolution dont il était impossible alors de prévoir l'issue, quelques âmes ferventes accoururent à la châsse pour conjurer le Ciel d'aider au rétablissement de la paix et de l'ordre. Alors, en présence de nombreux témoins, la sainte ouvrit les yeux et les tint en cet état toute la journée. — Ce n'est pas la seule merveille de ce genre dont on nous ait parlé ; mais, si je voulais en raconter seulement une partie, il me faudrait plusieurs heures. J'aime donc mieux m'arrêter là, et laisser deviner à mes auditeurs ce que la vue de tous ces prodiges excite de foi, de bonheur et de reconnaissance d'une part, et, de l'autre, combien cette foi et cette gratitude sont de nature à ne pas tarir la source des célestes bénédictions. Je n'omettrai pas de dire que la pierre sépulcrale de la sainte, où se lisent parfaitement son nom et les symboles de son martyre, est aussi exposée à la pieuse curiosité du fidèle. Tout à côté a été déposée la chaise où s'était fait apporter une dame française, percluse de tous ses membres, et guérie instantanément devant l'autel.

Pour nous, à trois heures nous reprenions le chemin de Naples, les yeux toujours attachés sur ces montagnes à la cîme neigeuse, au pied desquelles nous pûmes voir les ruines d'un ancien château, que les gens du pays appellent le Château des Barons, et qui me parut être quelque vestige de l'occupation normande. Nous répétions aussi, le cœur plein de joie, le beau refrain d'un cantique composé par Mme de Maricourt :

Là-bas, bien loin, au pied des monts silencieux,
Comme un trésor divin isolé dans la plaine,
Le monde avec orgueil garde une part des cieux;
Les pasteurs et les rois y cherchent Philomène!

Là, jamais sans espoir le malheur à genoux
N'implora la pitié de la vierge endormie.
Car son âme toujours flotte et veille sur nous,
Et le malheur sourit et retrouve une amie...

— Bravo! dit ici M. **Eugène** : voilà qui est parler. Et maintenant, pour peu qu'il vous agrée, je vous lirai une lettre que j'écrivais, le 9 septembre 1854, d'un pèlerinage devenu aussi célèbre, celui de *Notre-Dame de la Salette.*

Chacun remercia M. Eugène de sa bonne pensée, lui promit une attention religieuse, à l'exception de M. François, qui prétendait avoir le premier la parole. On lui promit qu'il parlerait ensuite, et l'auteur de la lettre nous en fit lecture. La voici :

— « J'ai voulu, moi aussi, gravir la sainte montagne, joindre mes prières à celles de milliers d'âmes qui accourent, sous les impressions les plus diverses, jouir de la vue de ces lieux consacrés par la présence de la Reine du ciel, et emporter quelques-uns de ces souvenirs chers à la piété, souverainement doux au cœur. Oh! avec quelle joie on se trouve en présence de La Salette, à cette hauteur où n'arrivent plus les bruits du monde, où l'oreille n'est frappée d'autre chose que de la prière ardente de la foule, où l'on se sent chrétien renouvelé en respirant un air qui déjà semble celui de la patrie éternelle ! Comme je voudrais faire partager cette émotion à tous ceux qui liront ces lignes, et leur inspirer le désir et la résolution de venir ici à leur tour !

» On ne peut aisément se figurer, sans les avoir vues, les beautés naturelles que renferme le département de l'Isère. La vallée de Grésivaudan surtout est d'une richesse de végétation, d'une variété de points de vue, d'une configuration de sol accidentée et pittoresque, qui sont devenus célèbres et qui méritent leur réputation. Ce sont les dernières extrémités occidentales des Alpes qui produisent dans cette contrée de si charmantes et si sévères aspects. Lors donc après avoir visité, — et pas un voyageur n'y manque, — les sites magnifiques de la Grande-Chartreuse, on descend vers le midi du département, on a continuellement, à sa droite et à sa gauche, des montagnes vertes et riantes, sur le penchant desquelles s'étendent au loin des vignes florissantes, des forêts, des prés même et des champs de blé. Là, comme en Italie, les ceps s'attachent aux ormeaux, et forment avec eux des berceaux successifs qui réjouissent les yeux, en accusant une vaillante fertilité de la terre. Après Grenoble, on trouve la petite ville de Vizille, qui a cinq mille habitants, puis les villages de Laffrey et de La Mure ; et, dix lieues avant Gap, on aperçoit sur la hauteur un chef-lieu de canton qui a nom Corps, et qui est peuplé de quinze cents âmes à peu près. Rarement, il y a une dizaine d'années, la diligence s'arrêtait en cet endroit plus de cinq minutes, le temps juste de relayer : maintenant elle y laisse une grande partie de ses voyageurs, la moitié au moins, et cela chaque jour. A Corps, ces voyageurs quittent la grand'route pour s'engager, à l'est, dans un chemin de campagne, d'abord facile et large, quoiqu'à une forte élévation au-dessus de la vallée qu'il contourne. Des mulets sont nécessaires pour cette excursion, car elle tarde peu à devenir très-pénible. On a devant soi deux heures et demie ou trois heures de marche ascensionnelle dans d'impraticables défilés.

» Je l'ai dit : il y a d'abord le long d'un torrent une pente douce et aisée qui conduit jusqu'à une petite chapelle nommée Notre-Dame-du-Gournier. A partir de là, ce sont des montées rudes et rocailleuses, par mille sinuosités qui font à chaque instant varier les coups-d'œil et les admirables panoramas qu'offrent ces montagnes. Ici, un vert coteau couvert d'arbres et de moissons que surplombe la crète des Alpes enveloppée dans les nuages; là, une vigne disposée en amphithéâtre sur une effrayante déclivité; à vos pieds, d'affreuses déchirures de rochers, des masses énormes de granit jetées au hasard dans le fond du gouffre, et contre lesquelles viennent se briser en mugissant les eaux abondantes d'un gros ruisseau; cà et là, quelques habitations pauvres et informes, quelques cultivateurs isolés, des chèvres, des vaches suspendues aux flancs des montagnes; des croix anciennes placées sur les pas du voyageur; et de cet ensemble je ne sais quoi de saisissant qui émeut et qui porte à l'enthousiasme. Qu'il doit être grand, l'Être divin qui sème ainsi les miracles de la création, comme le laboureur jette devant lui, dans le sillon, le grain qu'il ne compte pas ! A une heure et demie à peu près, on rencontre une seconde chapelle dédiée à S. Sébastien : sur le frontispice on lit cette invocation : « *Saint Sébastien, priez pour nous, et préservez-nous de la peste.* » A un autre endroit, le sol s'est dernièrement affaissé, et sur la partie qui reste le pèlerin peut à peine se hasarder à passer; à sa droite s'ouvre un gouffre qui a plus de deux cents pieds de profondeur, et dont la vue fait frémir; un faux pas y précipiterait. Le village ou plutôt la paroisse de La Salette, est dans une de ces gorges, pittoresquement située; mais on n'y entre pas; on la laisse sur la droite, et l'on continue à monter, monter toujours. Trois hameaux qui en dépendent sont sur le sentier : le premier, le plus important, est celui des Ablandins, où demeuraient les enfants auxquels la divine Marie a daigné apparaître. L'aspect en est triste et pauvre; les maisons ressemblent à des masses de pierres lourdement entassées; les mules elles-mêmes ont peine à triompher des cailloux aigus et en désordre qui tiennent lieu de pavés, dans les deux ou trois rues tournantes et à pic qui composent toute la localité. Du reste, la nature est encore là très-belle, et la vue générale d'une étrange grandeur. On a quitté la plaine pour le cœur des montagnes : c'est, aux yeux d'un enfant de Paris ou du centre de la France, un monde absolument nouveau, plein de charme malgré ses aspérités. Je ne parle pas du sentiment religieux qui, en semblable circonstance, adoucit toutes les fatigues et fait aimer tous les travaux.—J'ai jusqu'ici dirigé le voyageur, sans l'informer du but qu'il va chercher. Il est temps que nous arrivions avec lui.

» Or, voici que toute végétation a cessé, les arbres peu-à-peu ont diminué de nombre, puis de hauteur, puis de force et de feuillage; bientôt on n'en voit plus aucun. De l'œil on mesure les nuages argentés qui paraissent assis sur le sommet des pics innombrables qui vous environnent; seulement, un peu d'herbe revêt encore la pierre des rochers; quelques pas de plus, par une dernière montée plus abrupte que toutes les autres, et l'on se repose enfin sur le plateau de La Salette. Le spectacle va changer.

» Ici, en outre de la stérilité, sous un ciel devenu âpre et froid, loin de toute habitation humaine, s'élève une majestueuse église, digne du nom de cathédrale. Des croix sont plantées de distance en distance. Deux couvents se dressent aux deux côtés de l'église. Une rotonde à jour, décorée d'un beau crucifix, occupe une extrémité du plateau. De toutes parts les voyageurs se sont mis à genoux; on entend le murmure des prières, on voit les larmes mouiller bien des yeux qui se fixent sur un endroit resserré de la montagne. Pourquoi ces monuments? que signifient ces prières? qu'êtes-vous donc venu voir, ô pèlerin dont la ferveur m'attendrit? Écoutez cette histoire.

» Un jour, — c'était le samedi 19 septembre 1846, — la veille de la fête de Notre-Dame des Sept-Douleurs, un petit berger, âgé de onze ans, nommé Maximin Giraud, et une jeune bergère de quinze ans, Mélanie Matthieu, conduisaient, comme d'habitude, leur troupeau dans les pâturages qui avoisinent le village des

Ablandins. Ils ne se connaissaient que depuis peu de jours; ces amitiés d'enfance, qui sont si douces, si pures, ne les unissaient pas encore. Ce jour-là, ils arrivèrent, sans avoir de but précis, sur le plateau où nous sommes: on l'appelait le plateau des *Baisses*, parce que trois sommets de montagnes, en s'abaissant insensiblement, se réunissent en ce lieu. Le ciel était serein, l'atmosphère pure et limpide, la chaleur extrême; rarement elle avait été plus brûlante. Nos deux enfants avaient fait une assez longue course. Ils se reposèrent jusqu'à midi, prirent à cette heure-là leur chétif repas; et comme la conversation ne les intéressait pas beaucoup, attendu qu'ils étaient l'un et l'autre ignorants, ne sachant même pas leurs prières, ne pouvant apprendre leur catéchisme, ils s'endormirent paisiblement à quelque distance l'un de l'autre. — Mélanie s'éveilla la première. N'apercevant plus ses vaches, elle appela Maximin pour s'occuper de leur recherche. Ensemble ils franchissent un petit ruisseau desséché, et s'avancent à une trentaine de pas sur la hauteur qui est vers l'orient. Les vaches se trouvaient sur une pente adoucie du mont Gargas. Les enfants reviennent donc prendre leurs sacs. Mais à peine ont-ils fait un mouvement en se retournant, qu'ils sont frappés d'une vive et subite clarté, d'autant plus singulière que le soleil inondait encore la montagne de ses rayons. Ces rayons, auprès de la clarté mystérieuse, ne paraissaient plus qu'une ombre noire et attristante. Presque à l'instant, Mélanie et Maximin voient au milieu de cette clarté une dame étincelante comme un astre, assise sur une pierre, les pieds posés dans le lit desséché de la fontaine, la tête appuyée sur ses deux mains, et paraissant en proie à une grande douleur. A cette vue, les enfants sont effrayés ; Mélanie laisse tomber son bâton, Maximin lui dit de le reprendre pour se défendre en cas de besoin. Alors cette Dame se lève majestueusement, fait deux pas, croise les bras et leur dit : *Avancez, mes enfants, n'ayez pas peur : je suis ici pour vous annoncer une grande nouvelle.*

» En même temps la lumière devint moins éblouissante, et ils purent attacher leurs regards sur cette apparition surprenante. Les vêtements de la Dame étaient d'une richesse incroyable : elle avait une robe blanche semée de paillettes d'or ; un christ et une croix étaient suspendus sur sa poitrine ; aux deux bras de la croix, il y avait des tenailles et un marteau qui tenaient sans être attachés. Sur la tête de la Dame brillait une couronne de roses blanches, bleues et roses, et de plus quelque chose d'éclatant que les enfants ne pouvaient définir, et qui ne laissait apercevoir ni les oreilles ni les cheveux. Ils s'étaient approchés, attirés par une secrète influence, jusque dans le cercle de la lumière qui les avait d'abord tant éblouis. Leurs chiens, habitués à aboyer à la vue du premier étranger, n'avaient fait aucun mouvement, et s'étaient couchés derrière eux. La Dame semblait ne pas toucher la terre ; les roses environnaient sa chaussure et naissaient sous ses pas. De ses yeux coulaient des larmes, qui disparaissaient avant d'arriver à terre. Sa voix ressemblait à une mélodie ineffable. « C'était, a dit Maximin, c'était comme une musique, comme un instrument doux, doux... Il y avait cependant comme quelque chose de triste, surtout lorsqu'elle annonçait des malheurs. »

» Des malheurs! La Reine du ciel, — car c'était bien Marie, — venait en effet, charitable messagère, nous avertir que la colère de son divin Fils était prête à éclater sur les pécheurs, et qu'il était temps que le monde fît pénitence. Elle se plaignit, aux enfants qui l'écoutaient, des jurements et des blasphèmes que l'on entend partout, de la profanation du saint jour, de la désertion des églises et de la violation des lois de l'abstinence. Elle annonça que, si la justice divine n'était apaisée, nous aurions à endurer prochainement de rudes châtiments; que les pommes de terre se gâteraient, que les raisins pourriraient, que les noix deviendraient mauvaises, qu'une grande famine nous éprouverait tous, et qu'auparavant les enfants au-dessous de sept ans seraient saisis d'un tremblement et mourraient dans les bras de ceux qui les tiendraient.

» Maximin et Mélanie prêtaient l'oreille à ces discours sans les bien comprendre. Marie leur parla patois quand ils eurent déclaré qu'il leur était difficile d'entendre le français. Elle leur révéla ensuite, à chacun séparément, un secret à garder. Ce double secret a depuis été envoyé au Souverain-Pontife, qui n'a point dissimulé son émotion en les lisant. *Ce sont*, a-t-il dit, *des fléaux dont la France est menacée. Elle n'est pas la seule coupable: l'Italie l'est bien aussi, l'Allemagne, l'Espagne, l'Europe.* Et le Pontife ajoutait aussitôt: *Ce n'est pas sans raison que l'Église est appelée militante: vous en voyez ici le capitaine. J'ai moins à craindre de l'impiété déclarée que de l'indifférence et du respect humain.* » Nul n'en sait davantage sur ces révélations.

» Chose étonnante, inexplicable sans l'intervention divine ! Ces mêmes villageois, grossiers, légers, paresseux, qui une heure auparavant n'auraient pu apprendre par cœur la plus simple prière, se trouvèrent métamorphosés, non-seulement dans les dispositions de leur cœur, mais surtout dans leurs facultés intellectuelles. Ils purent retenir sans difficulté, sans y changer une parole, le long discours de la Très-Sainte Vierge. Jamais ils n'ont varié d'un mot dans le récit qu'ils en font. De ce moment, ils sont devenus pieux, appliqués, raisonnables. Maximin a été mis aux études, où il réussit ; Mélanie s'est dévouée à l'éducation des petites filles en se faisant religieuse à Corps même, où elle est aujourd'hui. [1]

» Saisis de tout ce qu'ils venaient d'entendre, les enfants écoutaient encore, lorsque Marie passa le petit ruisseau desséché en leur disant : *Eh bien, mes enfants, vous le ferez connaître à tout mon peuple.* A deux pas du ruisseau, mais sans se retourner, elle leur dit exactement la même chose. Puis elle monta une quinzaine de pas, glissant en quelque sorte sur l'herbe, qui ne s'inclinait point sous elle. Les bergers la suivirent sur la petite hauteur, c'est-à-dire sur le plateau des *Baïsses* ; Mélanie passa même devant elle, pendant que Maximin marchait à côté, à deux ou trois pas. Avant de disparaître, la divine Vierge s'éleva de quel-

---

[1] Ceci était écrit en 1854. Mélanie a été depuis envoyée dans une communauté d'Angleterre, Maximin est devenu soldat à Rome.

ques pieds au-dessus du sol, et resta ainsi suspendue un moment entre le ciel et la terre. Sa tête s'effaça la première, puis les bras, puis le reste du corps.

» Il ne resta qu'une grande clarté, que ces enfants voulurent, dans un premier instinct, arrêter avec la main. Il désiraient surtout une des belles fleurs qu'ils avaient tant admirées ; mais leurs doigts ne purent rien saisir, et ils se retrouvèrent dans leur solitude.

» Dès cet instant, le ruisseau desséché se remplit d'une eau limpide et abondante, qui n'a plus cessé de couler. Second prodige, aussi remarquable que la transformation morale de Mélanie et de Maximin.

» Voilà ce qui attire à La Salette une si grande multitude de pèlerins, depuis bientôt huit ans que le miracle a eu lieu. Chacun veut vénérer les lieux embaumés par la présence de notre auguste Mère, écouter le soufflement de la brise qui a porté ses célestes paroles, respirer l'air qui l'a enveloppée sur la montagne, baiser la trace de ses pas, et apprendre à sa suite à monter auprès de Dieu, en se dégageant des intérêts et des affections terrestres. Oh ! que tout cela se comprend bien ici ! Je ne sais quoi vous y parle au cœur. Cette fontaine miraculeuse, cette route suivie par la Mère de Dieu, ce plateau d'où elle a repris son vol vers l'immortel séjour, ce désert aride, ces fervents pèlerins de toutes les parties de la France (il en vient aussi de l'Angleterre, de l'Italie, de l'Espagne même), tout remue le fond de votre être chrétien. Le 19 septembre, les visiteurs s'y rencontrent souvent au nombre de huit à dix mille à la fois. On campe, comme à Notre-Dame des Ermites en Suisse, sur les versants de la montagne ; on couche à la belle étoile, et l'on s'endort au chant des cantiques ou en récitant le chapelet. Ces jours-là, l'office se chante en plein air, sous la voûte du ciel. C'est d'un incomparable effet. Les aumônes ne se font pas attendre. Exhortés par l'Évêque de Grenoble et par le Pape, les fidèles se montrent jaloux d'achever cette belle église qui a déjà coûté deux cent mille francs, et qui n'est que commencée. La Salette deviendra un des premiers sanctuaires du monde chrétien.

» Il y a eu des incrédules. Pourquoi s'en étonner? Notre-Seigneur ressuscitait les morts, et les Juifs ne croyaient pas en lui! Je veux vous citer à ce sujet la réponse pleine de sel et de sens du petit Maximin. « Ces attaques, disait-il, sont du fumier: de même qu'une fleur, une plante, ne pourrait pas croître ou croîtrait difficilement si on ne lui mettait pas du fumier au pied, de même aussi le fait de La Salette ne pourrait pas croître s'il n'était pas attaqué. Ceux qui l'attaquent le servent donc plus qu'ils ne pensent. Mais ils ont beau dire qu'ils ne croient pas, ils finiront bien par croire. Je crains une chose, c'est qu'ils ne voient trop la vérité un jour. »

» D'autres miracles sont venus, en très-grand nombre, confirmer le premier. On ne saurait dire combien de guérisons sont journellement obtenues avec l'eau de la fontaine. Une jeune fille de 18 ans, aveugle depuis trois ans, a été instantanément guérie le 1er juillet 1852. Une poitrinaire d'Arras, une paralytique de Luçon, et beaucoup d'autres, ont obtenu la même faveur. Je connais personnellement un jeune homme d'Argentan qui, après une neuvaine, a recouvré, par la vertu de cette eau, l'usage de tous ses membres, qu'une maladie horrible de la moëlle épinière avait contrefaits et paralysés.

» Je m'arrête ici. Dieu ne permet des manifestations semblables qu'à la veille de grands éclats de sa miséricorde ou de sa justice. Il faut que toutes les bonnes âmes redoublent d'instances auprès de Dieu pour nous assurer sa miséricorde. Plus d'un fléau, déjà versé sur nous, doit faire craindre l'accomplissement des menaces dans toute leur étendue. Prions donc beaucoup, faisons une sérieuse pénitence, et Marie nous prendra sous l'aile de sa maternelle protection. Pour moi, je la bénis de m'avoir amené dans ce sanctuaire vénéré, et j'ai en même temps la confiance que ces courtes lignes inspireront à quelques lecteurs la salutaire pensée de venir à leur tour honorer Notre-Dame de la Salette. »

— A merveille ! dit **Adrien**. Pour mon compte, je promets bien de faire ce pèlerinage dès le printemps prochain. C'était chose déjà projetée avec un ami d'enfance, et je suis bien aise que les faits nous aient été ainsi exposés de nouveau, et la route tracée.

— Et moi je vais avec vous ! s'écria l'enthousiaste M. **François**. Si je ne le fais, je permets à un autre de manger ma tête !

— Vous trouverez, ajoutai-je, les choses bien améliorées. La route de Corps à La Salette a été adoucie, élargie, rendue praticable ; l'église, vraie basilique, est achevée ou à peu près. Du reste, les pèlerins abondent comme au premier jour, et la piété n'a pas diminué sur la sainte montagne. Les miracles s'y obtiennent encore : demandez celui de la conservation de la tête de M. François : car il la met perpétuellement en péril, par ses imprécations. Il ferait mieux, je pense, de dire maintenant ce qui l'étouffait tout-à-l'heure.

— Ce que je voulais dire, expliquer, raconter, c'est aussi un pèlerinage, ne vous en déplaise : seulement, moi je vais chercher le mien au-delà des Pyrénées.

— Vous nous ramenez en Espagne ?

— Sans aucun doute. Où rencontrerez-vous de plus attachants sanctuaires ? Suivez-moi seulement, mes amis, et vous confesserez ensuite que je sais narrer, moi aussi, j'en mangerais..,

— Non, non, pas de tête à manger ! Commencez, et que votre discours soit à la hauteur de vos intentions.

— C'est ce qui ne manquera pas, observa le malicieux **Alfred**.

M. **François** commença donc, après avoir humé sa prise de tabac, sans laquelle il n'aurait pas distingué sa tête de celle du voisin :

— Le sanctuaire de Notre-Dame d'Atocha[1] joue toujours un grand rôle dans la description des fêtes nationales et religieuses de Madrid. Je l'ai recueillie avec quelque soin, pour vous l'offrir dans ce qu'elle offre de plus certain. Les attachants récits des chroniqueurs du moyen-âge, moins constamment véridiques peut-être, quoique singulièrement pieux et naïfs, comme tout ce qui appartient à ces époques de foi, ne m'arrêteront pas. Je m'attache aux données plus mo-

---

[1] On prononce *Atotcha* (*ch* doux).

dernes et plus authentiques ; et encore dans celles-là je suis obligé de faire un choix. Telle est, au surplus, l'inévitable condition imposée à quiconque accepte l'aimable et douce tâche de raconter les grandeurs et les bienfaits de Marie, et quelquefois aussi, — ajoutons-le pour l'honneur de l'homme, — à ceux qui veulent parler des monuments de la reconnaissance envers elle. L'espace, les expressions, le talent ou la plume peuvent bien faire un jour défaut : le sujet ne s'épuise jamais.

Et sous ce rapport, je le dirai tout de suite, la dévotion des Espagnols envers la Mère de Dieu est tellement renommée, qu'il serait à peu près superflu de la faire connaître davantage. Marie est invoquée, dans le royaume catholique, sous les vocables les plus variés, les plus poétiques, les plus suavement enfantins, j'ajouterais presque les plus pittoresques. Non-seulement ses images, ses autels, ses oratoires, mais les confréries innombrables qui marchent sous sa blanche bannière, lui décernent à l'envi les titres les plus visiblement puisés dans un sentiment de gratitude, d'admiration, de compassion à ses douleurs. C'est la Vierge-des-Douleurs, de l'Amertume, de l'*Expiration;* — la Vierge de la Gloire, de la Paix, du Salut, de la Foi, de la Sainte-Espérance ; — la Vierge de Bon-Secours, des Miracles, de la Consolation ; — Notre-Dame-des-Eaux, Notre-Dame-des-Bois, Notre-Dame-du-Rocher, Notre-Dame-des-Fleurs, Notre-Dame-du-Coquillage, Notre-Dame-de-la-Victoire ; — Sainte-Marie-des-Grâces, la Divine-Bergère, la Mère-des-Pauvres-Gens. Vous ne traverserez pas une ville d'Espagne sans entendre nommer autour de vous la *Segnora Dolores*, *Compa-*

sion, *Amparo*, *Concha*, c'est-à-dire, Marie-des-Douleurs, Marie-de-la-Compassion, Marie-du-Secours, Marie-des-Coquillages, etc.

Nous retrouvons ici la Vierge bénie sous le nom de *Notre-Dame-du-Genêt* ou *du Buisson* : telle est la signification du mot *Atocha*.

C'était au commencement du huitième siècle (711). Les Arabes, vainqueurs à Xérès, avaient débordé comme une vague furieuse sur le midi de la Péninsule. Maîtres de Cordoue après trois ans de siége, et bientôt de Tolède elle-même, ils avançaient toujours, englobant dans leur empire victorieux villes et hameaux, cités et provinces. Madrid n'était alors qu'une petite place forte ; seule elle ne pouvait résister à un tel orage. Elle capitula donc, mais à une condition, agréée par le vainqueur et par lui garantie : les chrétiens conserveront quelques-unes de leurs églises, avec liberté pour leur culte et en premier lieu, la chapelle de Notre-Dame située en dehors des murailles. On y vénérait, depuis des siècles, une image en bois, fabriquée par les habitants eux-mêmes, vers l'an 432, disait-on, à l'époque du fameux concile d'Ephèse, où fut condamnée l'hérésie de Nestorius. Cette image, témoin précieux d'adhésion à la doctrine proclamée dans le concile, avait été particulièrement honorée par l'illustre archevêque de Tolède Ildephonse (657), qui la visitait fréquemment et lui offrait la cire et l'huile ; et à ce titre elle était plus chère encore à la population.

Aussi, pendant la domination des infidèles, le concours fut-il grand au pied de l'antique et miraculeuse statue. Un homme surtout se faisait remarquer par son zèle : c'était le noble chevalier Garcia Ramirez. En dépit de l'inquiète surveillance de la garnison mauresque, il ne se passait presque pas de jour qu'il ne vînt conjurer Notre-Dame Auxiliatrice de prendre en pitié la terre qui avait fait monter vers elle tant de cantiques de louanges, et le parfum plus précieux de tant de vertus.

Quatre années venaient de s'écouler ainsi, lorsqu'un jour, entrant à son ordinaire dans la chapelle, Garcia s'aperçoit que la statue a disparu. Pénétré de douleur, incertain de la cause qui a ravi aux chrétiens cet objet de leur commune vénération, il expose sa vie pour retrouver l'image chérie; il la cherche partout, interroge tout le monde, fait éclater ses murmures contre les Arabes, parle de vengeance à des vainqueurs impérieux. Ce temps de l'occupation des Maures a été pour la Castille l'époque des catacombes et de la persécution : elle y compte des victoires, mais c'est à la trace du sang que l'historien les suit et les décrit.

Tout-à-coup, au milieu de ses courses, la statue lui apparaît dans un *atocha*, ou buisson de genêts, sur une des collines qui dominent la plaine où serpente la petite rivière du Mançanarès. Se jeter à genoux dans le premier transport de sa joie, se répandre en actions de grâces autant qu'en douces plaintes, baiser avec amour l'image de sa dame et souveraine, Garcia ne put faire autre chose pendant plusieurs instants. « Comment se fait-il, ô Reine du ciel, s'écriait le pieux chevalier, que vous quittiez le sanctuaire élevé par les mains de nos ancêtres, pour choisir un asile en ce lieu désert, au milieu des rameaux ? Voulez-vous donc abandonner tout-à-fait ceux qui vous aiment tant ? Non, non, nous ne le souffrirons point ! Si vous n'êtes plus pour nous Notre-Dame d'Ephèse, vous serez Notre-Dame *de las Atochas*, Notre-Dame des Genêts, Notre-Dame du Buisson ! »

Garcia se leva plein de cette pensée, qu'il prit pour une inspiration. Il lui sembla comprendre que Marie voulait être honorée en ce lieu-là même. Alors, sans plus hésiter, il assemble sa famille et les chrétiens du voisinage, leur montre la statue qu'il avait cachée sous le gazon avant de s'en séparer, et les exhorte à travailler avec lui à la construction d'un nouveau sanctuaire. L'enthousiasme, on le sait, est chose nationale en Espagne : il passe dans tous les rangs de la petite troupe ; les fondements de Notre-Dame d'Atocha sont jetés, et déjà les murailles s'élèvent de quelques pieds au-dessus du sol.

Mais voici que les Maures, comme autrefois les ennemis du peuple de DIEU lorsqu'on rebâtissait Jérusalem, accourent à cette démonstration inattendue. Ils prétendent que le nom de chapelle n'est qu'un prétexte, que c'est une citadelle, une place forte, que l'on veut construire pour résister à leur tyrannie. La valeur bien connue de Garcia leur inspirait les plus vives appréhensions. Celui-ci ne se laisse point intimider. Il discipline son monde, prend le Ciel à témoin de la justice de sa cause, attend de pied ferme les agresseurs, les repousse, les poursuit, pénètre dans la forteresse de Madrid, et ne permet à la garnison infidèle d'y rentrer qu'après un traité formel qui assure de nouveau la liberté des chrétiens et la libre jouissance de la chapelle qu'ils vont édifier.

Depuis ce temps, c'est-à-dire depuis l'an 720, Notre-Dame d'Atocha attira les pélerins de toutes les extrémités de l'Espagne. Alphonse VI n'a pas plus tôt conquis Tolède et Madrid, en 1005, qu'il vient lui faire hommage de sa victoire, et fait peindre un tableau accompagné d'une inscription, où il est rendu témoignage de la dévotion des rois de Castille pour Notre-Dame-des-Genêts. Alphonse lui-même, mû par cet exemple autant que par un sentiment personnel, dépose dans le sanctuaire l'étendard royal porté devant lui au jour du combat, et celui qu'il a enlevé à l'ennemi.

Cette dévotion prit de nouveaux accroissements au siècle suivant, par les soins de S. Isidore le laboureur, la gloire et le protecteur de Madrid, et de sa sainte épouse Marie de la Cabeça, comme lui mise au rang des bienheureux (1130). Depuis, elle n'a fait que grandir avec les siècles, sans que les derniers événements politiques l'aient en rien atteinte.— L'église fut successivement desservie par des chapelains particuliers, puis par des chanoines, et enfin par les religieux dominicains. Sous ces derniers, et par leurs soins, les bâtiments furent agrandis et ornés avec la magnificence castillane.

Et quand je dis magnificence, il faut bien s'entendre sur ce mot, comme nous avons eu déjà l'occasion d'en faire la remarque. Voici, en quelques lignes, ce qu'on appelait en Espagne orner une chapelle. Je tire la citation d'un voyageur français, le marquis de Langle, qui écrivait en 1785. Il parle de Notre-Dame-du-Pilier à

Sarragosse : — « Il y a, dit-il quatre anges d'argent dont les ailes sont d'or et semées d'étoiles de saphirs. La couronne de la Vierge est d'or massif ; son collier, ses bracelets et ses aigrettes, avec le voile attaché au front, sont évalués *cinquante millions*. Le grand ostensoir de la Fête-Dieu, présent d'un archevêque de Séville, a un soleil dont la circonférence égale celle d'une *roue de carrosse*, les rayons sont d'or massif et *couverts d'émeraudes* ; le calice est sur un piédestal d'argent de la hauteur de trois pieds. Tout l'ostensoir pèse près de cinq cents livres ; il est posé sur un socle doré. Aucun orfèvre, aucun joaillier, n'a pu évaluer cette merveille. » — C'est ce qui faisait dire à lord Stanhope, après avoir visité Sarragosse : « Quand tous les trésors de tous les souverains de l'Europe seraient réunis, ils ne vaudraient pas la moitié de celui-ci. »

Les descriptions, ou plutôt les énumérations, qui concernent Saint-Jacques-de-Galice, Tolède, Cordoue et Séville, sont à peu de chose près aussi brillantes: nous l'avons vu.

Cette observation avait donc son importance, car ce n'est pas la sévère et désolante pauvreté de nos plus belles basiliques qui pouvait nous initier à l'intelligence de la magnificence religieuse des Espagnols.

On voyait dans Atocha cent lampes d'or et d'argent brûlant jour et nuit devant la Madone, et consumant par année pour plus de douze mille francs d'huile. Les richesses en or, en pierreries, en dentelles, ne se comptaient pas. Autour de la tête de la statue brillait un soleil aux rayons éblouissants. On l'habillait souvent en veuve; mais, dans les grandes solennités, elle était vêtue en reine et couverte de pierreries.

« L'Atocha, dit le duc de Saint-Simon, au tome XIXe de ses *Mémoires*, l'Atocha est tellement la dévotion de Madrid et de toute la Castille, que c'est devant cette image que s'offrent les vœux, les prières, les remerciments publics, pour les nécessités et les prospérités du royaume, et dans les cas de maladie périlleuse du roi et de sa guérison. Le roi n'entreprend jamais de vrai voyage, et cela depuis un temps immémorial, qu'il n'aille en cérémonie faire ses prières devant cette image, ce qui ne s'appelle point autrement qu'aller prendre congé de Notre-Dame d'Atocha. Et il y va de même dès qu'il est de retour. C'est toujours une des plus grandes et des plus riches dames qui a le titre de sa dame d'atours, et c'est un honneur fort recherché, quoique très-cher : car il lui en coûte quarante mille et quelquefois cinquante mille francs tous les ans, pour la fourniture de dentelles et d'étoffes qui reviennent bientôt au profit du couvent. »

L'église est située à un petit quart de lieue de Madrid, dans l'enceinte du vaste couvent des Dominicains, transformé aujourd'hui en Hôtel des Invalides. On y arrive par une très belle allée couverte. Elle joint le bout du parc du Buen-Retiro, dont les jardins sont un des plus agréables embellissements de la capitale. Le monument n'a rien, comme architecture, qui attire l'attention; c'est un édifice médiocre; la chapelle seule de la Sainte Vierge, située sur la droite, méritait d'être citée pour cette richesse dont nous avons parlé.

Quant à la statue elle-même, le P. Villafane, dans

son grand Traité des Madones d'Espagne, nous la peint de cette manière : — « De toutes les Madones que j'ai vues, Notre-Dame d'Atocha est celle que le sculpteur a le plus soignée. Elle est faite d'un bois incorruptible, on ne saurait trop déterminer lequel. Aussi, malgré sa haute antiquité, la sculpture n'a-t-elle éprouvé aucune dégradation sensible. Elle a près d'un mètre de hauteur; toutefois, avec le piédestal d'ivoire et d'ébène sur lequel elle repose, elle semble avoir, lorsqu'on la couvre du grand manteau de cour castillan, un mètre de plus. La Vierge paraît assise sur un fauteuil du même bois, couvert d'or et de fleurs, dans une attitude d'autorité et de majesté. Elle tient un petit Enfant Jésus appuyé sur le côté gauche. et de la main droite elle lui offre un livre et un fruit. La Vierge et l'Enfant sont, pour la couleur, d'un brun foncé et tirant sur le noir ; le temps les a dépouillés de leur lustre, et jusqu'à un certain point de leur vernis. C'est à Madrid une croyance populaire que des peintres habiles ont essayé plusieurs fois de reproduire cette image, sans y réussir jamais d'une manière satisfaisante. La perfection du travail, sans autre miracle, peut expliquer ce fait, s'il est réel.

» L'ensemble du visage est, en effet, singulièrement remarquable par la finesse des traits, la pureté des contours et la douceur qu'il respire. Il est un peu oblong. Les yeux sont grands, bien fendus, élevés avec majesté, joyeux, sereins, et tout à la fois graves et modestes : de sorte qu'ils commandent en même temps la vénération et la confiance. On dirait le regard si vif et si attentif, qu'en quelque lieu de la chapelle qu'on se mette à genoux pour prier, Marie regarde ceux qui la regardent, et semble récompenser ainsi, avec une gracieuse délicatesse, l'affection de ses serviteurs. Sur sa tête, elle porte une couronne d'un doigt de hauteur, du même bois que le reste du corps, et elle appuie ses pieds sur un escabeau haut de quatre doigts, sur lequel retombe son manteau. Son vêtement, d'un rouge terne, est bordé, à la mode espagnole, comme d'un cordon de pierres précieuses; le manteau ressemble à un tissu d'or, parsemé de fleurs-de-lys, obscures en certains endroits, brillantes en quelques autres, avec des reflets de lumière qui tiennent de l'azur et du jaune, et qui offrent des nuances très-vives. »

La famille royale d'Espagne s'était ménagé une tribune dans cette chapelle : c'est là qu'elle se rendait tous les jours de fête, le dimanche, et même dans la semaine si quelque dévotion particulière y faisait, le soir, donner la bénédiction du Saint-Sacrement. Elle y venait de Madrid, sans cérémonie, et un corps-de-logis placé au-dehors l'introduisait dans la tribune sans qu'elle passât par l'église ni par le couvent. L'empereur Charles-Quint, les rois Philippe II, Philippe III, Philippe V de Bourbon, Charles IV, et dans ces dernières années Ferdinand VII, ont témoigné pour cette dévotion une fidélité constante.

Les choses aujourd'hui ne sont plus les mêmes. Atocha offrait un trop riche butin aux incorruptibles révolutionnaires pour que leur patriotique cupidité se privât de la meilleure partie de ce trésor; il renfermait, pour ces Brutus nouveaux, un aliment présent à la fois et une ressource éventuelle pour les jours mauvais de quelque restauration future. La pieuse image fut cependant sauvée. Elle demeura à l'église de Saint-Thomas, jusqu'à ce que Ferdinand VII, de retour dans ses Etats, eût songé au sanctuaire royal. Il céda aux Pères Dominicains quelques terres ou quelques domaines qu'il avait en Castille, et leur donna ses bijoux et ses croix ornées de pierres précieuses, leur recommandant de les vendre, et de rebâtir l'église avec les sommes qu'ils en retireraient. Ses royales intentions ont été remplies avec une religieuse fidélité.

Depuis les derniers événements de 1834, qui ont affermi l'usurpation de Marie-Christine et d'Isabelle, les Dominicains ont disparu ; mais l'église d'Atocha, respectée cette fois, n'est pas retombée dans ses ruines. Les aumônes des fidèles, et les présents de la cour même actuelle, fournissent suffisamment aux exigences et même à la splendeur du culte. L'Espagne n'oubliera pas de sitôt ce qu'elle doit à Notre-Dame d'Atocha.

— Et moi, dis-je à mon tour, je vous conduirai, pour terminer notre soirée, bien plus loin encore. Cette année même, MM. les Arabes nous envoyaient le choléra à la suite de l'un de ces pèlerinages où ils vont par troupes immenses et des points les plus éloignés de l'Afrique et de l'Asie. Tristes superstitions de malheureux enfoncés dans les ténèbres d'une foi trompeuse! Que d'actions de grâces nous devons, nous, au Seigneur, pour nous avoir éclairés de sa divine lumière! — Je pense, mes amis, qu'il y aurait pour nous de l'intérêt à visiter aussi La Mecque et Médine : en simples curieux, s'entend!

— Adopté! dit M. **François**. Je parle pour tout le monde.

— Eh bien, repris-je, voici ce que ma mémoire me fournit sur ces lieux célèbres : car je ne les connais que par la lecture.

— Tous les regards sont aujourd'hui fixés sur l'Orient; les grandes questions de l'Europe s'agitent à Constantinople, au sein du mahométisme. D'un autre côté, nous apprenons que le zèle des Arabes pour leur faux prophète ne s'est affaibli en rien, et les journaux nous annoncent fréquemment que de nombreuses caravanes de ceux de l'Algérie ont débarqué à Marseille pour se rendre au fameux pèlerinage de La Mecque. C'est un fait remarquable que ces caravanes se rendant, chaque année, au milieu de toutes les privations, sans argent, sans moyens prévus de transport, sans provisions, dans un pays aux consumantes ardeurs, à cinq, six, huit cents lieues de distance, pour vénérer simplement le tombeau de Mahomet. Notre foi n'a guère cette ardeur; nous sommes loin, nous chrétiens, de cet empressement et de ce zèle. Quelquefois aussi le spectacle est là véritablement étonnant d'étrangeté et de luxe. En 1814, par exemple, la caravane qui partit de Constantinople pour La Mecque, à travers l'Asie-Mineure, était composée de *cinq mille* personnes et emmenait 15.000 chameaux : une armée! Lorsque la mère du dernier des Abassides, dans ce siècle même, fit le pèlerinage, elle avait à sa suite *cent vingt mille chameaux!*

Il est défendu à tout chrétien, sous peine de mort, de pénétrer dans les villes saintes des mahométans, et surtout dans leurs mosquées. Aussi a-t-on ignoré longtemps parmi nous ce qui concerne cette partie de l'Arabie. Les renseignements les plus véridiques ont été fournis, dans ces derniers temps, par un intrépide voyageur suisse, Burckhardt, enlevé trop tôt au monde savant et aux brillantes espérances que l'on avait fondées sur son zèle pour la science ethnographique. Burckhardt est allé, en 1815, jusqu'au centre de la place, et nous lui devons les plus intéressantes relations. Nul ne possédait mieux que lui et ces habitudes de l'Orient qui le naturalisaient au milieu des populations musulmanes, et l'adresse de détourner les soupçons qui avaient coûté la vie à presque tous ses prédécesseurs. Grâce à lui, les deux cités arabes sont presque connues comme Rome et Paris.

Mahomet était un barbare illettré, possédant, il est vrai, à un degré éminent les talents du capitaine et de l'homme d'État, mais dénué de ceux qui devraient caractériser un chef de secte et un réformateur religieux. Son glaive seul dicta des lois à la pensée humaine : et cependant, par un jugement de DIEU aussi mystérieux que terrible, la religion imposée par le glaive se répandit avec un succès extraordinaire dans toute l'Arabie, dans toute l'Afrique et dans une partie de l'Asie. C'est cet homme, rêveur obscur d'un village inconnu, dans une contrée ignorée et incivilisée, qui a proprement, et seul, créé l'histoire de l'Arabie, donné une nouvelle face à l'ancien monde!

Suivant le récit de Burckhardt, La Mecque est située dans une étroite vallée de sables qu'entoure, comme un rempart, une chaine de rochers arides dont l'aspect n'a rien que d'attristant. On n'y voit aucune trace de végétation, et, pour avoir de l'eau potable, il faut aller la puiser à près de sept lieues de là. Les maisons sont construites en pierres d'un gris sombre; les rues sont assez spacieuses pour offrir un libre développement aux processions des pèlerins, les croisées assez larges pour jouir à l'aise de ce coup-d'œil; et, comme les propriétaires tirent une grande partie de leurs revenus des logements loués par les musulmans qui viennent y faire leurs dévotions, ces croisées sont disposées et décorées avec élégance pour attirer leur attention. Mais, hâtons-nous de le dire, sous le rapport de la magnificence et du goût, les monuments sacrés de La Mecque ne sauraient rivaliser avec ceux de la capitale du monde chrétien, ou même des villes du second ordre de la Syrie et de la Barbarie elle-même; on ne saurait non plus les comparer avec les chefs-d'œuvre d'architecture dont la domination des Maures a enrichi l'Espagne méridionale.

Le monument le plus révéré de la cité sainte musulmane, celui qui exalte davantage la piété des croyants, c'est la grande mosquée nommée Beituliah ou *Maison de* Dieu. C'est, sinon le plus élégant, du moins l'un des plus vastes monuments religieux du monde mahométan; il occupe environ mille pieds carrés, ou 325 mètres. C'est moins un édifice qu'une place publique, couverte et bordée de chaque côté de quatre rangs de colonnes irrégulières, au nombre de 589; il n'y en a pas deux qui soient exactement semblables; elles n'ont que vingt pieds de haut, et un pied et demi de diamètre. Quelques-unes sont de marbre blanc, de granit ou de porphyre; la plupart sont de pierre commune des environs de La Mecque. Elles sont unies quatre par quatre, avec des arceaux mauresques, pour supporter un petit dôme, et il y a ainsi 152 dômes. Sans aller plus loin, rappelons ce qui a été dit hier ou avant-hier, que l'ancienne mosquée de Cordoue contenait 860 colonnes plus élevées que celles-ci, et toutes en marbre, porphyre, agate, etc.

Les habitants croient avec une grande simplicité qu'une main invisible élargit l'enceinte du Beitullah à mesure qu'elle devient trop étroite pour contenir l'affluence des croyants, et que, si tous les musulmans s'y rassemblaient de tous les points de l'univers, ils y seraient encore à l'aise. Elle est assez vaste pour recevoir 35.000 individus; mais en aucun temps elle n'en a réuni un si grand nombre à la fois. Les portes pratiquées à chaque face y donnent des courants d'air que les Arabes, dans leur aveugle superstition, attribuent aux battements des ailes des légions d'anges qui les regardent. Du reste, l'heure de la prière une fois passée, les habitants montrent fort peu de vénération pour ce lieu; les portefaix le traversent dans tous les sens pour aller d'un quartier à l'autre, les pauvres pèlerins se logent entre les colonnes, faute d'autre gîte, et les places qui restent inoccupées servent souvent de théâtre à des jeux frivoles et peu convenables, sans qu'on y fasse la moindre attention.

Le Beitullah n'a été bâti que pour servir d'enceinte à un édifice plus saint encore : c'est la fameuse *Kâba*. Ce temple est un parallélogramme d'une structure massive, et composée de blocs énormes de pierre de La Mecque. L'une des œuvres les plus louées par l'islamisme est d'en faire le tour, la nuit, à la lueur des lampes sacrées : dévotion connue sous le nom de *twof*. Les docteurs de cette fausse religion assurent sans sourciller que la Kaâba fut construite dans le ciel 2.000 ans avant la création, et que les anges eurent ordre d'en faire assidûment le twof. Elle a pour enveloppe extérieure une immense tenture de soie noire, sur laquelle sont brodés, en or ou argent, les versets du Koran. Le Grand-Seigneur se charge de la renouveler tous les ans. Quand un voile est usé jusqu'à tomber en lambeaux, on le découpe en pièces que l'on vend très-cher aux pèlerins. L'objet le plus sacré de la Kaâba, celui devant lequel le mulsuman se prosterne avec la plus profonde vénération, est une pierre noire. Cette pierre, disent-ils, avait été remise par l'ange Gabriel à Ismaël : elle était alors éclatante de blancheur et d'un poli parfait ; mais les pécheurs l'ont noircie de la souillure de leurs fautes, et chaque pèlerin vient dévotement, aux trois grandes fêtes de l'année, la baiser à genoux.

A une certaine profondeur au-dessous du pavé du Beitullah, est un puits sacré appelé *Zimzim*, dont les eaux prétendues miraculeuses ont la vertu de laver les péchés des croyants. L'édifice qui le renferme est constamment assiégé par une foule de pèlerins, qui viennent y puiser dans des seaux de cuir l'eau lustrale dont ils s'abreuvent avec une pieuse avidité. Un pèlerin logé sous le même toit que Burckhardt en buvait au point de tomber évanoui, et se remettait à boire dès qu'il avait repris ses sens ; sa dévotion lui coûta la vie. On met aussi cette eau en bouteilles pour l'expédier dans les États musulmans, où on la vend fort cher.

Quant aux Mecquais ou citoyens de La Mecque, bien qu'ils ne soient nullement instruits et qu'ils aillent étudier le peu qu'ils savent à Alexandrie ou au Caire, ils sont beaucoup plus aimables, plus polis que leurs coréligionnaires des autres pays. Loin de montrer l'abjecte servilité des peuples réduits en esclavage, ils se distinguent par un triple orgueil de famille, de religion et de liberté. Fiers d'être nés dans la cité sainte, d'être les compatriotes du prophète, d'avoir conservé, du moins en partie, ses usages et ses mœurs, de parler sa langue dans toute sa pureté, de jouir en espérance des faveurs réservées, dans un monde nouveau, aux fidèles les plus rapprochés de la Kaâba, ils se croient au-dessus de toutes les nations musulmanes, et n'accueillent les autres qu'avec une bienveillance protectrice. Ils sont fort gais, toujours à l'affût d'une raillerie, d'un quolibet, d'une allusion plaisante, et le rire sur les lèvres. A cette expansion naturelle, ils joignent un air dégagé et une politesse prévenante, qui provient de leurs rapports multipliés avec une foule de nations, et qui donne un charme particulier à leur commerce. Du reste, ils se montrent peu scrupuleux à l'égard de la loi musulmane, au parfait scandale des étrangers de la même religion.

Passons à Médine. La route qui nous y conduira de La Mecque est un désert coupé, de distance en distance, par de fertiles vallons : il est difficile d'expliquer pourquoi cette cité n'occupe que le second rang parmi les villes sacrées. Elle renferme les objets qui semblent les plus dignes de la vénération musulmane : le tombeau de Mahomet, ceux de ses deux successeurs, Omar et Abu-Bekr, de sa fille Fatime, de son fils Ibrahim, et d'Othman qui recueillit en un corps de doctrine les versets épars du Koran. On y voit la fenêtre par où le prophète prétendit que l'ange Gabriel était venu lui parler de la part du Seigneur, et la place où se passèrent les événements les plus mémorables de sa vie. A La Mecque au contraire, nous venons de le dire, les objets sacrés existaient longtemps avant Mahomet, voués à la vénération publique par des traditions grossières qui font remonter leur origine jusqu'aux patriarches et à Adam. A moins que, pour expliquer cette différence, on ne fasse attention à la maxime fondamentale du Koran : DIEU *est grand, et Mahomet est son prophète*. La Mecque possède dans la Kaâba ce que les Mahométans appellent l'image vivante de la Maison de DIEU : Médine ne renferme que la maison du prophète, sa tombe et celle de sa famille. Quoi qu'il en soit, le voyage de La Mecque suffit pour constituer le véritable *Hadji*, ou pèlerin musulman, tandis que celui de Médine n'est qu'un acte de pieuse curiosité ou d'exaltation mystique, que les grandes caravanes n'accomplissent jamais, et qui n'attire pas un tiers des croyants rassemblés chaque année autour de la Kaâba. Médine est La Mecque en miniature ; on y rançonne les pèlerins; mais le peuple n'y est point aussi gai, aussi livré au plaisir. La ville, solidement bâtie des mêmes pierres grises, offre un aspect assez frapant d'antiquité ; les alentours en sont cultivés, et on y voit serpenter de nombreux cours d'eau.

Le monument principal dont le nom de Médine éveille le souvenir est la grande mosquée nommée *El-Harem*, ou mosquée du Prophète, dont elle possède le tombeau. Il n'est personne qui n'ait entendu parler de cette prétendue masse d'aimant qui tiendrait la bière de Mahomet suspendue en l'air, au grand ébahissement des infidèles, lesquels saluent là un miracle perpétuel. C'est un conte d'invention européenne ; les musulmans n'en ont aucune connaissance. C'est sur la pierre tumulaire qu'ils déposent leurs offrandes, consistant ordinairement en pièces de monnaie.

Le climat de l'Arabie est d'une chaleur excessive, tempérée dans les seules villes par ces mille soins et ces précautions que l'on sait imaginer contre elle dans les contrées méridionnales. Comme le sol est très-élevé, l'air qu'on y respire est d'ailleurs pur, sec et salubre. La peste y sévit assez rarement, et quand elle paraît, comme en 1815 et 1816, où elle décima la population, on ne prend contre elle aucune précaution, sans pourtant s'exposer de gaieté de cœur à ses ravages ; mais les Arabes sont fermement persuadés, pour employer leur poétique expression, que, dès l'instant où l'ange de la mort a tendu son arc, aucune des victimes qu'il a marquées d'avance ne peut se dérober à ses invisibles flèches.

Longtemps, dans l'antiquité surtout, l'Arabie avait passé pour un séjour enchanteur. On avait donné le nom d'*Heureuse* à l'une de ses divisions naturelles. Mais il ne faut prendre cette félicité que dans le sens comparatif aux divisions voisines du territoire. Sous Auguste, le proconsul Aulus Gallus, envoyé pour rendre l'Arabie tributaire des Romains, paya cher son erreur : il débarque sur les côtes orientales de la Mer Rouge, persuadé qu'il va se trouver sur une terre de parfums et d'abondance : illusion funeste ! Pendant six mois il erra dans des déserts brûlants, dont aucune route tracée ne permettait de prévoir la limite. Partout il chassait l'ennemi comme ces nuages de sable que le vent balayait devant lui. Mais les fatigues, la faim, les maladies, plus cruelles pour ses troupes que le fer des nomades, le forcèrent à revenir sur ses pas. Il ne perdit que sept hommes dans les combats, mais il ne ramena à Alexandrie que les débris d'une armée formidable, anéantie par les rigueurs du climat. Il ne paraît pas que, depuis cette expédition, tant la leçon a été bonne, on ait tenté de nouveau la conquête de l'Arabie, sinon Méhémet-Ali, au commencement de notre siècle, et encore dut-il à la fin se retirer, avec ses Egyptiens.

Au reste, quand même cette terre serait tout entière aussi admirablement fertilisée qu'elle l'est en quelques endroits, les habitants n'en profiteraient point pour l'agriculture. Le mahométisme fait de ces hommes des êtres apathiques, incapables de travail et de civilisation. En Europe, où leurs coréligionnaires les Turcs occupent les contrées les plus belles et les plus fécondes, ils en ont fait des espèces de déserts, et eux qui devraient inonder nos marchés de blé n'en ont pas même pour se nourrir. Espérons que le jour n'est pas éloigné où ces pauvres infidèles participeront à la lumière évangélique dont nous jouissons nous-mêmes. En attendant, ayons du moins pour notre foi ce zèle ardent que le pauvre Arabe témoigne pour la sienne. Lui-même peut nous donner une leçon.

— Il était trop tard pour continuer ce jour-là nos récits. On remit donc au lendemain, et j'annonçai que, si on me faisait la grâce de m'écouter, j'exposerais les détails d'un voyage tout récent que je venais d'accomplir en Sicile. J'en arrivais depuis quelques mois à peine; je l'avais visitée depuis l'odieuse invasion piémontaise, depuis les exploits de ce pirate nommé M. Garibaldi, et j'en pouvais parler *de visu*. Non-seulement la proposition fut acceptée, mais on exigea la promesse que je n'y manquerais pas, avec serment de M. François qu'il ne m'interromprait point que je n'eusse fini, dût mon récit occuper deux séances.

Les choses furent ainsi réglées à la satisfaction commune. Seulement, nous eûmes, ce soir-là, la bonne pensée de faire en commun notre prière, au pied des murailles du Bois-Froult, sur l'herbe épaisse et douce, et pendant que le petit ruisseau faisait mieux entendre son timide murmure dans le premier silence de la nuit. Pour achever la fête, nous regagnâmes la ville en récitant notre chapelet, en l'honneur de N.-D. de La Salette et de N.-D. d'Atocha. Nous n'avions qu'un regret : c'était de n'avoir pas adopté plus tôt cette double, et pieuse, et aimable pratique.

SIXIÈME SOIRÉE.

L'ermitage de Trapani, près Messine.

— Eh bien, dis-je en arrivant au rendez-vous, où mes amis, de retour de la chasse, m'avaient précédé, la journée a-t-elle été bonne ? le gibier a-t-il donné?

— Tout est au mieux, dit **Eugène** en se rengorgeant : ces messieurs ont admiré mes coups; j'en voudrais pouvoir dire autant des leurs ! sans reproche.

— C'est-à-dire, reprit vivement **Alfred**, que sans mon coup-d'œil je ne sais où en seraient les provisions.

— Et moi, s'écrie l'impatient M. **François**, n'ai-je donc rien fait? Avez-vous résolu de vous élever les uns au détriment des autres?

— Je vois qu'il me faut, dignes amis, arrêter court ces vanteries qui nuiraient à la paix.

Tous vous avez été des héros, des vainqueurs, la fleur du courage et de l'adresse. C'est entendu, pas un mot de plus, et partons pour le voyage annoncé hier.

Le samedi 29 avril de cette présente année 1866, un bateau à vapeur de la Compagnie Sicilienne, *le Tigre*, levait l'ancre dans le port de Naples, et, laissant à gauche les rivages parfumés de Castellamare, et de Sorrento, où les bois de citronniers et d'orangers courent le long du rivage comme pour jeter au cœur de l'étranger un remords de son départ ; laissant aussi ce Vésuve au panache de fumée qui depuis trois mois se livrait au formidable passe-temps d'une éruption en règle ; Capri et ses rochers à pic et ses vieux souvenirs de Tibère ; un peu plus loin, endormies au fond de leur golfe, Amalfi et Salerne, deux reines de la science et du commerce au moyen-âge ; *le Tigre*, dis-je, s'élançait en pleine mer dans la direction de Palerme. Le soleil était en fête, la mer assez bienveillante, les passagers nombreux. Parmi eux vous eussiez salué trois Français de bonne vie et mœurs, au moins à ce qu'il m'a semblé, ne s'occupant guère alors de la révolution de câbles, de machines, d'engins de toute espèce qui mettent en mouvement cette masse énorme et magnifique qu'on appelle un navire : ils étaient plongés dans l'admiration du spectacle que leur offrait la Providence, l'un des plus splendides assurément qui se puisse voir ici-bas. Après cela, ils descendirent : on allait dîner, et de vieux préjugés, qu'ils n'ont pu secouer malgré mes philosophiques avis, ne leur permettaient pas de négliger cette providentielle occasion d'un exercice moins intellectuel qu'ils ne voulaient bien le dire. — L'un était un ancien magistrat du Languedoc, ancien procureur-général, ancien député, esprit d'une parfaite distinction, nourri de la plus saine et de la plus riche littérature antique, mais qui n'avait pas le stoïcisme de s'en tenir là lorsque le vent lui apportait les fumets d'une table substantielle. Un point, sans plus, l'avait choqué à Naples, et il s'en ouvrit à moi avec candeur : car, j'en dois renouveler l'aveu, je me trouvais là aussi, l'un des trois, à vaguer au hasard dans l'Italie méridionale, tant pour étudier sur le vif les exploits de la secte qui opprime ces contrées jadis si heureuses, que pour ressusciter de chers souvenirs de jeunesse. J'allègue ces deux motifs comme excuse, et je vous supplie de les accepter : ils sont choisis avec prédilection dans le faisceau des autres. Notre ami donc, entre trois beefteaks mis par lui hors de combat et deux ailes de poulet qu'il attaquait avec un empressement de désastreux augure (le maître-d'hôtel osa le dire entre ses dents), me confia son récent chagrin, d'une nature exclusivement littéraire. — « Je ne comprends pas, me dit-il *ex abrupto*, la manière de faire les journaux dans ce pays : c'est un peu beaucoup se moquer du lecteur ! — Et quelle est cette manière ? » fis-je étonné. — « Mais voyez : le *Conciliatore* d'hier nous annonçait l'arrivée à Naples d'un personnage politique étranger, et il la commentait longuement, dans des termes du reste qui m'ont plu : c'est une excellente feuille que le *Conciliatore*, patriotique, courageuse, amie du bien. Je l'estime. J'achète le n° de ce matin, je m'enferme pour m'en délecter à l'aise, je m'enfonce dans sa lecture : déception ! après trois quarts-d'heure de méditation attentive, je m'aperçois que les idées sont exactement les mêmes qu'hier ! Je renfonce mes lunettes : et qu'est-ce que je découvre ? le même article, Monsieur, le même article, que ces polissons ont réimprimé tel quel ! Fiez-vous donc à des Napolitains, et dites qu'une telle nation n'est point arriérée ! De si plats coquins sont de force à vivre toute une année sur vingt lignes de leur prose... Garçon, un verre de lacryma-christi ! » L'indignation l'étouffait, peut-être aussi le poulet. — Notre second compagnon, jeune homme éclos sous les brumes du Nord en avancement d'hoirie sur ses péchés futurs, courant vers ses vingt-et-un ans, l'âge de la gaîté franche et toujours là, riait à en perdre la respiration, et trouvait pays et gens du Midi fort amusants ; joint à cela qu'il se soucie médiocrement des journaux en général, et du *Conciliatore* en particulier. Pour moi, je me maintins calme et grave. — « Monsieur et ami, répondis-je, il y a vraisemblablement erreur du tout au tout : vous calomniez avec indécence les régulateurs de la pensée à Naples. Avez-vous les pièces ? » Il les tira de sa poche. C'étaient deux exemplaires du même n°, qu'il avait achetés à quelques heures d'intervalle.... Sa colère tomba, et il eut le bon goût d'en plaisanter le premier, dans la soirée toutefois, après digestion faite. — « Réparation d'honneur, disait-il. C'est égal : il faut que ces gens-là soient bien peu avancés pour que j'aie pu rester trois quarts-d'heure à dépister le lièvre. On ne m'en donne pas à garder, à moi ! Quand on a du flair, on n'est pas dupe...— Non certainement, repris-je. Mais ce n'est pas à vous seul qu'il survient des mésaventures. N'ai-je pas rencontré avant-hier, à S.-Janvier, un certain Joseph Alb..., de Vigevano, que j'avais cru reconnaître à Milan il y a quinze jours, lequel ne se justifia jamais à fond de s'être annexé mon foulard à Naples en 1858, de compte à demi avec un sien compère qui, le coup fait, a disparu de l'horizon ? Je vous ai exposé, il y a quelques jours, cette lamentable histoire, et vous en avez versé plus d'une larme. Or, je m'avance vers mon homme et renouvelle, parlant à sa personne, mes réclamations. Devinez donc ce qu'il me répond, le malheureux ? Que je suis un réactionnaire, que l'arbre salutaire des annexions est en pleine floraison, qu'un fait accompli est un fait accompli, que celui qui ne prend rien n'a rien, qu'il y a vertu à tenir ce qu'on tient, qu'il a besoin, lui Alb.., de se moucher autant qu'un autre, et que, si j'insiste, il me fera arrêter comme conspirateur, rétrograde, ennemi avéré du progrès, de la régénération des peuples, etc. : un flot d'éloquence alpestre dont les derniers jets n'arrivèrent pas jusqu'à moi : j'avais fait retraite, si bien que je cours retrouver mes esprits à Palerme. »

Le magistrat, tout-à-fait ranimé, consolé par cette similitude de mésaventures, puisa trois larges prises dans ma tabatière, et, passant à d'autres sujets, nous fit apprécier les beautés de Virgile, dont il sait par cœur à peu près toute l'Enéide. C'était plaisir de l'entendre, sur cette belle mer, par cette nuit ravissante, avec les brises embaumées qui nous arrivaient des îles, dans ces mêmes lieux que le poëte immortel a parcourus et chantés. Le lendemain matin, on signala les côtes de Sicile, qui se dessinaient au loin avec leurs montagnes, leurs anses, les mille déchirures du rivage. A 10 h. 1/2, nous débarquions au port de Palerme, et une demi-heure après on nous eût vus installés au charmant hôtel de la *Trinacria,* dont la longue façade s'étend sur les jardins de la Marine, en regard de la mer et du golfe : une position incomparable, comme il n'en est qu'en Italie. Le ciel, l'eau, l'atmosphère, la verdure, tout y est ami ; tout y parle fleurs, printemps, bonté du Créateur et reconnaissance pour lui.

Mon intention n'est pas de décrire cette ville. Je me contenterai d'un coup-d'œil sur ses monuments religieux.

au nombre de près de deux cents pour 180.000 habitants. Et quelles églises ! Colonnes, marbres précieux, sculptures, reliefs, peintures, or et argent, boiseries, s'y disputent le regard et l'enchantent. Un peu de profusion peut-être : mais qui ne l'aimerait dans la maison du Dieu qui lui-même nous entoure de la prodigalité de ses bienfaits ? Une nation capable de jeter sur le sol tant de basiliques a dû être non-seulement opulente et puissante, mais artiste et profondément religieuse : deux choses au surplus qu'il est impossible de séparer. L'art ne s'élève qu'en se rapprochant du ciel, et, s'il décline aujourd'hui, c'est qu'il rampe. — Le vieux Palais royal, souillé, hélas ! depuis cinq années, d'ignominieux souvenirs relevés par des inscriptions en l'honneur d'un certain M. Garibaldi, appelé là tout uniment, et en style lapidaire encore ! « le héros du XIXe siècle », ce palais des rois Normands condamné à abandonner un de ses antiques appartements aux impures reliques d'un impur routier, offre au visiteur chrétien, au touriste honnête, sa *chapelle palatine*, bâtie en 1129 par le roi Roger, en style moitié byzantin, moitié ogival, et toute resplendissante de mosaïques, d'albâtres, de marbres, de pierres dures ; les murailles sont revêtues d'inscrustations en pierres dures, du plus grand prix. Les arceaux retombent sur des colonnes de granit à chapiteaux dorés. C'est là que s'est marié Louis-Philippe, qui alors jurait à ses aînés une fidélité de commande, dont il sut s'affranchir en temps utile pour son ambition ! Au-dessous de cette chapelle se trouve un oratoire où les Palermitains assurent que S. Pierre lui-même consacra un autel : les Arabes respectèrent cet asile sacré. Un chapitre est attaché à la chapelle pour la desservir. La confiscation des biens ecclésiastiques n'a point eu lieu en Sicile, comme sur la terre ferme à la fin du dernier siècle et au commencement de celui-ci : on se souvient que la famille royale s'y etait réfugiée, et qu'elle y resta jusqu'en 1815. — *La cathédrale*, située dans la grande rue de Toledo, date de 1185 et fut construite sur une mosquée qui elle-même avait succédé à une église ancienne. L'extérieur, s'étendant sur une très-longue surface, présente un mélange de style normand et d'ornementation mauresque d'un gracieux effet, sinon d'un goût irréprochable ; un élégant feston servant de couronnement découpe ses dentelures sur le ciel. On croirait plutôt avoir sous les yeux l'œuvre d'un orfévre que d'un sculpteur. « Grâce au merveilleux climat de l'île, écrit » M. de Valon, les pierres, au lieu de noircir, acquièrent avec les années une nuance jaune admirablement » chaude. Les monuments, ainsi dorés par la nature, » semblent parés d'une jeunesse éternelle : l'œil s'égaie » à les contempler, et il serait effrayé si, sous ce ciel » lumineux, il rencontrait tout-à-coup la silhouette » sombre de l'une de nos églises septentrionales, si grandioses, si sévères, si majestueuses. » Deux larges arceaux à ogive joignent la cathédrale au beffroi, qui forme un édifice à part, du même style, également digne d'attention. L'intérieur est soutenu par 80 colonnes de granit oriental ; le maître-autel est d'une extraordinaire richesse, celui du Saint-Sacrement tout en lapislazzuli. Ici et là, des tombeaux de rois en marbre blanc et en porphyre rouge. — A *S.-Joseph* des Théatins, nous vîmes, sous la vaste nef, digne d'une métropole, le sanctuaire souterrain de N.-D. de la Providence, où se réunissent des jeunes gens pratiquant en commun la charité et la prière : l'autel, les chandeliers, le tabernacle, sont en argent ciselé; les voûtes disparaissent sous les peintures de maîtres estimés. — *S.-Ignace*, ancien noviciat des Jésuites, dépasse en ornementation luxueuse tout ce qui se rencontre à Rome même et à Naples, si j'en excepte S.-Pierre, le Mont-Cassin et la chartreuse de Naples. On n'a pas idée de ces choses à moins de les voir, et après les avoir vues, plus tard, on se demande si ce n'a pas été un rêve, une illusion, l'écart d'une imagination surexcitée. — Voici encore, mais plus petite, la *Martorana*, appartenant à des religieuses : les mosaïques y brillent de tous les côtés. Georges d'Antioche, grand-amiral de Sicile, qui la fonda en 1143, suivait le rite grec, et le plan est celui des églises orientales, comme aussi la surabondante décoration. — *S.-Dominique*, œuvre somptueuse du XVIIe siècle, en dorique romain; *Ste-Zitta* et ses riches peintures ; *Ste-Thérèse*, *Ste-Catherine*, l'*Ollivetta* (aux PP. de S. Philippe Néri) : il faudrait tout nommer, tout décrire, et je ne le puis. Une particularité curieuse, c'est que bon nombre de terrasses ou des étages supérieurs des palais sont loués à des communautés de femmes : à certaines heures du jour, les religieuses et leurs élèves s'y rendent par des galeries pratiquées sous les rues et les places ; elles viennent jouir du coup-d'œil de la promenade, cultiver quelques jardinets et donner la pâture à des oiseaux. Les grilles qui les défendent sont bombées et à barreaux jadis dorés, à la manière espagnole. — Mais tout cela le cède à la cathédrale de *Montréal*, petite ville archiépiscopale distante d'une lieue et demie, dont la population passe pour descendre des Sarrasins. Là nous attend l'un des édifices les plus remarquables de la Sicile, et de l'Italie où il y en a tant de remarquables cependant. Construit en 1174 par le prince religieux qui ferma les plaies de la Sicile, Guillaume-le-Bon, il reste, dit M. Du Pays, « le monument le plus splendide de cette singulière combinaison de styles qui se produisit alors, et semble attester l'emploi simultané d'artistes grecs, italiens et sarrasins. » En y pénétrant, on s'arrête frappé de stupeur et d'admiration. Le maître-autel, donné par l'archevêque Testa vers 1750, est tout en argent ; une immense mosaïque, occupant toute l'abside, présente une figure colossale de Notre-Seigneur, dont le regard à la fois doux et majestueux, semble appeler à lui et bénir les cœurs de bonne volonté. Les trois nefs sont séparées par seize colonnes de granit oriental, qui s'appuient sur une base en marbre blanc et sur un socle carré en marbre noir. Une des chapelles, surtout, celle de S. Benoît, est un monceau de magnificences. — « Mon cousin, disait un jour Nicolas Ier de Russie au roi Ferdinand II, ce n'est pas un royaume terrestre que DIEU a confié à Votre Majesté, c'est un coin du ciel tombé sur notre planète. » On comprend cette parole, on la redit malgré soi, lorsque de la plate-forme de l'archevêché on laisse errer ses regards sur le golfe de Palerme qu'on aperçoit à ses pieds, et que les Italiens appellent la *Conca d'oro*, « la coquille d'or ». La plaine fertile et boisée qui vous en sépare est enivrante des parfums de l'oranger. Un cercle de montagnes riantes et fertiles enferme cet éden comme dans un cadre destiné à le protéger contre le vent desséchant du Midi. On s'arrache pourtant à ces ravissements, et, quand c'est pour entrer dans le cloître des Bénédictins, qui confine à l'église, autre sujet d'étonnement. Qui n'a vu en peinture ou en photographie ce cloître d'un fini et d'une élégance que les ravages du temps, et ceux aussi de l'incurie humaine, n'ont que faiblement entamé ? 216 colonnes accouplées, de formes variées à l'infini, en limitent les contours ; les mosaïques du XIIIe siècle les font scintiller de mille couleurs ; les sculptures qui en fouillent les chapiteaux parcourent les plus grandes pages de la Bible, depuis la tentation d'Adam jusqu'à la scène réparatrice du Calvaire. On y entretenait jadis un jardin arrosé par des canaux de marbre : le jardin est abandonné ; le cloître gémit d'une solitude qu'il n'a point méritée et qu'on ne s'explique pas : car les religieux habitent toujours là. Les monuments auraient-ils leur destinée comme les hommes ?

On nous avait effrayés de cette bien courte excursion. Un passant, il est vrai, fut assassiné deux heures après nous par quelques-uns de ces chevaliers des hauteurs qui aiment mieux conquérir leur vie par le crime que la gagner par le travail. Le brigandage, en Sicile, mérite son nom ; il n'a rien de politique comme celui des Abruzzes et des Calabres. Pour nous, grâces à DIEU, nous rentrâmes à la *Trinacria* sans encombre ni chute. Ni chute serait trop dire : le magistrat perdit l'équilibre au sortir d'une église à nombreux degrés, et s'en vint cavalcader à l'improviste sur le dos d'un mâtin ronflant au soleil, lequel s'en prit séance tenante aux mollets de l'agresseur, et par après s'enfuit en grognant ; même le maître du chien levait de son côté le poing en manière de plaidoirie adverse; les contusions du patient, ses humbles supplications, parvinrent à arrêter de légitimes représailles. Nous croyons avoir retrouvé la bête à Messine, où elle s'était sauvée d'un trait, et elle aussi reconnut à coup sûr son cavalier, si l'on en juge par les explications furibondes qu'elle entama sur l'heure. L'accident n'eut pas de suites plus fâcheuses. Je n'insisterai pas davantage sur l'injustifiable erreur de notre guide de Montréal qui, à sa mine suspecte, prit notre vertueux compagnon pour un Juif, et ne cessa de l'exhorter à se faire baptiser, pendant deux heures et demie qu'il nous fut donné de l'entendre. Ses exhortations, en réalité pleines de foi, auraient attendri une âme moins endurcie. Malheureusement, l'homme en perdit tout le fruit, au point de vue apologétique, en nous donnant Caïn pour un arabe venu à Palerme, au septième siècle, à l'effet d'assassiner son petit frère, un doux adolescent qu'on avait baptisé après suffisant examen. Cela gâta l'affaire, et, en toute sincérité, c'est dommage.

Ce bon peuple est resté essentiellement religieux. Les moindres détails de sa vie font ressortir ce caractère, en dépit de l'impiété exotique apportée chez lui depuis peu par le sabre et la trahison. Chaque maison, si pauvre soit-elle, possède son image peinte de la Madone et de l'Enfant Jésus, devant laquelle brûle nuit et jour une humble lampe; les croix, les statues de saints, les stations du chemin de la croix, les inscriptions pieuses, sont prodiguées dans les rues, sur les chemins, au pic des montagnes; les chariots des champs eux-mêmes sont couverts de peintures à sujets bibliques plus ou moins réussis, mais toujours choisis selon les traditions de la famille ou la dévotion du propriétaire ; les saints aussi y jouent un rôle important. Le Sicilien répugnerait à ces vulgaires charrettes du Nord, sales, immondes, grossières, où l'utile seul est envisagé ; il lui faut, jusque dans ces détails, de l'art, une parole ou un signe allant à l'âme, répondant à l'imagination ; le fumier ne lui suffit pas. Aussi voyez avec quel soin il orne la tête des chevaux de pompons, de rubans, de clous dorés ! On les croirait en fête tous les jours. — A l'église, il manifeste tout haut, sans vergogne aucune, ses infirmités, ses besoins, l'objet de sa prière. A l'ouverture du mois de Marie, le lendemain de notre arrivée, la foule accueillit le prêtre d'un *Viva Maria!* échappé de toutes les poitrines ; *Viva Maria!* au premier mot de l'instruction ; *Viva Maria !* à la fin, peut-être même au milieu (je ne me souviens pas exactement) ; *Viva Maria !* encore de temps en temps pendant la Messe. Sachant assez la langue, j'aurais pu tout à mon aise, avec une légère dose d'indiscrétion, me mettre en un tour de main au courant des plus intimes affaires de conscience de mes voisins et voisines : car ils en causaient sans façon avec la Très-Sainte Vierge, de manière à les populariser aux alentours. Nos natures compassées et froides ne comprennent pas cela, et nos natures sont des sottes. Madame de Staël, dont le fin génie touche ordinairement juste, a dit un mot qui me revenait à ce moment : « Le Nord est si peu favorable » aux arts qui frappent les yeux, qu'on dirait que l'es- » prit de réflexion lui a été donné seulement pour qu'il » servît de spectateur au midi. » J'accepte, pour ma part, l'appréciation : elle me paraît celle de l'histoire.

Ce n'est pas que ces excellentes gens, doués de leur part raisonnable d'infirmités et de défauts, ne soient vulnérables par plus d'un endroit. Les notions du *tien* et du *mien* sont parfois confuses dans leur esprit, faute d'explication sans doute. On allègue à leur décharge, il est vrai, qu'ils ont vécu des siècles sous la loi des princes Normands, « ce qui a bien quelque valeur en » justice », disait sagement notre ancien procureur-général. Leur gosier est aussi trop amoureux de notes excentriques, leur main trop promptement en accointance avec un manche de couteau, lorsque le sang leur monte à la tête. Et puis, ils cultivent avec passion le *far-niente,* le « rien-faire », s'en rapportant outre mesure à la Providence pour les frais du lendemain. — Vivant au milieu des plus riches souvenirs de la mythologie et de l'histoire, s'ils en saisissent de droite et de gauche quelques bribes, c'est pour les accommoder naïvement, rondement, à ce qui les entoure aujourd'hui. Caïn eut un Arabe pour maître Gaetano de Montréal nous expliquant les sculptures du cloître; Samson est un fort de la halle de Palerme qu'une certaine poissarde du nom de Dalila eut l'infamie de livrer aux Maures; Proserpine et Cérès étaient de mauvaises chrétiennes dont il ne faut pas parler; quant à Pluton, son paquet ne demande ni temps ni besogne: ce fut un drôle, tout court, et il y a de cela si longtemps qu'aucun des anciens de la ville n'a souvenance de l'avoir vu. — Même culture de l'autre côté du détroit. Le batelier qui me conduisit un jour à Capri, l'illustre Raffaele de Sorrento, je l'ai dit il y a deux ou trois jours, constatait dans Tibère un vieux roi de Naples qui fit travailler le peuple sans payer, qui n'allait jamais à l'église, qui mourut sans sacrements; ce pourquoi il ne fut point inhumé en terre sainte, comme il était de toute équité. Le 9 mai dernier, au sommet du Vésuve, à deux pas du cratère vomissant le feu, la cendre, et les pierres-ponces, — spectacle sublime! — le brave *cicerone* Pasqualé, un des doctes bonnets de Résina, m'expliquait comme quoi la porte de l'enfer était là, à telle enseigne que le diable y faisait un satanique sabbat. « Nous le narguons malgré cela, ajouta-t-il, et il faut bon gré mal gré que *fra Diavolo* cuise nos œufs pour nous épargner la dépense d'un fagot. » De fait, ses œufs étaient cuits à point, durcis selon les règles, et meilleurs que dans aucune officine de Naples et du royaume. — Le Napolitain, comme le Sicilien, comme le Romain, comme le Toscan, comme le Turinois même, ne jure que *per Bacco*, par Bacchus: point de phrase composée de quinze mots où le dieu de la vigne et des joyeusetés populaires n'entre pour un bon quart. J'interrogeai sur ce caprice, la question des œufs épuisée, maître Pasqualé. — « Je vous entends à toute minute invoquer le nom d'un singulier personnage; vous parlez sans cesse, à temps et à contre-temps, d'un certain Bacchus dont la réputation n'est pas parvenue jusqu'à nous autres, Anglais de France (un voyageur est infailliblement un Anglais pour tout guide italien; il y a synonymie acquise, indiscutable): quel était donc ce Bacchus? — Bacchus! ce n'est pas un homme, c'est une bête! — Une bête? — Je vais vous élucider la chose, *signor Inglese*. Il y en a parfois qui blasphèment, et c'est très-mal: il ne faut jamais insulter le Bon-Dieu, à qui nous devons tout et qui nous jugera selon nos faits et gestes : donc, pour nous empêcher de rouler dans ce péché énorme, on nous a conseillé de jurer plutôt par un animal, par une vache, *per vacca, per Baccho*. Vous sentez que c'est plus convenable, puisqu'enfin il est indispensable, comme chacun sait, de jurer un tant soit peu. » L'explication était claire, en effet, et surtout solide et savante. Maître Pasqualé n'en voulut pas démordre. — Je citerai encore pour mémoire le guide d'Ostie, orné de magnifiques bottes, nous assurant que la ville avait péri sous les coups d'une bande de Piémontais des vieux temps, débarqués en traîtres avant que les zouaves pontificaux eussent le loisir de les rembarrer. Il nous montrait ensuite avec complaisance une fresque nouvellement découverte, où un *ancien Romain*, Orphée, disputait sa femme au diable, le tout inutilement, car le diable finit par la garder. « Et grand bien lui fasse ! » murmurait le guide.

Je m'attarde dans ces causeries et réminiscences, pendant que l'*Archimède* chauffe à toute vapeur : c'est lui qui doit nous conduire à Messine, et il n'attend personne. — « Adieu donc, cité charmante ! s'écrie le plus jeune de nous trois ; adieu, Palerme, que l'admiration des siècles a gratifiée de l'épithète d'*heureuse*, à cause de ta beauté, de ton commerce florissant, de l'étonnante fertilité de ton sol, de la sérénité constante de ton ciel, de l'aménité de ta situation, et enfin de l'aisance et de la courtoisie de tes habitants. Ton golfe n'est pas moins pittoresque que celui de Naples. Couronnée du mont Pellégrino, assise auprès du cap Zafférano, entourée des collines de la Baghéria parsemées de si jolies maisons de campagne, tu ressembles à une impératrice, et tu règneras dans mes notes de voyage, que je rédigerai quelque jour au coin d'un poële fumeux de Hollande, entre deux pots de bière, durant les premiers frimas de septembre ! Si quelque chose pouvait adoucir mes regrets, ce serait, ô Coquille d'or, de te laisser la jouissance de cette armée de puces que tu déchaînas contre ma peau. Vivez heureux ensemble. » — La tirade nous plut : elle partait d'une âme qui sent à l'unisson de l'épiderme : *men sana in corpore sano*. Sauf la bière, le poële et les puces, l'allocution se reconnut tout entière dans le *Guide* d'Artaria : nous nous en assurâmes quand il n'était plus temps de retirer nos éloges.

Le navire file cependant le long des côtes. S'il se tient en équilibre, ne vous y fiez pas : c'est pour une demi-heure au plus. Archimède, dit-on demandait un point d'appui pour soulever le monde : notre *Archimède*, à nous, trouve le sien sur des flots dévergondés pour nous lancer au troisième ciel. C'était pitié ! Un mal de mer universel, épouvantable, à dégoûter de la vie et même de la Sicile... Songeant au *Conciliatore*, au chien qui l'avait déchiqueté, aux tentatives d'amendement opérées sur lui à Montréal, le magistrat ne sentait rien, courait, mangeait, fumait, avec un révoltant cynisme, pendant que tous les honnêtes gens du bord râlaient et hurlaient de désespoir ; d'aucuns même allaient plus loin, entr'autres notre rhétoricien de tout-à-l'heure, qui travaillait désormais à une autre besogne qu'à celle d'ajuster des périodes. En ce qui me concerne, s'il convient de tout avouer, je méditais la dissertation de Pasqualé, et ne me faisais point scrupule de répéter avec rage : *Per Bacco !*

Per Bacconaccio! C'est à peu près ce qu'on peut articuler de plus fort en restant en-deçà. Ah ! que David peignait bien cette torture quand, au psaume 106ᵉ, il lui revenait mémoire du mal de mer ! « *Ceux qui descendent sur ces flots dans leurs navires*, dit-il, *et qui y travaillent rudement au milieu de l'immensité des eaux, ceux-là ont vu les œuvres du Seigneur et toutes ses merveilles dans les abîmes.* DIEU *parle, et voici le souffle de la tempête, et les vagues se soulèvent. Les infortunés montent jusqu'au ciel, et puis sont précipités dans les profondeurs : leur âme sèche de souffrance. Ils sont troublés, ils chancellent comme un homme ivre ; toute leur intelligence a été dévorée. Et ils crient vers le Seigneur...* » A l'exception du magistrat, digne d'être marqué au fer rouge, nous le faisions tous alors, nous criions vers le ciel. Le prophète continue : « *Et le Seigneur les a retirés de leurs angoisses, et il a commandé à la tempête de se transformer en doux zéphyr.* » Ce ne fut pas pour ce jour-là, grand DIEU ! L'*Archimède* tenait à ballotter son monde de mieux en mieux, et le port même de Cefalù, ni les rochers dénudés, grisâtres et luisants de San-Stéfano, plus avenants en apparence, n'arrêtèrent un instant, même pour prendre ou débarquer des passagers, ses effrénées cabrioles, ses bonds insensés. C'est dans ce moment que, pour la dix-huitième fois environ, nous fîmes l'irrévocable serment de ne plus mettre le pied sur un bateau. Le magistrat, lui, impassible, s'informait s'il y avait, dans les entrailles du monstre, provende raisonnable et suffisante. Il fut répondu que oui, et la paix s'éternisa sur cet heureux visage. Que le remords lui en soit léger ! — Enfin, sur les huit heures du soir, après une entière journée de crucifiement, une halte s'annonce, les soubresauts diminuent ; on parle de Milazzo... on y entre ; on doit passer la nuit en rade, et le lendemain, à quatre heures du matin, on recommencera à danser de plus belle, jusqu'aux îles Lipari et à Messine. — « J'en prends à témoin le Styx et ses ondes noires ! m'écriai-je : j'atterris ici ! Une barque au plus tôt, et adieu les États d'Amphitrite et du sot Neptune ! J'irai à Messine à travers les montagnes que je distingue là-bas. — Mais, imprudent, dit un sage, vous vous ferez manger en route par les brigands : les chemins en sont pavés, et on les dit friands d'Anglais. » A ce dernier exposé, je reconnus un *cicerone* italien cherchant capture. — « Les plus enragés brigands ne le sont point à l'égal de cette mer : j'aime mieux les affronter que cette abominable traitresse. Une barque donc ! » Ce fut ma vaillante réponse. Elle entraîna une double adhésion, celle d'un jeune Anglais, vrai Anglais celui-là, qui arrivait de New-York en droiture et citait l'Océanie comme l'une de ses prochaines stations; et puis celle d'un Sicilien de Messine même, ennemi prononcé des bateaux et de la mer. Mes deux autres compagnons dormaient du sommeil de l'indifférence pour les maux de ce bas monde. Je les laissai à la garde de leur innocence et de l'équipage. — Ah ! qu'il fait bon toucher le sol au sortir de l'*Archimède* ! L'air me parut vingt fois plus pur, la lune plus amie dans son silence, comme dit le grand poëte, la Sicile plus délectable : les arbres me saluaient, l'herbe naissait sous mes pas, à travers les dalles de pierre ; une page de Florian m'eût transporté ; n'eût été le respect humain, j'eusse baisé la première muraille contre laquelle heurta mon chapeau. La brise emporta mes cris de joie jusqu'à la cheminée encore fumante du bourreau de vapeur.

Milazzo, situé en partie sur la montagne et en partie dans la baie qui l'entoure et où il forme une presqu'île, renferme dix mille habitants. Le territoire en est si fertile, que les faiseurs de vers y ont envoyé Apollon paître ses troupeaux. Les rues sont larges, les maisons spacieuses et à belles façades : je n'en pus voir davantage. Une espèce de dîner dans une espèce de restaurant, une espèce de lit dans une espèce d'auberge qui singeait assez mal à propos la Basse-Bretagne et la surpassait en dénûment : voilà notre histoire à Milazzo, en y joignant une espèce de contrat avec une espèce de voiturin. A deux heures, en effet, le voiturin enfonçait la porte sous prétexte de frapper, et nous intimait de grimper dans sa machine. L'Anglais, réveillé en sursaut, protestait en jurant que ce n'est pas là une heure de chrétien; le Sicilien se frottait les yeux en maugréant à la sourdine; quelques chiens aboyaient dans les environs ; homme de raison, je fermais mon sac et me taisais. Espèce de contrat vraiment: car, bien que la berline, qui du reste ne fermait d'aucun côté, fût retenue et payée pour nous seuls, elle était déjà occupée par deux bons apôtres du crû qui avaient envahi à leur usage personnel les meilleures places. Les réclamations, les protestations, les objurgations, dans le plus académique sicilien du monde, ne faisaient pas bouger nos drôles, et le cocher s'époumonnait à nous convaincre que les choses iraient beaucoup plus sagement ainsi. Pour lui comme pour eux, ce point ne faisait pas un doute. Bref, entassés sur le devant, le moins mal qu'il fut possible, le premier d'entre nous qui eût cédé aux tentations de Morphée était sûr d'aller voir sous la roue si elle appuyait bien, et par contre d'envoyer les autres prendre la mesure du fossé voisin. Et voilà comment l'existence est filée de soie ! Ce sont les poëtes qui ont mis en circulation une idée aussi foncièrement menteuse; en récompense de quoi ils devraient être condamnés à filer la quenouille.

Dix lieues nous séparaient de Messine, dix lieues dans les montagnes; sept heures pour les faire. Certains livres vous diront que ce trajet est insignifiant. Ces livres-là mentent comme les poëtes.

Quant à mes deux amis, ils voguaient vers *Lipari*, dont ils racontèrent des choses à faire venir l'eau à la bouche, et au cœur un déluge de regrets. Ce groupe de sept ou huit îles, semées en désordre sur la côte septentrionale de la Sicile, a servi de demeure, au dire de la fable grecque, à feu Eole, seigneur et dieu du vent. Le sournois s'amusait à jouer de là plus d'un tour aux navigateurs inexpérimentés, en gonflant sa grosse et magnifique face d'où s'échappaient orages et tempêtes, pendant que ses voisins Charybde et Scylla se bornaient, plus ronds dans leurs déportements, à envoyer tout uniment les vaisseaux parachever au fond de la Méditerranée un voyage de plaisir. Virgile est bon là-dessus. Charybde, nul ne l'ignore d'ailleurs, fut une langoureuse fille de Jupiter installée dans ce gouffre par le tendre papa pour s'être permis, sous couleur des soins du ménage, de voler des bœufs au compère Hercule, lequel sur ce chapitre n'entendit jamais le mot pour rire, ainsi que l'atteste d'autre part le très-illustre Cacus, assommé comme de raison pour gestes de même nature. Vulcain fit aussi des siennes à Lipari, où se trouvait une de ses forges, un volcan mignon qui ne dit plus grand'chose depuis que le Vésuve a pris la parole, l'an 79 de l'ère chrétienne. La ville compte environ 15.000 habitants et possède un évêché. Le produit principal est du raisin exquis, et aussi des figues renommées, dont on fait une exportation considérable. Quant à l'île de Vulcano, au-dessous, elle poussa naïvement comme un champignon, 200 ans avant Notre-Seigneur, et depuis n'a cessé de vivre, plus sage en cela que cette autre capricieuse petite île épanouie en 1820, et qui faillit mettre la guerre entre l'Angleterre et le roi de Naples, chacun prétendant à la possession de l'objet, le roi parce qu'il était né dans ses eaux, les Carthaginois du Nord parce qu'ils l'avaient aperçu les premiers. L'excellente raison ! On vint vérifier sur les lieux: les lieux n'y étaient plus...

Pour moi, et c'était le mardi 2 mai 1866, je cheminais de Milazzo à Messine, dans ma patache ouverte à tous les vents s'il y avait eu des vents quelconques; mais l'air était doux, tiède, parfumé, le ciel d'une entière sérénité, la mer devenue calme et bleue à l'extrémité de l'horizon. Il faut avoir parcouru la Sicile à l'intérieur pour se représenter la richesse, les sauvages beautés de ce pays. Malheureusement, on a déboisé les hauteurs; les irrigations ne se font plus d'une manière suffisante; les torrents, n'étant point retenus par les racines des arbres, inondent au lieu de fertiliser, et quand ils sont à sec, ce qui ne tarde guère, leur lit sert de voie publique et de chemin. Nous en eûmes trois à traverser de la sorte, dans le court espace de huit à dix lieues. Ce spectacle porte avec lui je ne sais quelle image de désolation qui contraste avec l'aménité des sites et l'agrément de cette nature. En sortant de Milazzo, on entre dans une plaine couverte de délicieux jardins, dont les arômes multiples, où domine l'oranger, remplissent l'air d'agréables senteurs. La chaîne des montagnes du Valdémona doit ensuite être franchie : longue à monter, car les pics sont élevés et raides ; route large et bien entretenue du reste. Partout des haies de cactus énormes, de ces cactus dont rien n'approche dans nos serres, où nous faisons laborieusement éclore de maigres et rachitiques spécimens ; ceux de Naples même ne les font pressentir qu'à demi. En certains endroits, ce sont de vrais arbres, et tellement entrelacés dans leur raquettes criblées de pointes aiguës, qu'ils formeraient des murailles à défier le canon. — A 4 h., nous étions au village de Spadaforo, assez populeux et d'heureux aspect. Le soleil était levé depuis longtemps déjà. Tout s'éveillait sur nos pas : les paysans partaient pour les champs, en fredonnant quelque vieille romance du temps du roi Roger, un bon pourfendeur de mécréants, ou encore quelque refrain tout aussi neuf sur Jean de Procida, qui sut mener à bien la grande affaire des *Vêpres Siciliennes* ; les oiseaux gazouillaient à l'aise, en dépit du Piémont ; les chèvres se cramponnaient à leur poste, sur toutes les pointes de rocher, sous la garde de quelque Mélibée paré de leurs dépouilles à titre de paletot ; les bœufs passaient aussi, avec ces cornes démesurées qu'on ne voit qu'ici, et qui parfois occupent la largeur d'une rue. Ces cornes sont gardées avec soin et brillent dans tout salon qui se respecte, comme un préservatif contre les maléfices et les embûches du Malin. Les maisons écartées, coquettement assises dans quelque lieu choisi avec le sentiment de l'art, comme l'exige Vitruve, n'ont au surplus que cela pour elles : l'œil, en les scrutant à la dérobée, y découvre une indigence complète, mais point repoussante : il fait si bon dehors, sous un tel ciel, qu'on pense rarement à orner l'intérieur d'un abri à peu près inutile. Çà et là, quelques restes de la domination arabe, une tour entr'autres au sommet le plus ardu du mont Pélore, d'où le regard embrasse avec ravissement d'un côté la Méditerranée et les îles, de l'autre le Phare, le détroit, la Calabre et les derniers plis des Apennins, au midi l'Etna et ses immenses forêts. Il faudrait passer là vingt-quatre heures à méditer dans la solitude, et qu'elles s'écouleraient vite ! Que si la fantaisie en prenait à quelqu'un de vous autres, mes amis, je le préviens, que j'y perdis une paire de lunettes au mois d'août 1848, et qu'une récompense honnête est promise à qui les remettra en bon état à leur légitime propriétaire.

—Ce sera moi qui irai les chercher, s'écria M. **François**. Je les retrouverai, ou j'en mangerai ma tête !

—Silence, s'il vous plaît, dit **Adrien** : le règlement s'oppose à ce qu'on interrompe l'orateur. D'ailleurs, nous sommes fatigués de cette perpétuelle menace au sujet de votre tête ; digérez-la une bonne fois, et que ce soit fini !

— Jeune homme, reprit M. François, silence à votre tour ! Le sort des lunettes m'a touché, et j'ai eu le tort d'exprimer tout haut ma pensée. Monsieur le conteur voudra bien continuer. La parole vous appartient après lui. Donc, les lunettes ?

— J'en avais apporté d'autres, DIEU merci, et je ne puis dire avec quelle reconnaissance je les pressai sur mon cœur et dans leur étui après qu'elles m'eurent fait découvrir, tout au bas de la vallée, s'étendant en reine sur ce bras de mer qu'elle commande, Messine-la-Magnifique, ainsi surnommée par les poëtes de l'histoire, et à bon droit. On va rapidement lorsqu'on n'a plus qu'à descendre une longue avenue d'aloès, de citronniers, de lauriers, de pins : à 8 heures donc, nous faisions notre solennelle entrée dans les murs de la vieille Zancle, comme disaient les Grecs. J'ai parlé de citronniers : il est intéressant de savoir que ceux des environs de Messine, toujours en feuilles, en fleurs et en fruits, produisent, par pied d'arbre, jusqu'à 30.000 citrons par an ; quelques-uns en ont donné 45.000 ! « Quand on a vu, dit M. Sala [1], quand on a vu les belles récoltes de blé de Catane ou celles des raisins de Syracuse et de Vittoria ; quand on a vu les gras troupeaux qui se prélassent dans les prairies artificielles de Trapani ; quand on voit les figuiers, les amandiers, les pistachiers, mêlés aux oliviers dans ces beaux champs clos par de fortes haies de cactus ou d'aloès aux larges

---

1 *Revue contemporaine* du 15 décembre 1854.

feuilles et aux fleurs pyramidales ; quand on a visité les jardins ravissants de Palerme, où toutes les fleurs de tous les pays et de tous les climats se parent naturellement de leurs plus belles couleurs et exhalent leurs plus doux parfums, » on comprend l'enthousiasme de ceux qui ont écrit sur la Sicile, et, je l'ajouterai, la convoitise de MM. les Anglais, convoitise qui est le premier et le dernier mot des bouleversements italiens. Si je voulais aborder la politique, je prouverais mon dire.

Des annales particulières mêlées aux faits les plus décisifs de l'histoire, l'un des ports les plus vastes, les plus commodes et les plus sûrs de l'Europe, cent mille habitants pleins de vie et d'industrieuse activité, d'innombrables palais disposés sur deux rangs pour former les rues, une citadelle plantée au milieu du détroit par Vauban et qui passe pour imprenable, des monuments religieux et artistiques en notable quantité : voilà ce qui s'empare du voyageur à Messine et l'y captive. Je ne détaillerai pas tout cela. Deux grandes rues parallèles au quai, le *Corso* et la *strada Ferdinando* (des mains souillées de turpitudes ont décroché ce dernier nom pour y substituer celui de... M. *Garibaldi* !...), partagent la ville en deux et sont coupées à angles droits par d'autres rues s'élevant d'un côté vers la montagne, aboutissant de l'autre au port par autant d'arceaux à travers lesquels brille le lac azuré de la mer Ionienne. On y compte sept portes, cinq places publiques, six grandes fontaines, une université, quatre bibliothèques, trois monts-de-piété, cinquante couvents, et d'autres établissements de différents genres. Les catastrophes ne lui ont pas plus manqué que l'influence et les richesses : j'en dirai un mot tout-à-l'heure. Vue de la mer, la ville présente un amphithéâtre couronné par les montagnes et s'inclinant mollement au bord du détroit, où les maisons élégantes et à colonnes du quai, appelé la Marine, lui font une royale ceinture ; les tours, les clochers, les coupoles, s'élancent tout au travers, et aussi la tête hardie et touffue de quelques beaux arbres. L'ensemble est extrêmement gracieux, pittoresque, et rappelle Naples par plus d'un endroit. La terre ferme, qui se déroule en face, avec les villes de Reggio de Calabre, San-Giovanni, Scilla, et plusieurs villages de pêcheurs, semble, au premier coup-d'œil, n'en être séparée que par l'un de nos grands fleuves, le Rhône, la Loire, la Garonne. Moins d'une heure suffit à franchir la distance d'une rive à l'autre. Le temps ne nous permettait pas cette excursion.

La cathédrale surprend peu à la première inspection. Cependant le vaisseau est vaste, la hauteur considérable, les richesses de détail prodiguées, et on revient promptement de cette première impression en observant la façade, percée de trois portes ogivales, toutes en marbre de diverses couleurs, avec mosaïques et bas-reliefs ; les vingt colonnes antiques de la nef, le maître-autel incrusté de pierres précieuses et se dressant, comme un monument séparé, à la moitié de la hauteur de la voûte ; et surtout la splendide chapelle du Saint-Sacrement, à gauche. Je comptai, sur le grand autel, dans une cérémonie, il y a quelques années, jusqu'à 700 cierges allumés à la fois. On conserve à la sacristie le texte d'une lettre qui aurait été adressée de Jérusalem aux Messinais par la T.-S. Vierge à la suite de la prédication de

S. Paul : la suscription, les détails de rédaction, la date avec son luxe de computations grecques, hébraïques et romaines, qui devaient être fort étrangères à Marie, et dans tous les cas assez inutiles pour un billet de quelques lignes, les quatorze siècles qu'une pièce si importante, si glorieuse pour la cité, aurait été condamnée à l'oubli, d'où un Grec légitimement suspect, Constantin Lascaris, feignit de la tirer après la prise de Constantinople, s'unissent, il me semble, pour en détruire l'authenticité. J'ai dit ailleurs mon sentiment à cet égard, il ne s'est pas modifié [1]. — Parmi les autres églises, je mentionnerai celle des *Ames du Purgatoire*, rotonde décorée de peintures à puissant effet, et qui est particulièrement chère à la piété des habitants ; celle de la *Scala*, mélange d'architecture antique, arabe et normande ; celle *des Catalans*, fort ancienne ; celle de *St-Grégoire* (couvent de femmes), dans une situation idéale, d'où l'on domine le golfe et la Calabre ; celle du *St-Sauveur* des Grecs, où l'office se fait en cette langue, selon le rite de S. Basile, et qui est bâtie auprès de la mer, à quelque distance de la ville. De ce côté-là, on a fait, depuis peu, de grands travaux de terrassements, de chaussées, de plantations et de constructions : le progrès en ce genre ne s'est point arrêté aux barrières de Paris ou de Lyon.

Cependant, sur les deux heures, l'*Archimède* est signalé, et j'accours offrir à mes compagnons les honneurs

---

[1] La Sicile : *Souvenirs, Récits et Légendes* : in-8. Lille, Lefort. 2e édit.

du port que j'occupais avant eux, grâce à ma patache. Il était temps. Deux personnages gesticulaient, avec échange de qualificatifs hasardés, au beau milieu de la place. Ne perdons pas de vue ceci : la mer, alors même qu'on la quitte, est coutumière de vous rendre les jambes assez mal assurées, voire de susciter de l'humeur dans le caractère. Les Parthes n'étaient pas plus traîtres ! Et notre digne magistrat s'en ressentait comme les autres ; joint à cela que volontiers il agite, en causant ou en marchant, une canne à assommoir qu'on a quelque peine à juger inoffensive au premier aperçu ; l'expérience rassure, mais l'expérience n'est point acquise à tout venant. Se posant donc *ex abrupto* en point d'interrogation : « Signore, dit-il en italien du treizième siècle à un gentleman qu'il avise, l'hôtel de la Vittoria, s'il vous plaît? » L'autre toise incontinent son homme, et du meilleur français riposte avec hauteur : « Monsieur, veuillez repasser quand vous serez à jeun ! — Je vous exhorte à croire, signore... — La foi n'a rien à faire ici, Monsieur, les yeux suffisent... » La querelle allait certainement envahir les trois faces de l'étendue, longueur, largeur et profondeur, peut-être aboutir à un exercice de pugilat : nous eûmes la gloire de l'arrêter court en jetant au travers de ces obscurités de langage et de circonstances une opportune lumière. La victime m'en est restée particulièrement reconnaissante : ce qui montre une fois de plus son bon naturel, auquel je me plais à rendre hommage en toute occasion méritée.

Quelques heures après, nous surprenions un vieil ami, Salvatore Bensaja, cœur à la même température que la tête, c'est-à-dire à peu près le cratère de l'Etna dans ses jours d'incandescente expansion, nous le surprenions, dis-je, assis en patriarche à l'ombre d'un bois d'orangers et de citronniers, méditant sur les vicissitudes étranges de la fortune des peuples, et de la Sicile en particulier, à laquelle il donna plus d'une fois son sang..., pour aboutir à quoi? L'âge fait réfléchir, la réalité aussi, et bien des illusions se dissipent au contact des ruines. Que de souvenirs nous avions à remuer ensemble! et nous n'y manquâmes guère. Tous les quatre alors, munis d'un phaéton sur le coursier duquel je soupçonne le cocher d'avoir poussé jusqu'à l'abus les expérimentations économiques, nous parcourons la ville, où la fraîcheur du soir réveillait de leur sieste les neuf dixièmes de la population : c'était une fourmilière d'êtres humains, Siciliens par-dessus le marché, ce qui ne saurait en conscience être synonyme de gens taciturnes, moroses ou parlant bas. Les crieurs de pois-verts, de marée fraîche, de cerises, de limons, de blé de Turquie grillé, ont, à cette latitude, des poumons à perforer les oreilles d'un sourd ; les chevaux saisis d'aventure par une de ces émissions formidables font régulièrement un écart, le cavalier perd l'arçon, les chiens protestent par bandes, les étrangers se pâment, redoutant un de ces tremblements de terre subits dont on les a effrayés ; pour les naturels, ils consomment paisiblement leur cigare en gagnant le café voisin, où les attend pour deux sous une glace ou un sorbet succulent.

Quand on a dépassé la porte du Midi, voisine du grand hôpital, on chemine quelques temps entre de jolies maisons de campagne pour gagner le village de Contessa, brûlé en partie par les Napolitains en 1848, mais qui s'est remis de cette cruelle épreuve. Nous allions y visiter une villa comme il y en a peu, une villa qu'on n'oublie plus, une villa qu'on souhaitera toujours de revoir. La description en est difficile. Représentez-vous toutefois un bâtiment à colonnade surmonté d'une terrasse peuplée d'orangers, entouré d'avenues de pins parasols, de citronniers, d'orangers encore, de vignes gigantesques formant berceau ; le tout entremêlé de parterres où s'épanouissent les fleurs que nous appellerions les plus rares, et qui là sont à peine remarquées. Montez sur cette terrasse, et dites-moi où vous avez rencontré un panorama semblable! Devant vous, les eaux du détroit baignant les limites du parc, qui s'avance pour être caressé par elles ; au-delà, toute la Calabre, avec ses montagnes, ses villes, ses bois et ses jardins; sous vos pieds, la propriété charmante où vous êtes traité en bien-venu, et puis les propriétés voisines, sur lesquelles votre œil se repose avec les mêmes jouissances ; derrière vous, la chaîne des monts Pélore, qui de là s'en va partager l'île en trois plateaux et lui a valu le surnom de *Trinacria*, aussi bien que ses trois caps ; à droite, dans la direction de Catane et de Syracuse, le sommet de l'Etna, étincelant de mille feux la nuit, et que vous croyez toucher de la main; sur votre tête, le ciel le plus constamment pur, l'atmosphère la plus limpide, la plus suave, la plus chargée de parfums. « La Sicile, a écrit quelque part M. Paul de Musset, c'est comme une terre promise. Celui qui vient du nord en pensant à son pays natal ne le retrouve plus dans sa mémoire qu'enveloppé de frimas et de brouillards ;

l'Italie elle-même a les pâles couleurs, et la France paraît cristallisée au fond d'un glacier. » Le bon Bensaja, fier de sa patrie, faisait ressortir éloquemment ses avantages. Le vénérable magistrat prenait le ciel à témoin que Carpentras même n'approche pas de telles merveilles; le jeune homme de Hollande, sans s'émouvoir, convenait qu'il n'y avait pas lieu de songer à Rotterdam ; et moi... Peu importe au reste : il suffit d'avouer que les comparaisons m'inquiétaient moins ; je m'abandonnais à mon enthousiasme. — « Et vous avez raison, ajouta le chaleureux Sicilien, vous avez raison tous les trois. Si nous pouvions continuer dix lieues plus loin (mais nous ferons cela quelque jour, c'est promis !) cette route qui longe la mer et qui mène à Syracuse, je vous conseillerais de conserver pour ces autres sites une large provision de vos entraînements admiratifs. Lisez ce qu'en a dit un de vos compatriotes. » Et il nous tendit son recueil de notes. — « C'est l'Odyssée à la main qu'il faut traverser le détroit de Messine ; c'est là qu'il faut lire Homère, qu'il faut comparer ses tableaux à cette nature qu'il a si bien peinte, qu'elle semble se réfléchir dans ses vers comme ces coteaux fertiles dans l'onde qui les baigne de ses flots de saphir :

» *Dolce color d'oriental zaffiro* (Dante).

» Les beautés du Bosphore peuvent seules être comparées à ce détroit. Si Messine était ornée de ces minarets, de ces kiosques, de cette architecture pittoresque qui donnent tant de caractère à Constantinople, je ne doute point qu'elle ne lui fût préférée. A mon entrée dans le détroit, le soleil s'approchant de l'horizon, les monts Pélore projetaient des ombres vigoureuses sur la moitié du canal, tandis que les côtes de la Calabre, inondées de flots d'une lumière brûlante, présentaient à travers l'atmosphère la plus pure toutes les richesses d'une végétation variée. Mais ce spectacle admirable, changeant dans ses détails, dura trop peu ; les courants rapides, qui donnent au détroit l'aspect d'un fleuve majestueux, nous eurent bientôt portés à l'entrée du port de Messine, *nobile ed esemplare città di Messina*. Voyez avec quelle majesté elle se déploie sur les flancs du Pélore et sur les bords de cette belle mer. Regardez-la, de ce port le plus sûr et le plus vaste que la nature ait creusé, ou de ces hauteurs qui la dominent du côté de l'Occident : partout elle présente un aspect aussi noble que riant, partout elle paraît digne d'être la capitale non-seulement d'une province mais d'un puissant empire. Une vaste étendue, des faubourgs, des campagnes abondantes couvertes de maisons de plaisance, de villas magnifiques, embellissent ses environs. A l'intérieur, ses belles rues pavées de larges dalles de lave, ses places ornées de fontaines, de statues, ses monuments publics, ses palais, ses temples, son lazaret, son phare, ses fortifications, ses arsenaux, tout lui mérite le titre de métropole qu'elle a plusieurs fois obtenu. »

— Bravo ! dîmes-nous en chœur, et cette description fait honneur à Messine... En dépit de ce monsieur qui veut qu'on soit à jeun au débarqué, murmura l'un des trois. Mais à propos, cher ami, nous n'avons pas vu là un mot de la route en question. — Patience ! reprit Bensaja ; nous y touchons : tournez trois feuillets, et rendez la parole à M. Paul de Musset que vous citiez tout-à-l'heure. Le passage était effectivement au cahier :

« La route de Messine à Catane réunit tout ce que la nature peut offrir de plus riche et de plus varié pour l'œil du voyageur. Située sous le même degré que Tunis, elle échappe à l'aridité de l'Afrique par le vent de la mer et le voisinage des montagnes. Sur la gauche, elle côtoie sans cesse le rivage, et à droite elle est coupée par des torrents. D'un côté on voit la ville de Reggio sur la pointe de la botte italienne, et de l'autre la tête blanche de l'Etna. Les orangers donnent une ombre noire que le soleil ne perce jamais, et répandent au loin une odeur délicieuse. Les chênes-verts, les tulipiers, les myrtes et les catalpas, qui semblent vulgaires aux gens du pays, ont pour l'étranger un air de luxe qui change les bois en jardins et en parcs. Le chemin est entièrement bordé par ces énormes cactus qui portent la figue d'Inde et ressemblent plutôt à des excroissances qu'à des plantes. Les cactus poussent dans la pierre, sur les murailles, au milieu de la lave ; il ne leur faut que de la chaleur, et, comme ils en ont de reste, ils se multiplient et produisent sans culture. Les plus grands ont jusqu'à 12 pieds de hauteur. » Ici le voyageur avait noté une anecdote relative à un fils d'Albion, rencontré de ce côté ivre-mort. — « L'Angleterre, s'écrie M. de Musset dans une soudaine boutade, l'Angleterre périra par l'intempérance, comme Alexandre-le-Grand. Quelque jour, les cent millions d'Indiens qu'elle domine se lasseront d'obéir, et le capitaine d'artillerie qui gouvernera la première province insurgée sera averti trop tard par un envoyé ivre; il aura besoin lui-même d'un délai de douze heures pour cuver son punch de la veille. Son courrier, gonflé de liqueurs fortes, crèvera au soleil sur la route de Calcutta; et quand la nouvelle parviendra enfin au gouverneur-général, elle le trouvera sous la table...» Ces quelques lignes, un vrai hors-d'œuvre pour nous, nous remirent à l'heure même en souvenir trois Anglais que nous avions observés la semaine dernière à Pompéi. Flanqués d'un domestique pliant sous le panier aux provisions, nos touristes d'outre-Manche s'arrêtaient dans les ruines pour se bourrer de pâtés et de jambon; et, au moment de sortir, nous les surprîmes vidant leurs bouteilles de champagne dans la maison d'Arrius Diomède, à l'endroit même où l'on venait de leur expliquer que dix-sept cadavres furent découverts...

Nous priâmes, au retour, le bienveillant Messinais de nous dire quelques mots de l'histoire de sa ville, et pour nous favoriser plus longtemps il dut se résigner à partager le modeste festin des arrivants : compensation d'ailleurs équitable, après la brèche insolite opérée dans sa cave par mes deux compagnons, incurablement altérés en dépit de toutes mes remontrances. La jeunesse écoute peu les bons avis, et en pareil cas les têtes sont plus disposées à chanter qu'à s'instruire. Et encore, chanter! ils détonnaient d'emblée, avec une jalouse émulation! Le silence obtenu à force d'objurgations et de prières, Salvatore Bensaja commença :

— « Je vous dirai la chose assez au court : car, en bien des points, c'est de l'histoire générale, que vous savez aussi bien que nous autres, peut-être mieux : la France n'est-elle pas le pays des études historiques? »

Le magistrat s'inclina, son voisin fermait les yeux : jugez si je pensais à nos Anglais ! — « Le nom de Messine fut donné à la ville, appelée *Zancle* auparavant, par une colonne de Messéniens chassés du Péloponèse à la suite de leurs guerres contre la tyrannie de Sparte. Un des princes de Sicile les invita à se réfugier chez lui, et ils occupèrent l'humble cité qu'ils devaient rapidement agrandir, enrichir et illustrer. Il n'y a donc pas lieu de s'étonner que nous ayons toujours été en intimes rapports avec la Grèce : aujourd'hui même, nous avons dans nos murs un archimandrite catholique de cette nation, ou abbé de premier ordre. L'émigration se fit environ cinq cents ans avant N.-S. Or, l'an 276, toujours avant J.-C., certains habitants de la Campanie, les Mamertins, race de bandits et d'aventuriers qui se mettaient à la solde de qui les payait mieux, quelle que fût la bannière, étaient accourus dans les armées d'Agathocle, tyran de Syracuse. Après la mort de ce prince, on les congédia. Ils trouvent Messine sur leur passage, y entrent par trahison, tuent une partie des habitants, chassent les autres et s'emparent de leurs biens ; de notre belle ville ils font un repaire d'où ils commencent à infester toute la Sicile. — Mais, interrompis-je, tout cela me paraît un avant-goût de ce qui s'est fait à Marsala en 1861 : les Mamertins sont donc ressuscités ? — Chut ! évitons les allusions : elles seraient trop faciles, sans mérite, et... dangereuses ! Les historiens futurs et les moralistes disserteront là-dessus à leur aise, comme nous dissertons nous-mêmes des routiers du passé. Ces brigands déterminés, ayant rompu avec toute loi divine ou humaine, se rendirent redoutables aux Carthaginois et aux Syracusains. On appelle contre eux Pyrrhus, on les réprime, et voilà que, poussés à bout, ils se jettent dans les bras des Romains. Ce n'était pas le compte des Carthaginois, Anglais du temps, qui se disposaient de longue date à intervenir à leur profit exclusif : l'unique intérêt pour eux aussi, c'était l'écoulement des produits. Il est vrai qu'on ne connaissait pas beaucoup le coton, les Egyptiens et les Arabes en faisaient seuls usage ; mais il y avait probablement d'autres denrées dans les manufactures de Carthage. Bref, de tout ce beau gâchis naquit la première guerre punique, d'où nous sortîmes transformés en citoyens d'une province romaine. Ce fut pour nos péchés sans doute, et l'infâme Verrès se chargea bientôt de nous le faire voir, quoique Messine eût été mise par le Sénat au rang des villes privilégiées. Le christianisme enfin apporta au monde lumière et délivrance. Nous eûmes nos évêques dès les premiers siècles. Et puis nous appartînmes tour-à-tour aux barbares qui avaient conquis l'Italie, et à l'empire de Constantinople, jusqu'à ce que, au IXe siècle, un traître qui s'était révolté introduisit les Sarrasins dans cette pauvre île, toujours haletante entre l'enclume et le marteau. Nous restons près de quatre cents ans soumis à ces infidèles, sous lesquels du reste le pays prospéra matériellement. Surviennent les Normands : je ne sais comment ils se trouvaient à rôder par-là ; ils cherchaient, bien sûr, à prendre, et comme ils avaient Messine sous la main, ils serrèrent les doigts, et ce fut fait... — Halte là ! crie le magistrat ému : je tiens que les Normands firent honnêtement leurs affaires, et j'ai droit de l'affirmer, ayant un cousin issu de germain qui eut un jour l'intention de s'établir en Normandie, ce qui m'attache indissolublement à l'honneur de cette race. Ma bisaïeule eut aussi le même dessein.—Bensaja protesta qu'il était très-loin de sa pensée d'imputer aux Normands autre chose que leurs exploits. —Ils prirent, continua-t-il, et nul ne s'en étonna en Europe : on les voyait opérer depuis quelque temps déjà, et on s'habituait à cette démangeaison. C'est encore à Messine que Charles d'Anjou vint demander compte du massacre des Français, aux Vêpres Siciliennes Il assiégea la ville, refusa toute condition. En dépit des éloges à lui donnés par des écrivains de votre nation, Charles d'Anjou, le meurtrier de Conradin, fut une nature féroce, quelque chose comme un buveur de sang, en tout cas un indigne frère de S. Louis. Quand on vit qu'il n'y avait point de quartier à espérer du tigre couronné, les femmes elles-mêmes combattirent avec l'énergie du désespoir : Charles fut vaincu et forcé de se retirer ; sa flotte fut détruite par les vaisseaux arragonais. Une seconde expédition de son fils ne fut pas plus heureuse. Quatre siècles après, en 1672, les Messinais secouent le joug de l'Espagne et se donnent à Louis XIV. Le grand Roi, qui fit acte peu monarchique en acceptant, nous envoya successivement le duc de Vivonne et le duc de La Feuillade. C'est dans le détroit, et à cette occasion, que périt le fameux amiral hollandais Ruyter, qui combattait contre la France ; celle-ci perdit le duc d'Almeiras. Un double tentative sur Milazzo. où s'était réfugiée notre noblesse, et sur Palerme, ne réussit pas. C'est alors qu'un de vos officiers, le général Vallavoine, combina un joli piége dont je vous veux régaler. Il s'était aventuré jusqu'aux portes de Milazzo avec un corps de troupes, et, après quelques passes d'armes, il estima prudent de signer un armistice de deux jours : car il n'avançait pas dans ses opérations ; au contraire, et on pouvait fort bien l'écraser le surlendemain. A la fin du second jour, comme on se fréquentait dans l'intervalle en toute bonne amitié, il invite les nobles Siciliens et les chefs militaires à une fête de nuit sur une des îles voisines de la côte. C'était merveille que tous les préparatifs ; de mémoire messinaise on n'avait vu chose pareille. Pendant que les conviés s'extasient devant ces parterres improvisés, ces salles de bal, ces buffets appétissants, ces girandoles et ces guirlandes, Vallavoine se retire doucement avec toutes les barques, laissant nos gens bien embarrassés ; au point du jour, il était à Messine. Convenez qu'il y avait là gasconnade du meilleur crû. — Assurément, dit le magistrat, et ce Vallavoine dut appartenir au valeureux pays du Languedoc, arrosé des eaux fortifiantes de la Garonne. — Vauban nous bâtit alors notre grandiose citadelle, la vraie force de Messine. Enfin, en 1677, La Feuillade abandonna la pauvre ville à la fureur des Espagnols, qui y commirent toutes sortes d'excès. La peste, une peste épouvantable, vint nous achever en 1743 : près de 50.000 habitants y succombèrent ! Dieu nous préserve de calamités semblables ! Nous nous en relevions à peine, que le tremblement de terre de 1783 brocha sur le tout. Oh ! ici c'est une journée qu'il faudrait pour raconter cette horrible catastrophe, ces 200 secousses dans l'espace de deux mois, les deux tiers de la cité ensevelis sous les décombres avec 30.000 citoyens ! Je n'ai pas le courage d'entreprendre un tel récit. Nous fûmes tranquilles tout le temps de la Révolution et de l'Empire, sous le gouvernement de nos monarques, qui s'étaient retirés de Naples à Palerme. Le soulèvement de 1848 nous attira un bombardement dont M. l'Abbé pourra vous entretenir, puisqu'il l'a vu de ses yeux. Telle est, en abrégé, notre histoire. — Et nous vous remercions, dîmes-nous tous les trois, même le jeune Hollandais qui se réveillait en sursaut. Ces Messieurs alléguèrent, en se séparant de notre aimable conteur, qu'un verre de supplément contribuerait à propos à la limpidité de leurs impressions sur ce sol hospitalier. Je m'y refusai, comme il était de mon devoir. Une heure après, on les entendait ronfler du bout du corridor, et les corridors sont longs à l'hôtel de la *Vittoria*.

Le lendemain, une charmante excursion terminait le programme, celle de l'ermitage de Trapani, à quelque distance de la ville, dans la montagne. On ne va point à Messine sans le visiter, et nos dispositions furent bientôt prises. Elles consistaient à nous procurer trois ânes, utiles serviteurs qui ne manquent point en Sicile. Le beau temps aussi est dans les conditions : mais, au mois de mai, sous ce ciel, il n'y en eut jamais disette. Nous enfourchons les montures, au centre de la rue principale, en face du jardin public de la *Flora,* sans que personne y trouve à gloser. Nos mines peut-être. Je mets cela au collectif, par discrétion. Le *guaglione* touche ses bêtes, pousse cinq ou six *rrrra* à faire trembler les vitres, les arcboute d'une demi-douzaine de urons empruntés aux Messéniens, aux Carthaginois et aux Arabes et fidèlement conservés par la tradition, et nous défilons à la manière des vieux paladins. Je ne sais quelle réminiscence subite de l'ingénieux Don Quichotte, lorsque je vis de maigres jambes trainer jusqu'à terre. et que, les suivant de bas en haut, mon regard plongea sous le chapeau renfoncé qui les terminait à la partie supérieure, me fit jeter aux orties la gravité de commande. Au fait, on pouvait rire, on y était obligé même, d'autant mieux que le héros, fort de l'absence de tout miroir, s'amusait lui-même de ses voisins.

Il fait chaud, la route est poudreuse, montueuse, tortueuse. Un jour pour l'aller et le retour, je ne pense pas que ce soit trop. A demain, mes amis, et bonne nuit vous souhaite!

— Par la sambleu ! vous coupez là au plus beau moment, dit l'ami **Eugène**. Je me berçais à ce récit, et j'y aurais de bon cœur passé la nuit. N'allez pas, du moins nous priver demain d'un seul petit détail. J'aurais bien voulu être avec vous, dans cette circonstance.

— Ce sera partie remise, si le cœur vous en dit : car je compte retourner prochainement en Sicile, et cette fois pousser jusqu'à Catane, l'Etna, Syracuse et Agrigente ou Girgenti.

— Voilà tout juste mon occasion pour les lunettes ! exclama don **François**. M'acceptez-vous en tiers ?

— A une condition : c'est que la tête n'en sera pas ?

— Bon, bon : c'est convenu. Et nous partons?

— En septembre 67 : c'est le moment par excellence.

Je ne sais si je me trompai ; mais il me sembla que MM. **Alfred** et **Adrien** murmuraient tout bas qu'ils ne nous laisseraient pas partir seuls, et que d'ici là ils réaliseraient les économies convenables.

SEPTIÈME SOIRÉE.

L'ermitage de Trapani (*fin*). — **Les tremblements de terre.**

Je repris ainsi, dès que nous fûmes réunis à notre place de prédilection :

—Nos ânes donc nous firent traverser au pas de charge une bonne moitié de la ville, en suivant la grande rue Ferdinando, qu'aucune puissance au monde ne me fera déshonorer du nom du pirate de Marsala. L'ermitage est situé dans les montagnes, au nord de Messine, du côté du Phare par conséquent ; et pour s'y rendre, il faut, après la dernière maison, obliquer à gauche, s'engager sans crainte dans un dédale de petits chemins pierreux, inégaux, défoncés, tortueux, servant de lit aux torrents pendant l'hiver, bordés de murailles destinées à protéger d'agréables et frais jardins contre ces périodiques inondations. L'endroit est tout à la fois sauvage, désert, et cependant rempli d'un indéfinissable charme, qu'il faut attribuer sans doute à la pureté du ciel, à la végétation puissante, aux émanations embaumées qui s'échappent de toutes les plantes, à la perpétuelle variété des sites, à la paix profonde et douce de cette belle nature. Enfin on arrive : les humbles bâtiments sont là, et du premier coup on comprend que des hommes de retraite aient choisi ce lieu pour y vivre dans la contemplation, loin du bruit et des agitations de la terre. Il ne se peut, en effet, rien voir, rien imaginer même, qui réponde mieux à ce besoin d'horizon supérieur, de dégagement des sens, de liberté de la pensée, que l'homme porte en lui-même, et que tout tend à étouffer dans l'existence telle que l'ont faite les mesquineries humaines. Un ermitage émeut toujours : celui-ci émeut et séduit.

Nous entrâmes à la chapelle d'abord : Dieu doit être salué le premier, et d'ailleurs on éprouve le besoin de le bénir sans retard, en face des plus aimables créations de sa Providence. Ce modeste sanctuaire ne laisse pas d'avoir aussi quelques richesses, en marbres principalement ; ils brillent aux autels, aux murailles, sur le pavé, avec deux ou trois peintures de bon goût. L'ancienne chapelle était creusée dans le roc, et sert présentement de hangar à l'ermite, derrière sa pauvre chambre. L'église actuelle doit avoir au moins deux siècles, si j'en juge par les tombes : il y en a une auprès de laquelle tout voyageur Français s'agenouille avec respect, et qui date de 1705 : elle renferme, en vertu d'un testament formel, les restes de *Sébastien de Brémont*, consul-général de France dans le royaume de Sicile, pour le roi Louis XIV. Le diplomate a voulu dormir là son dernier sommeil, et pour ma part j'en félicite sa mémoire. Un autre de nos consuls y fut porté il y a peu d'années : *Louis-Antoine de Mornaro*, en résidence à Salonique, décédé à Messine le 30 novembre 1858, pendant un de ses voyages. En 1854, un Français encore, une vieille connaissance à moi, quoi qu'il fût jeune d'âge, M. Bégule, succombait à l'affreux choléra qui emporta cinq ou six mille habitants en peu de semaines : on l'a inhumé dans la chapelle de Trapani ; et ensemble ils attendent la résurrection, auprès de l'autel du DIEU vivant, où nulle terre n'est la terre étrangère, et où l'on prend possession déjà de la patrie divine.

La seconde visite fut pour l'ermite. (A peine est-il besoin de dire que ce nom de *Trapani* n'a rien à faire avec la ville de 25.000 âmes, chef-lieu de province, à l'autre extrémité de l'île). Padre Francesco, habitué à recevoir les étrangers et les pèlerins, nous accueillit avec son affabilité et sa gaieté ordinaires. Il a 69 ans, et il y en a quarante qu'il habite son rocher. Une mystérieuse bouteille sortit de l'armoire vermoulue : c'était commencer la conversation selon les règles, observa notre imberbe compagnon.

— Père, lui dis-je, vous êtes ici en homme à qui répugnent les tracas d'ici-bas. Votre sort est digne d'envie. Quel vue tout autour de vous ! quelle solitude dans votre intérieur ! quel ciel sur votre tête ! Combien ici DIEU vous est présent et vous parle de près ! Ces montagnes verdoyantes qui se dressent derrière nous, couvertes de pins-parasols naissant d'eux-mêmes sur le moindre pied carré de terre végétale ; ces vallées luxuriantes de moissons et d'oliviers, au travers desquelles s'égarent avec ravissement nos yeux ; ces déchirements volcaniques du sol qui lui donnent les plus étranges figures ; cette tiède atmosphère, ce soleil perpétuellement en fête ; ces rares maisons blanches éparpillées sur les coteaux, parmi des touffes d'arbres et des haies d'aloès et de cactus ; et puis, là-bas devant nous, cette mer Tyrrhénienne si bleue, sillonnée de navires partant pour l'Orient, pour Malte, pour l'Afrique, ou remontant vers les golfes enchanteurs de Salerne, de Naples, de la Spezzia, de Gênes; la ville à vos pieds, avec ses coupoles et son pittoresque amphithéâtre de palais; plus loin, au-delà du ruban de flots qui lui sert de ligne géographique, la Calabre et la chaîne ardue de ses Apennins, Reggio que l'on devine, San-Giovanni qu'on semble toucher de la main; les îles à gauche, le phare, les bois, les villages: vos jours s'écoulent dans cette heureuse, dans cette éloquente contemplation. Les Apôtres restèrent quelques heures sur le Thabor: vous y êtes depuis quarante ans! A vous il a été permis d'y dresser une tente. Acceptez nos compliments, gâtés peut-être par le vilain péché d'envie.

— Oh! je sais apprécier mon bonheur, répondit-il. Voici plus de seize ans que nous ne nous étions vus, *signor abbate*: seize ans! et les mois et les années ont passé comme un songe. Au fait, tant mieux, puisqu'ils nous rapprochent, en se précipitant, de la couronne promise au bon serviteur que la boue n'a pu retenir collé à sa corruption. Les agitations, les révolutions, les bouleversements dont le souffle monte jusqu'ici, me paraissent jeux d'enfants, parce que je m'efforce de vivre en vue de l'éternité, où chaque chose rentrera dans l'ordre, où l'iniquité déposera enfin ses funestes lauriers, pendant que la vertu outragée, le droit méconnu, reprendront les hauteurs pour les garder à jamais. Mais vous avez vu le Saint-Père à Rome : que dit-on de l'avenir !

— L'avenir, mon Père, est entre les mains de Dieu; les hommes essaieraient vainement d'en pénétrer les mystères. Il y a pourtant deux choses que nous savons et qui font notre force : Dieu est avec son Église, qui triompha d'orages plus redoutables que celui-ci ; et, après cela, le crime n'a qu'un temps, même en ce monde. Nous nous désolons, nous ne sommes point découragés. C'est par centaines qu'il faut compter dans l'histoire les fiers persécuteurs abattus au seuil du Vatican. Qui commence par le sacrilége s'abîme dans la malédiction, et le successeur de Pierre, la tête et le chef de la famille catholique, ne peut pas plus périr que l'Église elle-même, quelles que soient les passions soulevées contre son autorité issue de Dieu et de la justice. Dites-nous maintenant, de grâce, l'histoire de votre ermitage : nous sommes venus pour l'entendre de votre bouche.

— Elle n'est guère compliquée, reprit-il. On ne sait pas au juste à quelle époque il commença d'être habité par les religieux : car ce fut autrefois un de ces couvents retirés comme nous en avons beaucoup en Sicile. Il appartenait aux PP. Capucins, lesquels finirent par l'abandonner, leur vocation étant plutôt les œuvres du saint ministère que la vie contemplative. En 1666, un ermite s'y fixa, et la pauvre maison n'a plus cessé d'en abriter depuis un certain nombre, les uns après les autres. Nous dépendons, moi et quelques confrères répandus dans d'autres solitudes aux environs, d'un supérieur qui nous visite et nous indique notre destination. A certaines fêtes de l'année, on se rend ici en procession de tous les environs, et alors nous nous réunissons pour donner aux saints offices plus d'éclat et de solennité. Le reste du temps, nous vivons seuls, priant Dieu, ayant pour trésor les légumes de notre jardin, disposés aussi à porter des consolations et le secours des sacrements aux fermiers et aux bergers des montagnes. Le amateurs du bruit et des plaisirs seraient peu à leur aise avec nous. Quant à nous, le seul bruit agréable est celui de la nature dans le travail des diverses saisons ; nous aimons à unir notre voix à la sienne, et à celle des anges dans de saints cantiques, et, pour ce qui regarde les plaisirs, n'est-ce pas le plus désirable de tous de mépriser ce qui n'a pas DIEU pour objet ?

Voilà pourtant, pensais-je, des gens que les adorateurs du cabaret, les larrons de la presse, les galériens méconnus, traitent de race inutile et fainéante ! Oh ! si la société arrivait un jour à n'avoir plus d'autres paresseux ! si le sens commun nous était rendu !

Padre Francesco nous introduisit dans son maigre potager, disputé mètre par mètre à la pierre et aux broussailles, et dont l'indigence contraste singulièrement avec l'opulence du paysage. Le magistrat n'avait pas ouvert la bouche : il était à ses impressions ; on sentait qu'une pensée le préoccupait. — « Monsieur et respectable ami, lui dîmes-nous, il y aurait égoïsme à garder pour vous seul les inspirations dont ce lieu vous remplit : faites-nous-en part, de grâce, ou nous ne voyons plus en vous qu'un faux frère. Nous irons nous asseoir sur ce banc, à l'ombre de cet oranger qui nous tend ses fruits dorés, et la parole appartiendra à vous seul : vous entendez bien cela ? — Oui, répondit-il, et, j'en prends à témoin tous les maitres dans l'art de la procédure, je vous satisferai.

Lorsque nous fûmes installés, ayant au loin devant nous la mer et l'Italie, il commença : — « Je songeais à l'étonnante histoire de cette île que tant de peuples se sont disputée, et qui n'en a pas fini avec les invasions.

Les joyaux attirent les mains crochues, on le voit bien, et les Siciliens doivent être mieux renseignés là-dessus que peuple qui soit dans les deux hémisphères. Tenez : voici une page de M. Al. Dumas, le voyageur plus amusant que véridique, qui rend assez bien mon idée présente, et même l'ascension que nous venons de faire. — « Je m'engageai dans un sentier, écrit-il. A mesure que je montais, le paysage, borné au sud par Messine et au nord par la pointe du Phare, s'agrandissait devant moi, tandis qu'à l'est s'étendait, comme un rideau tout bariolé de villages, de plaines, de forêts et de montagnes, cette longue chaîne des Apennins qui, née derrière Nice, traverse toute l'Italie et s'en va mourir à Reggio. Peu à peu je commençai à dominer Messine, puis le Phare ; au-delà de Messine apparaissait, comme une vaste nappe d'argent étendue au soleil, la mer d'Ionie ; au-delà du Phare se déroulait, plus étroite et comme un immense ruban d'azur moiré, la mer Tyrrhénienne ; à mes pieds, j'avais le détroit, que j'embrassais dans toute sa longueur, dont le courant était sensible comme celui d'un fleuve, et qui m'indiquait, par un bouillonnement parfaitement visible, ces gouffres de Charybde si redoutés des anciens. Je m'assis sous un magnifique châtaignier, avec cette singulière sensation de l'homme qui se trouve dans un pays qu'il a désiré longtemps parcourir, et qui doute qu'il y soit réellement arrivé, qui se demande si les villages, les caps et les montagnes qu'il a sous les yeux sont réellement ceux dont il a si souvent entendu parler, et si c'est bien à eux surtout que s'appliquent tous ces noms poétiques, sonores, harmonieux, dont l'ont bercé dans sa jeunesse le grec et le latin, ces deux nourrices de l'esprit sinon de l'âme. C'était bien moi, et j'étais bien en Sicile. Je revoyais les mêmes lieux qu'avaient vus Ulysse et Énée, et qu'avaient chantés Homère et Virgile. Ce village pittoresque, près d'une roche élevée et surmontée d'un château-fort, c'était Scylla qui avait tant effrayé Anchise; cette mer bouillonnant à mes pieds, et qu'il avait fallu tant de siècles pour calmer, c'était le voile qui me couvrait l'implacable Charybde! Enfin, j'étais adossé à ce fabuleux et gigantesque Etna, tombeau d'Encelade, qui touche le ciel de sa tête, lance des pierres brûlantes jusqu'aux étoiles, et fait trembler la Sicile lorsque le géant enseveli vivant dans son sein essaie de changer de côté. Seulement, l'Etna, comme Charybde, était fort calme, et, de même que le gouffre, au lieu d'engloutir l'eau, de la rejeter au ciel toute souillée de son sable noir, n'a plus qu'une légère fumée qui annonce que le géant est endormi, qui prévient en même temps qu'il n'est pas mort. » — J'éprouve, je le répète, continua notre ami, une émotion du même genre. Cette terre de la mythologie et de l'histoire, je ne puis m'imaginer encore que je la foule, que je la vois, que j'en prends possession. La mythologie! mais la Sicile est son paradis : tous les dieux inventés par le cerveau des Grecs s'y sont donné rendez-vous. DIEU merci, ils en ont été chassés depuis longtemps par la foi chrétienne. Le combat de la vérité doit être rude, sur ce sol qui vit régner Jupiter à la pointe de l'Etna, les Titans se révolter contre lui, Cérès présider aux moissons; Proserpine, Diane et Minerve prendre leurs ébats dans ses plaines, à la grande joie de Pluton, qui faisait prouesses par là aussi. Daphnis, le fils de Mercure, invente en Sicile la poésie pastorale; Alphée et Aréthuse s'y rencontrent; Vulcain y établit ses forges, aidé par la troupe des hideux Cyclopes...

— Passons à l'histoire, s'il vous plaît, observai-je : le sénat des divinités païennes nous touche médiocrement.

— Eh bien, l'histoire, puisque vous le voulez, je me sens de force à vous la réciter ! Nous en avons entendu hier une partie. Cette île fut plus que probablement jointe au continent, dont quelque tremblement de terre l'aura séparée à une époque reculée, celle du déluge peut-être : tout indique à la science cette secousse violente et son résultat. Après les dieux, qui ne furent autres, à ce que je crois, que des personnages célèbres dont la superstition fit des êtres célestes, nous trouvons les géants pour premiers habitants, et ils ne s'amusèrent point à bâtir : les nombreuses grottes qu'on retrouve aujourd'hui dans l'île étaient tout bonnement leurs palais; le soin des troupeaux les occupait exclusivement.

— Les géants? interrompit l'un de nous : admettez-vous donc leur existence?

— Sans aucun doute. Les traditions des Grecs et de quantité d'autres peuples, le témoignage formel de l'Écriture Sainte, certains travaux et monuments prodigieux inexplicables sans une race particulière, les ossements découverts à différentes reprises et en divers pays, me paraissent démontrer qu'il y a eu non-seulement des individus mais des populations ou des familles à qui ce nom est applicable. En tout cas, après les géants, ce sont les Phéniciens, peuple marchand et colonisateur, puis les Grecs, puis les Carthaginois, qui abordent ici. Les premiers Sicules, refoulés, se retirent au centre de l'île, et y conservent longtemps leur caractère de race et la rudesse de leur dialecte. Ouvrons le *Guide* de Du Pays, que j'ai apporté avec moi, et lisons ; — « Le génie grec prédomine bientôt. La Sicile participe à la civilisation hellénique, et rivalise avec la mère-patrie pour les œuvres de l'intelligence et de l'art. Elle est agitée aussi par les mêmes discordes intestines, par les mêmes luttes entre la démocratie et l'aristocratie. Des tyrans usurpent le pouvoir, les villes puissantes oppriment les villes plus faibles. Les populations, menacées, appellent à leur aide tantôt les Grecs, tantôt les Carthaginois. Dans ces conflits, périssent les villes de Sélinonte, de Ségeste, d'Hymère ; la riche Agrigente elle-même est presque entièrement détruite. Syracuse, la plus puissante des villes siciliennes, étend pendant un certain temps sa domination sur la presque totalité de la Sicile. Enfin, absorbé dans la grande unité romaine, ce pays si intéressant perd sa vie propre et son intérêt, sous les déprédations d'une administration cupide et toute puissante. Le flot des Barbares qui, au Ve siècle après Notre-Seigneur, se répandit sur l'Italie, s'étend à la Sicile. Les victoires de Bélisaire la rendent pour un moment à l'empire de Constantinople, héritier de l'empire de Rome. Au milieu de la dislocation du vieux monde, une nouvelle ère d'invasions parties de l'Afrique commence pour la Sicile. De même que les Carthaginois y faisaient dans l'antiquité des incursions continuelles, ce sont les Sarrasins qui, maîtres de l'Égypte et d'une partie de l'Afrique, y débarquent pour la première fois vers l'an 650. Deux siècles plus tard, ils sont maîtres de tout le pays. Syracuse succombe une des dernières, après dix mois de siége, après que les habitants ont dévoré tous les animaux domestiques, la chair même des cadavres, et que la peste est venue se joindre à la famine pour briser leur indomptable courage. La ville fut livrée au pillage et aux flammes; la plus grande partie des habitants furent égorgés, les autres furent vendus comme esclaves et transportés en Afrique. L'antique Syracuse ne se releva jamais de ces désastres : elle fut réduite à l'île d'Ortygie, et le vaste emplacement de ses quatre autres quartiers devint un désert semé de ruines, dont les vestiges mêmes sont devenus de plus en plus rares. » — Les Arabes firent, du reste, prospérer l'agriculture, et aussi la piraterie. Mais faites bien attention : voici le XIe siècle, et les Normands débouchent de partout, les doigts en avant : ils ne sont ici que 700, et ils mettent en pièces 1500 Sarrasins, ce qui assure aux fils de Tancrède la possession assez paisible de cette belle île. Le roi Roger, que les Siciliens honorent comme un autre Clovis, constitue la monarchie puissante et riche qui deviendra le royaume des Deux-Siciles, avec Palerme pour capitale. On parlait alors quatre langues en Sicile : le latin, le grec, l'arabe et le français. — Mais la domination normande est remplacée par celle des empereurs d'Allemagne, rudes maîtres qui font couler des flots de sang. Henri VI et Frédéric II laissent des noms exécrés. Manfred usurpe la couronne sur son neveu Conradin, et alors paraît la maison de France dans la personne du frère de S. Louis, le brutal et barbare Charles d'Anjou, qui, vainqueur de Conradin, ne pardonne ni à sa jeunesse, ni à son malheur, ni à ses droits, et lui tranche la tête sur la place du Marché à Naples. Le sang coule sur ces rivages. Des Français indignes de leur nom remplissent la Sicile d'horreurs, y exercent une domination sauvage, et le peuple se résout à immoler en masse ceux qui l'égorgent en détail. Page funèbre des *Vêpres Siciliennes*, comment te relire sans une larme, sur ce coin de terre où reposent peut-être plusieurs des victimes de ce jour trois fois funeste à des compatriotes! A la voix de Jean de Procida, les conquérants sont massacrés; on n'épargne personne (1282), on tue, on sabre, on jette à la mer tout ce qui rappelle Charles d'Anjou et son autorité maudite; puis on se donne à Pierre, roi d'Arragon, parce que Conradin en mourant l'avait institué son héritier. La France de Charles VIII, de Louis XII et de François Ier fait les derniers efforts, mais inutilement, pour ressaisir l'Italie méridionale. Elle passe définitivement à l'Espagne, qui lui accorde un roi séparé, Charles III de Bourbon, en 1734. C'est la maison actuelle de Naples. Pendant l'occupation des domaines de terre ferme par Joseph Bonaparte et par Murat, le roi s'était retiré à Palerme, et la Sicile fut ainsi préservée du pillage de ses biens ecclésiastiques, proie sans défense que l'appétit révolutionnaire convoite perpétuellement, par excès de patriotisme et de vertu..., de sa vertu à lui, s'entend. Nous arrivons ainsi à 1848 : un mouvement populaire sépare alors la Sicile de Naples, de janvier à septembre. Ferdinand II, qui eut toute sa vie le bon goût de ne point céder à la révolte, envoie des Suisses et son armée : Messine succombe d'abord, puis Catane, puis Palerme ;

la monarchie se sejoint. Elle donne à l'Europe l'exemple d'une prospérité sans égale, jusqu'à ce qu'un pirate soudoyé, à la tête de Hongrois, d'Anglais et d'Américains, un traîneur de sabre que la France avait chassé de Rome, se rue sur les côtes siciliennes, met les consciences aux enchères ou aux arrêts, s'intronise dictateur et s'abandonne à mille exploits où tout se rencontre, excepté la justice, la franchise et l'honneur. Le reste, vous le savez. La Sicile est aujourd'hui la proie du garibaldisme et du piémontisme.

— Et nous le voyons, ajoutai-je. L'histoire sera sévère. Elle dira ce qu'il s'est accompli de barbaries à Trapani, à Catalafimi, à Marsala; cette cabane de Pétralia où furent brûlés vifs un vieillard, son fils et sa fille ; ces jeunes gens inoffensifs tués à coups de fouet et de baïonnettes; de vieux et faibles pères battus et incarcérés à la place de leurs enfants; des gens condamnés à la déportation sur la simple dénonciation d'espions payés, et pour des vengeances personnelles; le trésor public dilapidé; la sécurité nulle part; les prisons regorgeant d'innocents qu'on refuse de juger; la loi des suspects en pleine vigueur; les biens de l'Église et des pauvres envahis. Malheureuse Sicile! Et ce ne sont pas les hommes seuls qui ont causé les tourments : les éléments s'unissent à eux : toujours un serpent sous la fleur, toujours l'épine à côté de la rose. Un tel paradis inviterait les cœurs trop faciles à oublier le ciel, si DIEU n'avait placé près d'eux de terribles avertisseurs. L'Etna est le messager de la mort, et, quand il a reçu ordre d'apporter la sentence et de l'exécuter, — car il est exécuteur aussi, —tremblez ! Avez-vous entendu parler de la secousse de 1783?

—Vaguement, répondirent mes compagnons. Si vous en savez les détails, dites-les nous.

— Il vaut mieux que ce soit le Père. Il doit avoir des renseignements plus sûrs.

— Bien volontiers, reprit Padre Francesco. Qui n'a conservé, parmi nous, mémoire de cette épouvantable catastrophe? Déjà nous avions eu, quarante ans auparavant, la peste de Messine, qui avait pour ainsi dire dépeuplé notre ville, orgueilleuse de ses 120.000 âmes. Elle se remettait à peine, lorsque l'Etna vint s'attaquer tout à la fois aux habitants, à leur sol, à leurs maisons. Cette rangée de palais à colonnes qui s'étend le long du port, vous a-t-on dit pourquoi ils manquent de leur couronnement? c'est qu'on n'a pas eu le temps de les achever ; ou plutôt, c'est qu'on vit dans une crainte incessante depuis cette époque.

Le 5 février 1783, à midi et demi, le jour devient sombre, le ciel se charge de nuages et de formes bizarres. Les animaux donnent les premiers des marques de frayeur ; les oiseaux s'envolent en décrivant des cercles immenses; les chiens tremblent convulsivement et hurlent; les bœufs mugissent et se dispersent. Un moment après, on entend une détonation profonde, pareille à un tonnerre souterrain, et qui, chose incroyable, ne dura pas moins de trois minutes ! Elle cessait, lorsque les maisons se mettent aussi à trembler ; quelques-unes s'affaissent sur elles-mêmes, et de tous les points de la ville un nuage de poussière et de fumée monte vers le ciel. La terreur des animaux avait été un signal auquel on ne pouvait se méprendre : ce sont eux, à Naples, les bœufs principalement, qui annoncent les éruptions du Vésuve; à Florence, lors de l'invasion des divers choléras qui ont sévi sur la cité, on a remarqué que, plusieurs jours auparavant, les oiseaux avaient cessé de chanter; les mouches et les cousins s'enfuyaient, les chauves-souris se cachaient. DIEU a revêtu ces êtres faibles d'un instinct que notre raison remplace à peine. Les Messinais étaient en proie à une terreur sur laquelle vous me dispenserez d'insister. Tout-à-coup, après ces préliminaires que l'on avait cru être l'excès du malheur, un nouveau frémissement court sur le sol et l'agite à une grande distance : on eût dit une table chargée qu'on secoue par les pieds; la terre oscille, se creuse, se renfle, bondit, et une partie de la ville s'abîme avec un fracas inexprimable. Chacun songe à fuir ; on court sur la grande place, près de la cathédrale; on s'y précipite, au milieu des cris des enfants, des vieillards et des femmes ; les hommes paraissaient frappés d'une stupeur qui glaçait la parole sur leurs lèvres. Un second tremblement se fait sentir ; on ne sait de quel côté chercher le salut : car des crevasses s'ouvrent devant les fuyards, dévorant une maison, un palais, une rue, dont les décombres forment d'infranchissables barrières et découragent les plus hardis. Chacun croit à la fin du monde et se résigne à recevoir la mort là où elle voudra le frapper. Enfin, tout paraît se calmer ; une pluie orageuse et pressée inonde la ville à moitié ruinée ; on ne songe même pas à regagner sa demeure, on campe en plein air, le désespoir au cœur. A minuit, nouveau frémissement, nouveau tremblement ; en ce moment, on vit un clocher détaché de sa base emporté dans l'air, tandis que la coupole de la cathédrale s'affaissait et que le palais royal, les maisons du port, douze couvents et cinq églises, s'abîmaient du faîte aux fondements. Puis, au sommet des débris, on vit briller des flammes pareilles au dard d'un serpent enseveli qui tenterait de se tirer d'un monceau de ruines : c'était le feu des cuisines qui avait mordu aux poutres et aux lambris. Cette description a été faite par un de nos écrivains français avec une saisissante vérité de couleurs, je la lui emprunte.

Le lendemain 6 février, on se crut hors de nouveaux périls ; et, en effet, tout s'était apaisé. Mais le 7, vers trois heures du soir, les secousses recommencent avec une telle fureur que, si quelque monument était resté debout, il n'eût point évité sa ruine. A partir de cette dernière, les ondulations affreuses du terrain diminuèrent insensiblement ; et néanmoins il fallut plus d'un an pour que la terre se raffermît. Quarante mille individus périrent, vingt mille autres succombèrent à la suite d'épidémies occasionnées par l'insuffisance des aliments, le défaut d'abri et le mauvais air engendré par les eaux stagnantes ; beaucoup perdirent aussi la vie dans les incendies qui se déclarèrent à la campagne. De grandes maisons, des arbres, du bétail et des hommes, furent engloutis dans des crevasses soudainement béantes sous leurs pas : quand le sol s'abaissait, la terre se refermait sur eux, de manière qu'on n'en pouvait retrouver le moindre vestige à la surface. — Le fléau fut aussi terrible en Calabre, en face de nous, et il se fit sentir jusqu'à Lisbonne, et à Séville où chaque année on en fait mémoire par une messe solennelle et une procession. En Calabre, des villes de second ordre, mais pourtant fort peuplées, n'ont laissé à leur place qu'un étang. Le prince de Scylla s'était réfugié, avec une grande partie de ses vassaux, sur des bateaux de pêche : la nuit du 6 février, la mer, s'élevant subitement de plus de six mètres, se précipita sur une plaine basse du littoral, entraînant tous ceux qui s'y trouvaient. Elle se retira ensuite, mais pour revenir avec plus de violence. Tous les bateaux coulèrent à fond ou se brisèrent contre le rivage, et plusieurs d'entre eux furent emportés au loin dans les terres. Le prince et 1.430 personnes périrent !

— Quelle épreuve pour un pays si favorisé de la Providence ! repris-je. Ces convulsions de la nature, auprès desquelles les plus profondes agitations des peuples paraissent peu de chose, sont à peine consignées dans l'histoire générale, je ne sais vraiment pourquoi. Ce que vous dites de Séville est exact : j'y ai assisté moi-même à la messe commémorative et à la procession. Le prêtre qui disait la grand'messe à la cathédrale, au moment de la secousse, s'échappa de l'édifice qui menaçait de crouler, et vint achever le saint sacrifice auprès d'une croix dressée sur la place : c'est à cette croix que se rend le cortège chaque année. La catastrophe eut d'ailleurs beaucoup de circonstances lamentables que le bon Père ne nous a pas dites. Ainsi, dans le territoire de San-Fiti, il se forma une crevasse longue d'un quart de lieue, large de deux pieds et demi, et profonde de vingt-quatre ! Il s'en produisit une de même dimension dans le territoire de Rosarno. Dans le district de Piacenza.

s'ouvrit un ravin de 1.850 mètres de long, de 34 de large et de 10 de profondeur, et à quelque distance il se forma deux gouffres, l'un d'environ 1.400 mètres de long sur 50 de large et 34 de profondeur, l'autre de 460 mètres de long sur 10 de large et 73 de profondeur. Dans le voisinage de Scrosinara, apparut soudainement un lac par suite de l'ouverture d'une grande crevasse du fond de laquelle l'eau s'élança tout d'un coup : ce lac, qui reçut le nom del Tolfilo, avait 627 mètres de longueur, 330 de largeur et 18 de profondeur. Les plaines, dans certaines localités, se couvrirent de creux circulaires, en général de la grandeur d'une roue de voiture ; lorsqu'ils étaient pleins d'eau jusque près de leur bord, ils ressemblaient à des puits ; mais le plus souvent ils étaient remplis de sable sec. A Montéléoné, toutes les maisons furent renversées, dans certaines rues à l'exception d'une seule, dans d'autres à l'exception de deux, et les bâtiments ainsi conservés furent à peine endommagés. La surface du sol se soulevait fréquemment comme des vagues qui se gonflent, ce qui produisait un étourdissement analogue au mal de mer ; ailleurs, on eût dit un tapis soulevé par le vent. Que Dieu préserve la Sicile d'un second malheur de ce genre, moins grave au reste que celui qu'elle avait déjà souffert moins d'un siècle auparavant, en 1693, et qui avait sévi principalement sur Catane. Catane et 49 autres villes ou villages furent alors détruits, et 100.000 personnes périrent ! Moins grave encore que celui de je ne sais quel siècle, en Afrique, qui engloutit une peuplade de 300.000 individus, dont jamais la moindre trace n'a été retrouvée. — Celui de Lisbonne, en 1755, est présent à toutes les mémoires : dans l'espace de six minutes, plus de 60.000 individus furent écrasés sous les ruines des églises et des édifices. La mer, qui d'abord s'était retirée, se précipita sur la ville en formant une montagne d'eau haute de 48 pieds ! Un quai, récemment et solidement construit en marbre, où une multitude de personnes s'étaient réfugiées, s'affaissa tout-à-coup ; un grand nombre de bateaux et de petits navires amarrés au quai et remplis de monde furent engloutis avec le quai. L'abîme qui s'était formé dans le fond de la mer se referma de telle sorte, que pas un seul cadavre ne vint flotter à la surface des eaux. En même temps, les montagnes d'Arabida, d'Estrella, de Marao, de Cintra, qui appartiennent aux plus grandes chaînes du Portugal, furent violemment ébranlées ; plusieurs d'entre elles s'ouvrirent à leur sommet et se fendirent jusqu'à leur base ; d'énormes blocs de rochers roulèrent dans les vallées voisines ; on vit même des flammes et une colonne de fumée sortir, près de la ville, d'une crevasse nouvellement formée. L'action de ce tremblement de terre s'étendit à des distances prodigieuses, c'est-à-dire dans une grande partie de l'Europe, en Afrique et jusqu'en Amérique. A Alger et à Fez, les secousses qu'éprouva le sol furent telles, que plus de 10.000 personnes périrent sous les décombres. Tous les lacs de la Suisse et ceux de l'Écosse furent agités. A la Barbade, dans les Antilles, l'eau de la mer devint noire comme de l'encre... Je me souviens d'avoir lu encore que, dans une éruption du Vésuve, les cendres furent portées jusqu'en Égypte.

Il faut bien pourtant que l'orgueil humain s'incline

sous la main qui commande à de si puissants éléments et se joue avec leurs plus terrifiants phénomènes.

Quant à Messine, l'Europe entière s'émut de son sort : les chevaliers de Malte envoyèrent quatre galères et 250.000 francs, des lits et des médicaments, quatre chirurgiens et 700 Africains pour rebâtir les maisons. On n'accepta de tout cela que quelques secours pour l'hôpital. On construisit des baraques en bois ; tous les droits sur les marchandises furent abolis. Au bout de quinze jours, on voulut faire des fouilles ; mais le feu avait été si violent, que les métaux même avaient fondu. Les murailles de la cathédrale résistèrent, quoique la coupole fût tombée. Messine s'est peu à peu refaite, et néanmoins quelques-uns de ses quartiers rappellent 1783 par leur maisons basses, petites, évidemment provisoires.

— Tout cela est attristant, hasarda le plus jeune d'entre nous; la soirée s'avance, la route est longue. Je vote pour une nouvelle politesse à l'ambroisie du bon Père et pour une retraite immédiate.

— Nourrisson des Muses, répondit le magistrat, des paroles d'or sont sorties de la bergerie de votre bouche. La sagesse en vous devance les années. Nous ferons comme vous avez dit.

Aux trois quarts de la descente, on rencontre un vaste couvent de capucins, dans une situation non moins agréable, et que j'invitai nos amis à visiter. Des souvenirs récents s'y rattachent. Là fut, en septembre 1848, pendant le bombardement, l'ambulance des soldats siciliens; là se réfugièrent une foule d'habitants, emportant ce qu'ils avaient de plus précieux, pour bientôt entraîner les religieux eux-mêmes dans les montagnes. Les vaisseaux de guerre français et anglais étaient en face, chargés de réfugiés; un seul de nos bâtiments en avait reçu cinq mille, obligés de se tenir debout, jour et nuit, serrés les uns contre les autres. Quelques-uns furent retirés morts de cette presse où tout mouvement était impossible. Assis sur un banc du jardin, nous nous entretînmes quelques instants de cette nouvelle page d'histoire.

— Ici, dis-je à mes compagnons, que de choses j'aurais à vous raconter *de visu!* car j'étais au milieu de la ville; je ne l'ai quittée qu'à la dernière heure, lorsque le drapeau royal flottait sur Messine. Je vins dans ce couvent visiter les blessés, parmi lesquels il y avait un Français dont l'épaule avait été emportée par un boulet sous mes yeux, et qui fut préservé de la mort par un miracle de la Sainte Vierge qui me paraît l'un des plus touchants dus à sa maternelle bonté [1]. Vous voyez d'ici cette citadelle de Vauban, qui ferme le port et qu'on dit imprenable : ni les jongleurs garibaldiens ni les Cialdini n'ont pu y mordre. En 1861, ce fameux Cialdini, le bourreau de Castelfidardo, avait bonne envie d'y aller dîner; mais comment faire? le vieux Fergola, qui la défendait, était de ceux qu'on n'achète pas parce qu'ils ne se sont pas tarifés, estimant l'honneur au-dessus du budget d'un royaume. Cialdini trouve un moyen digne de lui : Cialdini écrit à Fergola

---

1 J'ai raconté en détail cette histoire dans le BON ANGE DE LA PREMIÈRE-COMMUNION, 2e édit., p. 304.

qu'il est *un lâche!* Fergola traité de lâche par Cialdini! le noble général ne reçut jamais décoration qui valût celle-là : car, s'il est incontestable que Cialdini se connaît en lâcheté, il ne l'est pas moins qu'il abusait ici de l'antithèse. Il est vrai que l'homme avait traité de même.... Pimodan. — Revenons à notre histoire. En septembre 1848, le Roi de Naples ne possédait plus que cette citadelle sur le territoire de la Sicile : c'est de là qu'il commença la conquête. 180 pièces de canon tirèrent du matin au soir sur les forts et sur la ville, du dimanche 3 au jeudi 8. Campés et fortifiés sur les hauteurs, les Siciliens répondaient avec 200 bouches à feu. Nous étions, nous, entre les deux, c'est-à-dire au beau milieu de Messine, et je vous assure que la position n'avait rien de trop plaisant. L'incendie se déclarait de toutes parts, les toits s'écroulaient, la mort volait sur nos têtes. Une bombe tomba près de l'autel où je disais la Messe ; fort heureusement elle n'éclata pas ; mais une seconde arriva un quart d'heure après, qui tua net un des assistants au moment où il sortait. L'hôtel-de-ville était en flammes, le quartier du Midi n'offrait plus que des décombres. Ah! la guerre est chose brillante dans les livres, loin du sang et des morts ; mais qu'elle est hideuse quand on la voit de près ! Admirez pourtant l'inconséquence humaine! Ce sont les grands tueurs d'hommes que l'humanité flatte avec prédilection. Les Alexandre, les César, les Annibal, les Tamerlan, sont ses héros. Le peuple ne connaît qu'eux : vous trouverez leurs bustes dans sa cabane, vous n'y verrez pas celui de S. Louis. Cialdini un jour aura peut-être le sien.... — Quant au siége de Messine, j'emprunte à M. d'Arlincourt ce jugement, qui est impartial et vrai : « L'histoire dira qu'il y eut de part et » d'autre une intrépidité mémorable. Il fallut prendre » chaque rue, s'emparer de chaque maison, se battre » au pied de chaque muraille et conquérir chaque » canon, après d'interminables luttes, corps à corps, » épée contre épée. Ce fut digne des temps anciens, » digne des âges héroïques. Toute l'artillerie de Messine » fut prise : 219 canons, 34 obus, 20.000 bombes et » boulets, 115.000 cartouches. Quant à l'infortunée » Messine, ce n'était plus qu'un épouvantable volcan » d'où s'élevaient des tourbillons épais de fumée noire » et des jets de flammes ardentes. Partout décombres » et cadavres. » Je vois encore tout cela, après dix-sept années, comme si le temps n'avait rien effacé. L'émouvant se mêla, dans cette guerre, à l'horrible. Ainsi, sur la côte de Milazzo, un général napolitain qui fuyait ordonne à sa troupe d'abandonner les pièces et de tuer toutes les bêtes de selle ou de train ; les soldats se refusent à cette inutile boucherie. Plusieurs de ces pauvres chevaux ne voulurent point quitter leurs maîtres ; ils les suivirent malgré eux, et, quand ils les virent s'embarquer, ils se jetèrent à la mer en poussant des hennissements plaintifs. Leurs maîtres, de loin, en pleurant, les regardaient fendre les ondes et ne pouvaient courir à leur aide ; ils les virent se fatiguer, puis s'arrêter, puis disparaître..... Si les hommes étaient aussi fidèles, si le sentiment du devoir était aussi vif en eux, que de malheurs épargnés à la société ! — J'aurais quantité de traits et de souvenirs à évoquer. Mais les ombres gagnent; nous avons beaucoup parlé, et nos aliborons, peu soucieux de la chose, ne demandent qu'à revoir l'écurie. Un temps de galop, et nous sommes dans les murs !

La saison n'était pas celle des belles fêtes de Messine. Nous nous donnâmes toutefois la jouissance d'y assister en esprit en nous les faisant raconter. Il y a d'abord la procession du 15 août, fête chère à tout bon Sicilien, et qui d'ailleurs est patronale pour la ville. Un immense échafaud, dressé à la hauteur de 60 pieds, représente sur divers plans le soleil, la lune, les divers corps célestes ; au sommet est assis un vieillard chargé de figurer le Père éternel ; sur sa main, que soutient un appui de bois, est placée une petite fille de huit à dix ans, c'est la Madone : elle donne sa bénédiction au peuple qui inonde les rues. A l'extrémité des rayons du soleil et des planètes, exécutant lentement un mouvement circulaire, sont suspendus de petits garçons habillés en anges. Les nuages qui planent sur la décoration renferment dans leurs flancs une troupe de musiciens chantant en chœur des hymmes appropriées à la circonstance. Cette scène est une des plus curieuses que l'on puisse imaginer, et la frayeur des enfants suspendus là-haut la rend d'autre part assez pénible. En descendant du haut de leur empyrée, ils ne respirent plus. Quant à la petite fille, dès qu'elle a touché le sol, on est obligé de l'entourer pour la protéger contre la foule, qui tient vivement à avoir de ses reliques, et qui, pour ce faire, n'hésite pas à mettre ses vêtements en lambeaux.

Le jour de Pâques, la cérémonie diffère. Dès le matin, deux groupes séparés de religieux s'avancent en portant les uns l'image du Rédempteur, les autres celle de la Sainte Vierge, sur des brancards magnifiquement recouverts d'étoffes précieuses. A quelque distance, chacun des deux cortéges prend une direction opposée, pour aller à la recherche l'un et l'autre, en souvenir des saintes femmes courant au tombeau du Seigneur. C'est en face de la cathédrale que la rencontre a lieu. La statue de la Sainte Vierge recule trois fois, pour exprimer le doute et la surprise; enfin elle s'approche, et les deux images entrent ensemble à l'église et sont déposées au fond du sanctuaire. En même temps, une multitude de petits oiseaux, tenus captifs jusqu'à ce moment, prennent joyeusement leur volée à travers portes et fenêtres, et vont porter dans les airs la joyeuse nouvelle de la résurrection, tandis qu'une décharge de pièces d'artifice et de mousqueterie l'annonce à la terre. A ces imaginations ardentes il faut à tout prix de ces spectacles et ces symboles, et on les leur ménage.

J'ai dit un mot de la lettre de la Sainte Vierge aux Messinais. En commémoration de la galère qui l'aurait apportée, on a construit un splendide vaisseau, long de 60 pieds, haut de 70, qui se monte au besoin et se place dans une vaste fontaine créée pour lui. 64 esclaves enchainés, 32 de chaque côté, paraissent faire la manœuvre ; chaque effigie, fort bien peinte, est de grandeur naturelle. L'ensemble a dû coûter des sommes immenses. Cinquante ouvriers passent une semaine entière à ajuster les pièces. Aussitôt que le navire est debout sur son bassin, pavoisé, brillant d'or, les cordages entourés de guirlandes de fleurs, les voiles au vent et les banderolles flottantes, une troupe de musiciens disposés sur le tillac annoncent par de joyeuses fanfares l'ouverture de la solennité. De tous côtés on leur répond ; la ville est sur pied et se précipite à la fête ; c'est un flux et reflux continuel des faubourgs à la grande place. Les chanteurs, les joueurs de fifre, les bateleurs, donnent à tous les coins leurs concerts et leurs parades. Plus d'affaires, plus de soucis ; les maisons se vident, le port devient désert, Messine est dans les rues. Le soir, la galère s'illumine ; le pont, les mâts, les vergues, tout est en feu. Les madones répandues aux carrefours ou à la porte des habitations flamboient derrière une profusion de bougies ; des festons de verres de couleurs dissipent les ténèbres. Une journée populaire au premier chef. Pourvu que toutes ces traditions n'aillent pas périr au souffle desséchant de la Révolution ! La Révolution enlève aux peuples plus que l'argent et la paix, elle leur enlève la gaîté, fille et compagne d'une bonne conscience.

Le lendemain, vendredi 5 mai, un vapeur italien venant d'Ancône et allant à Marseille, le *Tirreno*, nous recevait à son bord pour nous déposer le 6, à midi, dans le port de Naples. Rendons justice à la mer : elle nous fut bénigne. Ce fut un lac d'huile, où le vaisseau le plus enclin à malversation n'eût pu découvrir le joint à la moindre cabriole. Il nous fut donné ainsi, en suivant les côtes, d'en étudier la douce et lumineuse beauté. Le royaume de Naples ne saurait se comparer avec aucun autre de l'Europe; les rivages même de l'Andalousie lui sont inférieurs. La Syrie peut-être, je l'ai ouï dire ; mais la Syrie appartient à l'Orient. Notre rhétoricien, quant à lui, occupait les loisirs du bord à massacrer des légions de puces. — Œuvre malséante, lui dit le magistrat. Jeune homme, laissez chacun des êtres de la création s'épanouir et respirer à pleins poumons sous ce brillant soleil. Un discours fut prononcé jadis, dans votre idiôme flamand : je l'ai lu, il m'a converti à des idées plus douces, plus substantielles aussi. Il y est question de ce gracieux et sautillant insecte dont votre langue médit, dont votre ongle brise sans pitié l'échine. Jeune homme, jeune homme! méditez cette doctrine. Le docteur Picotin, d'Amsterdam, fameux par plusieurs ouvrages inédits, prouve qu'un bain de sang de puce guérit de toute espèce de goutte; le fiel, ajoute-t-il, est excellent pour les écrouelles, le cœur pour les inflammations des yeux; le poumon soulage l'asthme le plus chagrinant, la rate détruit la mélancolie; une once de ses œufs, à chaque repas, conserve et rend plus souple un majestueux embonpoint. Les apothicaires tirent de la barbe, du bec et du pied de l'insecte une huile propre à fortifier les nerfs. Recueillez soigneusement ces diverses parties de vos victimes : votre fortune est faite. » — Une puce, à ce moment, s'étant fourvoyée sur le nez du discoureur, adieu toutes les théories. Plus barbare que le disciple, le maître joignit un meurtre fiévreux à tous les siens.

A peine débarqués, nous courons à la cérémonie annuelle du sang de St Janvier. La voiture verse en route; le digne magistrat se cramponne à la croupe du cheval et s'y livre à une effrayante intempérance de voltige aérienne. Chacun pourtant se ramasse de son mieux. Six jours après, les voyageurs se séparaient à Rome, non sans espoir de se revoir prochainement sur quelque autre frontière. Puisse leur commune espérance se réaliser au plus tôt, c'est-à-dire de leur vivant !

— Et avec nous, s'il vous plaît ! dit M. **François**, C'est partie liée, dont je ne démordrai pas. Vous avez passé sous silence deux choses sur lesquelles je sollicite des explications : les fêtes de Ste Rosalie, à Palerme, et ce sang de S. Janvier auquel, plusieurs fois, vous avez fait allusion.

— Quant aux fêtes de Ste Rosalie, interrompit le docte **Adrien**, je demande la permission de vous mettre au courant : car, si je n'ai pas été à Palerme, je lis assez pour savoir ce qui s'y passe.

— Jeune homme, nous vous écouterons avec plaisir.

— Fille de Sinibaldo, seigneur de Rosas et de Quisquina, descendant de la famille impériale de Charlemagne, Rosalie sut dès sa jeunesse mépriser toutes les vanités du monde, et, secouant le joug des grandeurs humaines pour vaquer en toute liberté aux occupations célestes, elle vint fixer sa demeure dans une grotte, sur le mont Pellegrino, à trois milles de Palerme. Là, livrée toute entière à de pieuses méditations et à la pratique des plus hautes vertus, elle mena une vie angélique, dont tous les jours s'écoulèrent dans une prière continuelle et dans l'union non interrompue de son âme avec DIEU. Les austérités de la pénitence, jointes au travail des mains, achevèrent de purifier en elle toutes les légères imperfections qui alourdissent encore ici-bas les âmes les plus justes. Sa bienheureuse mort arriva en l'année 1160. Vierge sainte ! bienfaisante patronne ! les

Siciliens n'ont point oublié encore que, durant une horrible peste, dont les ravages se firent sentir en 1624 dans leur belle contrée, les prières de leurs pères montèrent vers vous comme un agréable parfum que vous daignâtes accueillir, et qu'elles redescendirent vers eux en rosée tutélaire qui fit cesser à l'instant même le fléau. — Le jour donc de la fête de Ste Rosalie, une énorme conque dorée, portée sur quatre roues massives, forme la base du triomphe principal; un vaste orchestre en amphithéâtre s'élève sur le devant; au-dessus et en arrière est une chapelle de quinze à vingt pieds d'élévation; les miracles et les traits les plus saillants de l'histoire de la sainte y sont représentés sur chaque face. Tout autour se groupent les vertus, c'est-à-dire des jeunes filles et des enfants splendidement vêtus et ornés d'ailes en plumes de couleur. Au sommet de la chapelle, des touffes de palmes dorées soutiennent un amas de nuages, d'où s'élève Ste Rosalie, vêtue d'une robe virginale et entourée d'anges et de chérubins. Le char, haut de soixante pieds, en traversant la rue du Corso, s'élève jusqu'au comble des palais : il s'avance lentement, traîné par une quarantaine de bœufs, au milieu des cris d'allégresse d'une multitude accourue de toutes les parties de l'île, chacun avec son costume particulier, tout imprégné encore de moyen-âge et de féodalité. L'illumination de la cathédrale, d'où part la procession, embrasse plus de douze mille bougies : et en France, quand nous en avons trente ou quarante sur l'autel, nous trouvons cela bien beau. S'il y en a cent, c'est du prodige, et on ne voit guère cela que deux ou trois fois dans sa vie. Aucune parole ne peut rendre l'effet prodigieux de ces douze mille flambeaux disposés en girandoles, en guirlandes et en dessins de mille sortes. Toutes les statues dorées des saints qui sont en honneur dans la ville s'unissent au cortége, jusqu'à la grotte du mont Pellegrino; puis vient la châsse d'argent où sont renfermées les reliques de la sainte, et elle n'a pas plus tôt paru que ce sont des applaudissements et des cris sans mesure. La fête dure ainsi cinq jours entiers. — « Non, me disait un contre-amiral, je n'ai de ma vie rien vu d'aussi frappant comme grandeur générale, comme luxe de décorations, comme enthousiasme populaire. »

Avant de me taire encore, mes amis, j'ajouterai ceci : — En visitant l'Espagne, ne manquez pas d'aller au palais de l'Escurial, bâti à huit lieues de Madrid par Philippe II : et là on vous montrera dans le trésor, à côté d'une statue de S. Laurent qui, si nous voulons parler vrai, pèse six cents livres, une image allégorique représentant la ville de Messine : l'image tient à la main un encensoir d'or qui peut arriver à dix-sept livres; il est surmonté d'un couvercle de pierres précieuses et se rattache à une chaîne en rapport avec ces richesses.

— Pour ce qui est de S. Janvier, repris-je, il me paraît que nous pourrions remettre cela à nos conversations de la semaine prochaine. J'espère que tous nous serons fidèles au poste, avant d'être condamnés à nous séparer. Nos vacances touchent à leur terme...

— Hélas! fit l'assemblée.

FIN.

TABLE DES MATIÈRES.

PARAITRONT SUCCESSIVEMENT

La religion d'argent. — *Les passions, etc., etc*

(On peut se faire inscrire pour recevoir ces Problèmes à leur apparition).

LETTRES ADRESSÉES A L'ÉDITEUR DES PROBLÈMES.

MONSIEUR,

J'ai reçu le prospectus que vous avez bien voulu m'adresser. Je ne saurais qu'approuver et encourager la publication d'ouvrages pour lesquels le nom de l'auteur et j'ajouterai celui de l'éditeur, sont par eux-mêmes une excellente recommandation.

Veuillez agréez, Monsieur,
l'expression de mon profond et religieux dévouement.

† FÉLIX, *Évêque d'Orléans.*

ARCHEVÊCHÉ DE BORDEAUX.

MONSIEUR,

Vous avez adressé à Monseigneur le Cardinal-Archevêque de Bordeaux le prospectus de diverses publications du R. P. Marin de Boylesve, sous le titre de *Problèmes*. Le mérite et les talents de l'auteur recommandent assez ses ouvrages. Son Eminence sera heureuse de les voir se répandre dans son diocèse et c'est à quoi elle prêtera volontiers son concours.

Recevez, Monsieur,
l'assurance de ma considération distinguée.

FONTENEAU, *vicaire général.*

LA SCIENCE DES SAINTS

OU EXPOSÉ CLAIR ET MÉTHODIQUE DES PRINCIPES QUI MÈNENT
A LA SAINTETÉ

ouvrage du R. P. NEUMAYR
de la Compagnie de Jésus

traduit et annoté par l'abbé P. HUCHEDÉ
professeur de Théologie au grand Séminaire de Laval.

1 beau volume in-18. — Prix. . . . . 1 fr. 50.
1 — — in-18, b. g. ou t. j. — Prix . 2 fr.

La morale forme *l'homme* et le *citoyen* ; le catéchisme forme le *chrétien* ; la théologie ascétique forme les *saints* ; aussi est-elle appelée la *science des saints* et *l'art de la sainteté*. L'ouvrage dont nous donnons la traduction française est très-propre à faire mieux comprendre aux fidèles l'idée de la perfection évangélique et à faire connaître et suivre les voies de la sainteté.

HISTOIRE DE L'ANTÉCHRIST

EXPOSÉ DES ÉVÉNEMENTS
CERTAINS ET PROBABLES QUI CONCERNENT SA PERSONNE, SON RÈGNE,
SA FIN ET SON TEMPS, D'APRÈS L'ÉCRITURE ET LA TRADITION.

par le même auteur

2e édition, revue, corrigée et augmentée.

1 beau vol. in-18. Prix : 1 fr.

Le Monde, l'*Union* et *la Bibliographie catholique*
ont fait l'éloge de ce livre.

C'est la première Biographie de saint Georges, en français. Voici sa division : Vie et Passion, le Dragon de saint Georges, Protection, Cultes, Ordres de chevalerie en l'honneur du Saint.

L'auteur à reçu pour ces ouvrages des lettres de félicitations de N.N. SS. les Archevêques de Paris et d'Aix.

ARCHEVÊCHÉ DE PARIS.

Paris, le 3 octobre 1866.

MONSIEUR,

Vous avez bien voulu envoyer à Monseigneur l'Archevêque votre étude sur saint Georges. Sa Grandeur me charge de vous dire qu'elle a été sensible à cette aimable attention. Elle se plaît à reconnaître le talent et les sentiments élevés que révèle votre travail, et vous offre, avec ses remercîments, ses meilleures félicitations.

Agréez, Monsieur,
l'assurance de mon respectueux dévouement.

X. SCHOEPFER,
Secrétaire de l'Archevêché de Paris.

Aix, 29 octobre 1866.

MONSIEUR,

Je vous remercie de la vie de saint Georges, mon patron, que vous avez bien voulu m'offrir. Je m'acquitterai volontiers des prières que vous demandez à vos lecteurs.

Le temps ne m'a pas permis de lire votre ouvrage, mais il m'a suffi de l'ouvrir pour voir que vous n'avez pas reculé devant les recherches de l'érudition et les objections de la critique.

Je vous sais gré du travail que vous avez entrepris pour soulever le voile qui couvre les détails de la vie de ce Saint. Qu'il vous obtienne de Dieu toutes les grâces que votre foi réclame !

Recevez, Monsieur,
l'expression de mes sentiments distingués.

† GEORGES, archevêque d'Aix.

SOUS PRESSE.

Dévotion à Monseigneur Saint Georges

protecteur de l'Église et des armées chrétiennes, ouvrage dédié aux militaires.

par **J. DARCHE,**

auteur de *l'Histoire de Saint Georges.*

in-18, 80 c.

SÉRIE A 2 francs.

—

Les après-midi du Bois-Thibault. Récits et voyages par l'abbé V. Postel. 1 vol. in-12.

A l'ombre du vieux castel. Récits et voyages, Italie, Espagne et Sicile, par *le même auteur*. 1 vol. in-12.

Souvenirs de la Terreur. Mémoires inédits d'un curé de campagne, par le baron Ernouf. In-12.

Lettres d'une jeune fille à sa mère, par Mlle Emma Faucon. 1 vol. in-12.

Le Colporteur des Pyrénées ou les aventures de Pierre Ardisan, par Cénac Moncaut. 1 vol. in-12.

Adélaïde de Montfort ou les Albigeois, par Cénac Moncaut. 1 vol.

La Gaule chrétienne au IIIe siècle, par Cénac Moncaut, 4e édition. In-12.

Les veillées de l'Atelier. Causeries cosmographiques, mythologiques et historiques, par H. Maureuge. 1 vol. in-12, 530 p.

La créole de la Havane. Traduit de l'espagnol avec l'autorisation de l'auteur, par Alphonse Marchais. 1 vol. in-12 (330 pages).

Journal de ma captivité, par le comte de Christen, 2e éd.

OUVRAGES DE M. L'ABBÉ TOUNISSOUX.

Ne fuyons pas les campagnes. 1 vol. in-18 jésus, recommandé par plusieurs conseils généraux. 1 fr. 50

La Villageoise à Paris. 1 vol. in-18 jésus, couronné par la Société nationale d'encouragement au bien. 2 fr. »

L'Amour du clinquant. 1 vol. in-18 jésus. 2 fr. »

Bien-être de l'ouvrier. 1 vol. in-18 jésus (*sous presse*). 2 fr. »

Le Cardinal Maury, sa vie, ses œuvres, par M. Poujoulat. 2e édition, revue et augmentée. 1 vol. in-18 jésus. 2 fr.

Nouvelles morales des faubourgs de Paris, par M. l'abbé Arnault, curé de Sainte-Marguerite, in-12. 2 fr.

INSTRUCTIONS

SUR LES

VERTUS CHRÉTIENNES ET LES PÉCHÉS CAPITAUX

par l'abbé GRIDEL,

Chanoine de Nancy, Missionnaire apostolique,
Directeur de l'institution des jeunes aveugles.

4 beaux vol. in-12. — Prix : 12 fr.

RÉFLEXIONS ET PRIÈRES

POUR LA SAINTE COMMUNION

1 gros volume in-18. . . . . 2 fr. 75.

SOUS PRESSE.

—

FLEURS CÉLESTES

ANGÉLIQUE PARURE DE L'AME FIDÈLE

PETITE PHYSIOLOGIE DES AMES CHRÉTIENNES

par Hubert LEBON

ouvrage approuvé par Monseigneur l'Archevêque de Sens.

1 vol. in-18. — Prix : 1 fr. 50.

SOUS PRESSE.

—

NOUVEAU MOIS DE MARIE

A L'USAGE DE LA JEUNESSE

illustré de 32 *belles gravures en taille douce*

par P. A. BÉDUCHAUD

grand in-32 raisin, 1 fr. 50. — Le même sans gravures, 80 c.

Paris. — Imprimerie de E. DONNAUD, rue Cassette, 9.

www.ingramcontent.com/pod-product-compliance
Ingram Content Group UK Ltd.
Pitfield, Milton Keynes, MK11 3LW, UK
UKHW021849190726
13855UKWH00001B/234